Walter Prankel

Grafik mit dem HP-41

Anwendungen mit dem HP-41

Anwenderhandbuch HP-41 C/CV
von K.-H. Gosmann

Finanzmathematik
von H. Alt

Matrix-Steifigkeits-Methode für den HP-41
von A. Kammerl

Optimales Programmieren mit dem HP-41
von G. Kruse

Softwareentwicklung am Beispiel einer Dateiverwaltung (HP-41)
von M. Gehret

Der HP-41 C/CV in Handwerk und Industrie
von K. Kraus

Grafik mit dem HP-41
von W. Prankel

Vieweg

Walter Prankel

Grafik mit dem HP-41

Statistische Grafik
Koordinatensysteme
Darstellung von Funktionen
Schrift

Friedr. Vieweg & Sohn Braunschweig/Wiesbaden

CIP-Kurztitelaufnahme der Deutschen Bibliothek

Prankel, Walter:
Grafik mit dem HP 41: statist. Grafik, Koordinatensysteme, Darst. von Funktionen, Schrift/Walter Prankel. — Braunschweig; Wiesbaden: Vieweg, 1987.
ISBN 978-3-528-04455-8 ISBN 978-3-663-06858-7 (eBook)
DOI 10.1007/978-3-663-06858-7

Das in diesem Buch enthaltene Programm-Material ist mit keiner Verpflichtung oder Garantie irgendeiner Art verbunden. Der Autor und der Verlag übernehmen infolgedessen keine Verantwortung und werden keine daraus folgende oder sonstige Haftung übernehmen, die auf irgendeine Art aus der Benutzung dieses Programm-Materials oder Teilen davon entsteht.

1987

Umschlaggestaltung: Peter Lenz, Wiesbaden

ISBN 978-3-528-04455-8

Vorwort

Computer erleichtern in Wirtschaft, Wissenschaft und Technik Analyse, Überblick und Entscheidung. Besonders vorteilhaft ist es, wenn das anfallende Zahlenmaterial gleich grafisch veranschaulicht werden kann. Das wird in idealer Weise durch die Kombination Computer – Plotter ermöglicht. Sie entlastet von den meist einfachen, dennoch aber mühevollen Rechen-, Zeichen- und Beschriftungsarbeiten, die für präzise und präsentable Grafiken unabdingbar sind.

Die hier vorgestellte und in Form von Strichcodes verfügbar gemachte Software erlaubt die Plottersteuerung mit dem leistungsfähigen und breit eingeführten Taschencomputer HP 41. Sie macht damit die computergezeichnete Grafik und die grafische Darstellung von Rechenergebnissen all denen zugänglich, die diesen kleinen preisgünstigen transportablen Rechner nicht zuletzt wegen seiner einfachen Handhabung und Programmierbarkeit zu ihrem persönlichen Arbeitsmittel gemacht haben. Da auch der DIN A 4-Plotter von Hewlett Packard nur so groß ist wie eine kleine Schreibmaschine, können Grafiken wahlweise im Büro, Labor, Prüffeld oder daheim angefertigt werden. Ein nicht zu unterschätzender Vorteil hierbei ist der Permanentspeicher des HP 41, denn die gerade aktuellen Informationen gehen auch in Arbeitspausen und bei Ortswechseln nicht verloren.

Die Grafiksoftware gliedert sich in 4 Gruppen:

- Programme für statistische Grafik ermöglichen vielfältig variierbare Linien-, Stab- und Kreisdiagramme. Sie sind mit den wichtigsten Beschriftungsmöglichkeiten ausgestattet.
- Textprogramme sind für plakative Schrift geeignet und können verwendet werden, wenn die Beschriftungsmöglichkeiten der anderen Programme nicht ausreichen sollten.
- Die Programme für rechtwinklige Koordinatensysteme ermöglichen Netze und Skalen mit linearen, logarithmischen und anderen funktionalen Einteilungen und das präzise Eintragen einzelner Punkte – z. B. von Meßergebnissen – sowie das Zeichnen von Graphen expliziter Funktionen. Hierbei entfällt u. a. das sonst oft mühevolle Aufsuchen der einzelnen Punktpositionen.
- Ein weiteres, sehr leistungsfähiges Programm eignet sich für Berechnungen mit impliziten Ausdrücken und mit Formeln, die mehr als zwei variierbare Einflußgrößen miteinander verknüpfen. Die Ergebnisse können automatisch in entsprechende lineare Koordinatennetze eingetragen werden.

Das Zeichnen und Verwenden beliebiger Koordinatennetze und die grafische Darstellung funktionaler Zusammenhänge sind Besonderheiten, für die sich das HP 41-System dank der einfachen Programmierbarkeit und des Vorrats leistungsfähiger Programmanweisungen für den Plotter sehr gut eignet, vor allem dann, wenn nicht zu umfangreiche Datenmengen zu berücksichtigen sind.

Die vorliegende Software ist innerhalb eines Geschäftsbereiches der Industrie entwickelt worden, das heißt, die oft wechselnden Gestaltungs- und Beschriftungswünsche der Praxis sind weitgehend berücksichtigt worden. Trotzdem werden dem Benutzer keine Vorkenntnisse abverlangt. Der Autor hat sich vielmehr bemüht, den Zugang zu Computer und Plotter so weit wie möglich zu ebnen. Zu dieser Zielsetzung hat auch die Beobachtung beigetragen, daß Grafikarbeiten, die meist sporadisch, z. B. vor Konferenzen, Vorträgen, Messen oder nach Quartals- oder Jahresabschlüssen anfallen, von Kaufleuten oder Technikern angefertigt werden, die sonst andere Aufgaben haben. Sie müssen sich daher im Bedarfsfall immer wieder kurzfristig auf Grafikarbeiten umstellen können.

Die Kapitel zu den verschiedenen Grafikarten sind daher so abgefaßt, daß der Leser alles findet, was er braucht, ohne anderweitig nachschlagen zu müssen. Einige Wiederholungen wurden deshalb bewußt in Kauf genommen. Auf kurzgefaßte Begriffserklärungen folgen tabellarische Zusammenstellungen der wichtigsten Gestaltungs- und Beschriftungsmöglichkeiten. Das didaktische Rückgrat für die Einarbeitung und den Gebrauch der Software sind jedoch die zahlreichen Beispiele, auf die gleich am Anfang jedes Kapitels durch eine Zusammenstellung verkleinerter Diagramme hingewiesen wird. Sie zeigen die Variationsmöglichkeiten der im Kapitel behandelten Grafikart. Hier wählt der Benutzer das Beispiel aus, das ihm für die gerade anstehende Aufgabe am geeignetsten erscheint. Wenige Seiten weiter findet er dann die Grafik mit allen Details und dem kommentierten Eingabedialog. Der Eingabedialog gibt die Tastenfolge an, durch die die einzelnen Arbeitsabschnitte wie Skalieren, Zeichnen und Beschriften eingeleitet werden. Innerhalb jedes Abschnitts fordert der Computer durch die Anzeige Schritt für Schritt alle Informationen an, die einzugeben sind, damit die entsprechenden Arbeiten ausgeführt werden können.

Durch Nachvollziehen der Beispiele wird der Benutzer am schnellsten mit der Software vertraut. Nach kurzer Vorinformation durch die Kapitel 1 bis 3 kann er schon bald mit Grafikarbeiten beginnen.

Die Beispiele enthalten jedoch längst nicht alles, was die Programme bieten. Durch Kombination verschiedener Programmfunktionen und Programme lassen sich weitere Möglichkeiten erschließen.

Im vierten Kapitel sind Empfehlungen, Anregungen und Ausblicke, die sich erst während der Arbeiten an diesem Buch ergeben haben, zusammengefaßt.

Liefermöglichkeit für Kassetten oder EPROMS mit der Grafiksoftware sind am Ende von Kapitel 1 angegeben.

Inhalt

1 Geräte

Die hier vorgestellte Grafiksoftware ist speziell für Geräte der Firma Hewlett Packard (HP) konzipiert.

1.1 Mindestausstattung

1.1.1 Taschencomputer - Serie 41

Zur Benutzung der Grafiksoftware sind alle Taschencomputer der Serie 41 geeignet. Ausreichend ist die Ausstattung des HP 41 CV. Der Prototyp, HP 41, muß zur Vergrößerung der Speicherkapazität mit dem Quadmodul HP 82170 A ausgerüstet sein.

1.1.2 HP-JL-Modul -HP 82160 A

Dieses Gerät ermöglicht das Anschließen der meisten Zusatz- bzw. Peripheriegeräte an den Rechner.

1.1.3 Plottermodul - HP 82184 A

Das Plottermodul enthält die speziell für den Plot-Betrieb mit HP 41-Geräten erforderlichen Funktionen, die als Programmbausteine der Grafiksoftware verwendet worden sind.

1.1.4 Plotter HP 7470 A Option 003 mit Zubehör

Plotter mit obiger Bezeichnung haben Anschlüsse für die Spezialstecker des HP-JL-Moduls und die zugehörigen Verbindungskabel.

Plotterstifte gibt es von HP und anderen Firmen für Papier und für Transparentfolien in verschiedenen Farben und Strichstärken. Einfach zu handhaben sind Filzstifte. Hervorragende Zeichenqualität liefern nachfüllbare Tintenschreiber. Die meisten Stifte können über längere Zeit in den ruhenden Stifthaltern des Plotters bleiben ohne auszutrocknen. Die Lagerfähigkeit der Filzstifte ist entsprechend Packungsaufdruck beschränkt.

Plotterpapier. Gut geeignet sind alle mittelglatten, nicht zum Verlaufen der Tusche neigenden Papiere, wie sie beispielsweise auch für Trockenkopierer verwendet werden. Besonders empfehlenswert ist sog. Baryt-Papier.

Transparentfolien. Gut geeignet sind die Folien von HP.

1.2 Vorteilhafte Zusatzgeräte

1.2.1 Drucker HP 82143 A oder HP 82162 A

Drucker mit der zuerst genannten Kennzeichnung werden direkt, solche mit der zweiten über HP-JL-Leitungen mit den anderen Geräten verbunden. Im Betrieb mit der Grafiksoftware unterscheiden sie sich nicht. Der Drucker protokolliert alle Eingabeinformationen und anfallende Rechenergebnisse. Eingabeprotokolle sind u.a. als Arbeitsrezepte für öfter benötigte Grafiken nützlich, vor allem bei solchen, bei denen der grundsätzliche Aufbau bleibt, während die darzustellenden Daten wechseln.

1.2.2 Geräte für das Speichern und/oder Einlesen der Grafik-Programme

Die einzelnen zur Grafiksoftware gehörenden Programme sind am Schluß des Buches als sog. Listings (gelistete Folge von Arbeitsanweisungen für den Rechner) und in Strichcodierung (Barcodes) gespeichert. Das Eingeben der Listings mit der Tastatur des Rechners ist prinzipiell möglich aber sehr zeitraubend.

Der Barcode-Lesestift HP 82153 erleichtert das Einlesen von Programmen ganz erheblich, so daß häufigere Programmwechsel durchaus praktikabel sind.

Der Magnetkartenleser HP 82104 A -an den Rechner ansteckbar- ermöglicht es, Programme, die z.B. mit dem Barcode-Lesestift in den Rechner eingegeben worden sind, auf Magnetkarten zu speichern und bei Bedarf wieder einzulesen. Wegen der Länge der Grafikprogramme sind mehrere Magnetkarten pro Programm erforderlich, so daß das Arbeiten mit dem Kartenleser nicht sonderlich zu empfehlen ist.

Das Digitalkassettenlaufwerk HP 82161 A mit einer Minikassette ist die am meisten zu empfehlende Speichereinheit. Sind die Programme erst einmal auf einer Kassette gespeichert, so ist ein recht bequemes Arbeiten möglich. Um eine Grafiksoftwarekassette anzulegen, kann man die Programme aus den Barcodes im Anhang des Buches mit dem Lesestift in den Rechner übernehmen und von hier auf Kassette übertragen. Mit zwei Kassettenlaufwerken läßt sich eine bereits vorhandene Grafikkassette duplizieren, so daß der etwas mühsamere Umweg über Lesestift und Rechner entfällt.

Nachtrag

EPROM-Boxen und Kassetten mit der Software sind bei der Firma W & W Software Products GmbH, Postfach 800 133, 5060 Bergisch Gladbach 2, erhältlich. EPROM-Boxen werden an den HP 41 angesteckt. Programme sind damit sofort, und ohne zuvor andere im Rechner befindliche Programme löschen zu müssen, zugänglich.

2 Vorbereitung

Dieses und die beiden folgenden Kapitel enthalten nur die wichtigsten Informationen zur Gerätebehandlung und - bedienung. In Zweifelsfällen oder bei Störungen sollte man die einschlägigen Benutzerhandbücher von HP zu Rate ziehen. Sie informieren u.a. über die verschiedenen Störungsmeldungen des Systems und über entsprechende Abhilfen.

2.1 Begriffe, Schreibweise

Gelbe Taste. Diese Taste des Rechners wird im Text mit * bezeichnet.

Tastenbezeichnung. Tasten zur Ausführung bestimmter Funktionen werden im Text meist entsprechend den blauen Tastenbezeichnungen des Rechners angesprochen.

Kleinbuchstaben, z.B. b, werden im Text in der Form *B angesprochen und dementsprechend mit der gelben Taste und dem entsprechenden Großbuchstaben eingegeben. In den Druckerprotokollen der Beispiele erscheinen sie jedoch als Kleinbuchstaben.

XEQ vor Buchstaben in Druckerprotokollen
Die Taste XEQ ist nicht zu betätigen. Statt XEQ B ist nur B und statt XEQ b ist also nur * B zu drücken.

Tastenfolgen zum Einleiten bestimmter Operationen werden im Text durch Kommata getrennt -z.B. XEQ, ALPHA, R, E, A, D, P, ALPHA.

Längen und Winkel. Bei allen Programmen sind Längen in mm und Winkel in Altgrad einzugeben.

2.2 Gerätekonfiguration und Stromversorgung

Alle Geräte bleiben während der Konfiguration entspr. Bild 2-1 ausgeschaltet. Eventuelle Speichermodule (z.B. das Quadmodul) gehören in die Anschlußschächte des Rechners mit der niedrigsten Nummer (Numerierung entspr.

Rechnerrückseite). In die folgenden Schächte kommen Plottermodul, JL-Modul und je nach Erfordernis der Barcode-Lesestift u/o der Drucker (Vorsicht: 2 Stecker passen nicht in übereinanderliegende Schächte). Die Stecker der JL-Verbindungsleitungen bieten durch ihre Form Sicherheit gegen Schaltfehler. Wird ein Einsteckdrucker HP 82143 A verwendet, so muß der kleine Schalter am JL-Modul auf DISABLE gestellt werden.

Es ist vorteilhaft, die mit Akkus versehenen Geräte -zumindest bei längerem Betrieb- über die zugehörigen Netztrafos mit Strom zu versorgen. Erst wenn sämtliche Verbindungen bestehen, sollten die Geräte, auch die, die eventuell zunächst noch nicht in Betrieb gehen, eingeschaltet werden.

Sofern bereits eine Kassette mit den Grafikprogrammen vorhanden ist, sollte sie, um vorzeitigen Verschleiß zu vermeiden, nur bei Bedarf in das Laufwerk eingesetzt werden.

Bei sorgfältiger Behandlung sind die Kassetten betriebssicher. Vor jeder Entnahme aus dem Laufwerk ist die Kassette durch Betätigen der Taste REWIND zurückzuspulen, um Informationsverlust durch mechanische Beschädigung des Magnetbandes zu vermeiden.

2.3 Vorbereitung des Rechners

USER-MODUS. Mit der USER-Taste ist der USER-Modus einzuschalten; "USER" muß angezeigt werden. Bestimmte Rechnertasten haben dann abweichend von ihrer aufgeprägten Bezeichnung andere Funktionen innerhalb der Grafiksoftware. Wird jedoch die ursprüngliche Tastenfunktion benötigt, ist der USER-Modus durch die USER-Taste zu löschen: USER darf dann nicht mehr angezeigt sein.

READP. Sofern die Grafikprogramme auf Kassette zur Verfügung stehen, wird die Programmleseanweisung vorteilhaft der Taste EEX zugeordnet. Tastenfolge *, ASN, ALPHA, R, E, A, D, P, ALPHA, EEX.

CLP. Die Programmlöschanweisung wird vorteilhaft der Taste *, EEX zugeordnet. Tastenfolge *, ASN, ALPHA, C, L, P, ALPHA, *, EEX.

Im folgenden wird vorausgesetzt, daß diese beiden Tastenzuordnungen durchgeführt wurden.

Speicherbedarf. Zur Datenspeicherung benötigt die Grafiksoftware maximal 70 Speicherplätze. Tastenfolge XEQ, ALPHA, S, I, Z, E, ALPHA, 0, 7, 0.

2.4 Vorbereitung des Plotters

Es sind 2 Plotterstifte, möglichst verschieden in Strichstärke u/o Farbe,einzusetzen. Stift 1 ist jeweils der linke, Stift 2 der rechte Stift.

Papiere oder Transparentfolien müssen exakt an die entspr. Anschläge des Plotters angelegt werden. Wird darauf geachtet, so kann eine angefangene Zeichnung aus- und später wieder eingespannt werden, ohne daß ihre Präzision beeinträchtigt wird.

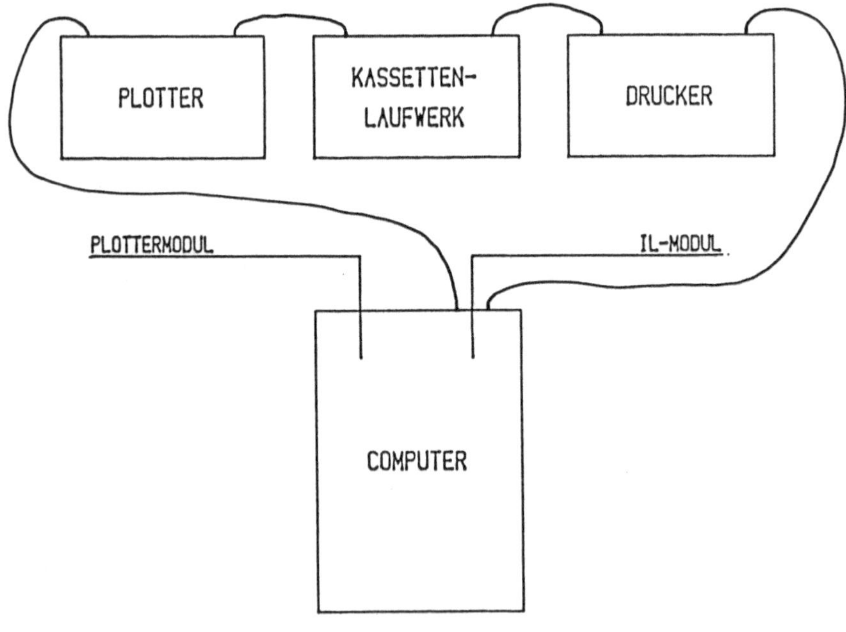

BILD 2-1 GERAETE-
KONFIGURATION

3 Allgemeine Operationen

Um den Benutzer der Grafiksoftware möglichst problemlos und schnell in die Lage zu versetzen, die Beispiele auszuprobieren und dann eigene Grafiken zu erstellen, enthält auch dieses Kapitel nur das hierfür unbedingt Erforderliche. Davon ist für den Leser wiederum nur das von Belang, was der ihm zur Verfügung stehenden Geräteausstattung entspricht. Erfahrungsgemäß behält man diese im Grunde einfachen Bedienungsanweisungen leicht, weil sie dem logischen Aufbau entsprechen, der für Computer typisch ist.

3.1 Programm-Manipulationen

Die Grafiksoftware besteht aus themenbezogenen und entsprechend benannten Einzelprogrammen wie KREIS H und KREIS Q zum Erzeugen von Kreisdiagrammen in Hoch- und Querformat. Die Programme sind aneinandergereihte Einzelanweisungen an die Geräte, die im Betrieb automatisch "abgearbeitet" werden. Kapitel 11 enthält die Programme in Form von sogenannten Listings und Strich- bzw. Barcodes.

3.1.1 Speicherbedarf für Programme

Der für die verschiedenen Programme im Rechner bereitzustellende Speicherplatz wird zusammen mit der verfügbaren Restspeicherkapazität am Anfang der einzelnen Grafikkapitel angegeben.

3.1.2 Speicherkapazität bereitstellen

Da die einzelnen Grafikprogramme lang sind und die Rechnerkapazität weitgehend auslasten, müssen andere Programme, die länger sind als die jeweilige Restspeicherkapazität, aus dem Rechner entfernt werden, bevor ein Grafikprogramm eingelesen wird. Reicht die Speicherkapazität nicht aus, erscheint als Aufforderung Platz zu schaffen NO ROOM.

Tastenfolge zum Löschen eines Programms *, EEX, ALPHA, N, A, M, E, ALPHA. NAME steht für den Namen des zu löschenden Programms. (Es ist vorausgesetzt, daß entsprechend Kapitel 2 die Löschanweisung CLP der Tastenfolge *, EEX zugordnet ist). Bei Verwendung des Kassettenlaufwerks und einer Kassette mit den Grafikprogrammen können jedoch die Grafikprogramme untereinander ohne vorheriges Löschen des nicht mehr benötigten Programms ausgetauscht werden.

3.1.3 Nicht benötigte Tastenzuordnungen löschen

Sofern einer oder einigen der Tasten A bis M, Q und U von früher andere Anweisungen zugeordnet sind, müssen sie gelöscht werden, damit die speziellen Anweisungen der Grafikprogramme ausgeführt werden können: Tastenfolge *, ASN, ALPHA, ALPHA, TASTE. TASTE steht für eine Taste, deren frühere Zuordnung zu löschen ist.

3.1.4 Eingeben von Programmen anhand ihrer Listings

Die in dem Listings -Kapitel 11 - aneinandergereihten Anweisungen sind einzeln einzutasten. Näheres hierzu enthalten die Benutzerhandbücher des Rechners unter Überschriften wie "Einfaches Programmieren" oder "Grundlagen der Programmierung". Diese mühevolle Arbeit entfällt selbstverständlich, wenn entsprechende Zusatzgeräte zur Verfügung stehen.

3.1.5 Eingeben von Programmen mit Barcode-Lesestift

Zum Schutz gegen Verschleiß legt man am besten eine Transparentfolie auf die Seite des Kapitels 12, deren Barcode-Programmanweisungen eingelesen werden sollen. Die einzelnen Barcode-Zeilen werden dann nacheinander zügig mit dem an den Rechner angeschlossenen Lesestift überstrichen. Dabei ist der Schalter des Stifts zu drücken. Man sollte beiderseits noch etwa 15 mm über die Barcodezeile hinausgehen. Der Stift wird leicht schräg gehalten und berührt die Schutzfolie. Ist eine Zeile korrekt gelesen, so ertönt ein kurzes Signal, und der Rechner zeigt die Aufforderung zum Eingeben der nächsten Zeile. Bei einem langen tieferen Ton muß die betreffende Zeile nochmals überstrichen werden. Das Arbeiten mit dem Lesestift erfordert etwas Übung, ist dann aber recht einfach und schnell.

3.1.6 Benutzen des Magnetkartenlesers

- Aufzeichnen eines im Rechner befindlichen Programms: Kartenleser an den Rechner ansetzen, neue, d.h. noch nicht anderweitig beschriebene Magnetkarten bereithalten. Jede Magnetkarte hat 2 Spuren zur Informationsaufzeichnung. Mit Taste A sicherstellen, daß der Rechner auf das aufzuzeichnende Grafikprogramm positioniert ist. PRGM drücken und dann so lange Magnetkarten -bedruckte Seite nach oben- Spur für Spur durch den Kartenleser laufen lassen, wie RDY KK OF nn angezeigt wird (KK = Nummer der nächsten einzulesenden Spur, nn erforderliche Gesamtspurenzahl). Karten mit Programmnamen und Spurenziffern beschriften.
- Übernahme eines Programms von Magnetkarten in den Rechner
  Der Programm-Modus-Indikator PRGM darf auf keinen Fall angezeigt sein -sonst werden die Karten mit anderen im Rechner befindlichen Anweisungen überschrieben und das Programm geht verloren. Wird PRGM angezeigt, Taste PRGM drücken. Für ausreichend Speicherkapazität entsprechend den Angaben zu Beginn der Grafikkapitel sorgen, d.h. eventuell im Rechner befindliche andere Programme löschen (Abschnitt 3.1.2).

  Karten des zu übernehmenden Programms Spur für Spur durch Kartenleser laufen lassen. Nach Erscheinen von WORKING ist das Programm betriebsbereit.

3.1.7 Benutzen des Digitalkassettenlaufwerks

- Ein Programm auf Kassette speichern: Kassettenlaufwerk über HP-JL-Modul direkt oder auch entsprechend Bild 2-1 an den Rechner anschließen und eine Kassette einlegen. Eine neue Kassette muß zunächst initialisiert werden. Tastenfolge: XEQ, ALPHA, N, E, W, M, ALPHA, 0,5,0. Sie kann nun maximal 50 "Files" aufnehmen[1]. Files können u.a. Programme oder definierte und benannte Datenmengen sein.

Tastenfolge zum Speichern eines Grafikprogramms, das sich im Rechner befindet: A, XEQ, ALPHA, W,R,T,P, ALPHA. Das zu speichernde Programm darf am Schluß seiner Anweisungsfolge keine END-Anweisung haben, sonst kann es beim Programmwechsel nicht mehr automatisch gelöscht werden.

- END -falls erforderlich- entfernen: Tastenfolge A, USER (der USER-Indikator darf nicht sichtbar sein; eventuell USER-Taste drücken), *, RTN, PRGM, *, BST. Anzeige: .END.REG nn. Nochmals * BST drücken. Erscheint jetzt nnn END (nnn = Nummer der Anweisung im Programm), so ist ← und dann PRGM, USER zu drücken. Erscheint nnn END nicht, nur PRGM, USER betätigen.
- Übernahme eines Programms von Kassette. Tastenfolge: ALPHA, N,A,M,E, ALPHA, EEX. Statt NAME ist wieder der Name des gewünschten Programms einzugeben. Es ist vorausgesetzt, daß entsprechend Kapitel 2 der Taste EEX die Leseanweisung READP zugeordnet ist.

3.2 Allgemeines über Operationen mit den Grafikprogrammen

3.2.1 Ein im Rechner befindliches Programm starten

Taste A drücken. Dies ist vor jeder neuen Grafikarbeit erforderlich, um den neutralen Anfangszustand des Rechners zu erzeugen.

3.2.2 Eingabedialoge

Die Operationen zum Erzeugen von Grafiken gliedern sich in themenbezogene Eingabedialoge. Ein solches Thema ist beispielsweise das Skalieren, wobei die Anfangs- und Endwerte der Achsen und die Skalenmarkie-

1) Man kann bis zu 447 Files vorsehen, doch zuviel Files verlangsamen unnötig den Programmwechsel

rungsintervalle festgelegt werden. Nach dem Betätigen einer bestimmten Taste, die den gewünschten Dialog auslöst, wird der Benutzer durch die Rechneranzeige schrittweise zur Eingabe aller erforderlichen Informationen aufgefordert. Nach jeder Eingabe ist die Taste R/S zu drücken, worauf die nächste Information angefordert wird. In den Druckerprotokollen erscheint statt R/S leider RUN. Der Benutzer muß also behalten: statt RUN R/S. Sind auf diese Weise alle zum Thema gehörenden Fragen beantwortet, wird die entsprechende Operation wunschgemäß ausgeführt.

Manchmal vergeht zwischen Eingabe oder Tastendruck und der nächsten Frage oder Ausführung einige Zeit. Währenddessen erscheint zum Zeichen, daß der Rechner arbeitet, der PRGM-Indikator und meist bewegt sich das Zeichen -∖/- durch die Anzeige. Die nächste Eingabe darf erst erfolgen, wenn diese Zeichen verschwunden sind, weil sonst die korrekte Programmausführung gestört wird. Wird die Ausführungszeit aus Versehen nicht abgewartet, muß der Eingabedialog wiederholt werden.

3.2.3 Alternative Möglichkeiten innerhalb von Eingabedialogen

Sie werden durch die Anzeige ODER oder TASTE angedeutet. So kann der Benutzer beispielsweise bei Stabdiagrammen die Frage POSITION zunächst übergehen und statt dessen mit Taste D den Schraffurdialog anfordern. Sind die zur Schraffur gehörenden Fragen beantwortet, erscheint wieder POSITION. Der Benutzer kann nun diesen Dialog fortsetzen oder einen weiteren Sonderwunsch äußern.

3.2.4 Beschriften von Grafiken

- Schriftform: Außer wenn die Schriftform durch ein Programm schon voreingestellt ist, wird sie im Dialog angefragt.SCHRIFTHOEHE ist die Buchstabenhöhe in mm, SCHRIFTBREITE eine Verhältniszahl zur Schrifthöhe. Schrifthöhe 4,5 und -breite 0,4 ergibt 4,5 mm hohe und 1,8 mm breite Buchstaben.

- Schriftposition ist die Stelle auf dem Zeichenfeld, an der Schrift positioniert wird. Die Schrift kann je nach Erfordernis symmetrisch zu dieser Stelle angeordnet werden, an ihr enden oder anfangen. Die Schriftposition ist voreingestellt, oder sie kann vom Benutzer bestimmt werden.
- ENTER POINT. Erscheint diese Aufforderung in der Anzeige, so kann der Stift mit den Stiftbewegungstasten des Plotters zur gewünschten Schriftposition gebracht werden. Danach ist die ENTER-Taste des Plotters zu drücken und die Eingabe fortzusetzen. (ENTER muß auf jeden Fall nach ENTER POINT gedrückt werden, weil der Rechner sonst auf keine Anweisung mehr reagiert und sich auch nicht ausschalten läßt).

  Die Varianten zur Wahl der Schriftposition werden von den Programmen entsprechend den Tabellen "Texte und Funktionen" der Grafikkapitel angeboten. Die speziellen Beschriftungsprogramme TEXT H und TEXT Q enthalten weitere Möglichkeiten, falls die von den Grafikprogrammen gebotenen nicht ausreichen sollten.

3.2.5 Texteingabe

Unter TEXT sind nicht nur Worte oder Buchstaben zu verstehen, sondern auch Ziffern und andere Zeichen wie Leerstellen, % oder < , sofern sie im Rahmen von Beschriftungsoperationen bzw. im ALPHA-Modus eingegeben werden.

Der Rechner schaltet für Texteingaben automatisch in den ALPHA-Modus; der ALPHA-Indikator steht dann in der Anzeige und die blauen Tastenbezeichnungen sowie weitere "Alpha-Zeichen" entsprechend Rechnerrückseite sind aktiv.

- Ziffern und Dezimalpunkt werden im Rahmen von Texteingaben mit vorgeschalteter gelber Taste eingegeben. Beispiel: 12.DEZ.1985, Tastenfolge *,1,*,2,*,.,D,E,Z, *,.,*,1,*,9,*,8,*,5;
- Maximale Zeichenzahl. Es können maximal 24 Zeichen zum Drucken im Rechner vorgespeichert werden, spätestens dann ist mit R/S das Drucken auszulösen. Danach bietet

der Rechner mit TEXT die Eingabe einer weiteren Zeichenserie an. Sie wird je nach der gewählten Beschriftungsmöglichkeit in die gleiche oder in die nächste Zeile geschrieben.

- Beenden von Texteingaben: Da der Rechner "nicht wissen kann", wieviel Zeichenserien der Benutzer nacheinander eingeben will, bietet er nach dem Drucken jeder Zeichenserie wieder TEXT-Eingabe an. Deswegen muß der Alpha-Modus nach dem Drucken der letzten Zeichenserie durch Drücken von ALPHA ausgeschaltet werden. Leider erscheint das Betätigen der ALPHA-Taste nicht im Eingabeprotokoll des Druckers, so daß es auch nicht in den Protokollen der Beispiele steht. Der Benutzer muß daher selbst daran denken, Texteingaben mit der ALPHA-Taste abzuschließen. Andernfalls erscheint statt der erwarteten Tastenfunktion der entsprechende Buchstabe in der Anzeige. Das erinnert dann an das unterlassene Umschalten.

3.3 Fehlerkorrektur

Wurde während oder am Schluß einer einzelnen Eingabe R/S noch nicht betätigt -Taste ← drücken, um ein einzelnes Zeichen zu löschen oder * ← , um alle bereits eingegebenen Zeichen zu löschen.

Wurde dagegen R/S bereits gedrückt, muß der gerade aktive Dialog wiederholt werden.

3.4 Arbeitsunterbrechung

Die Arbeit kann am Schluß jedes Eingabedialoges, wenn die entsprechenden Operationen ausgeführt sind, unterbrochen werden, da der Rechner auch ausgeschaltet alle bereits eingegebenen Informationen behält. Vor Wiederbeginn müssen Papier oder Transparentfolie von neuem exakt eingespannt werden. Der Plotter arbeitet so präzise, daß sogar dünne Linien und Schrift nach dem zweiten Einlegen genau aufeinanderfallen.

4 Ergänzungen, Ratschläge, Ausblick

Dieses Kapitel enthält hauptsächlich Empfehlungen und Anregungen, die sich größtenteils erst während der Entstehung dieses Buches ergeben haben. Sie sind für das Arbeiten mit der Software nützlich, aber nicht unbedingt Voraussetzung. Man sollte das Kapitel am besten erst nach den ersten Einarbeitungsschritten lesen.

4.1 Empfehlungen

Systematische Vorbereitungen sind insbesondere bei aufwendigen Grafiken (mehrere Diagramme auf einem Blatt, zahlreiche Daten, viel Beschriftung) vorteilhaft, damit alle erforderlichen Informationen fehlerfrei und zügig eingegeben werden können. Man skizziert am besten die Blatteinteilung und trägt die wichtigsten Maße für Diagrammgröße und -position und für die Beschriftung ein. Eingabefehler sind indessen weit weniger kritisch als bei handgezeichneten Grafiken, da ein berichtigtes Blatt wesentlich schneller neu gezeichnet werden kann. Unter Umständen kann man die Eingabe sogar trotz des Fehlers fortsetzen. Das Druckerprotokoll wird korrigiert und stützt dann die Eingabeoperationen für die verbesserte Zeichnung.

Ein Ausprobieren im Unreinen empfiehlt sich etwa, wenn man bei einer weitgehend fertigen aufwendigen Grafik eine neue Gestaltungsidee hat oder wenn man den Platzbedarf für einen Schriftsatz ermitteln möchte. Die Präzision des Plotters ist so gut, daß man ein angefangenes Blatt ohne Nachteile aus- und wieder einspannen kann. Voraussetzung ist jedoch, daß man das Blatt jedes Mal sorgfältig an die Anschläge des Plotters anlegt.

Berechnungen und Programmänderungen sind vorzugsweise im sog. Normalmodus des Computers auszuführen, da im USER-Modus manche Tasten mit Funktionen der Grafiksoftware belegt sind.

Zwischenrechnungen können in Eingabepausen vor bzw. zur Beantwortung einer Eingabeaufforderung durchgeführt werden. Im Beispiel 4 - 1 wurde die Dialogfrage STAB-BREITE nicht direkt durch Eingeben eines Wertes beantwortet, sondern die Stabbreite wurde aus der Länge der x-Achse und der Datenzahl so berechnet, daß die Stäbe aneinander grenzen. Das Ergebnis wurde durch Drücken der R/S-Taste eingegeben.

Kleinbuchstaben. Normalerweise sind nur die Buchstaben a bis e zugänglich. Die übrigen Kleinbuchstaben und einige zusätzliche Zeichen können mit eingestecktem CCD-Modul und abgeschaltetem USER-Modus verwendet werden. Es empfiehlt sich, hierüber im Handbuch, das zu diesem Modul gehört, an entsprechender Stelle nachzulesen.

Druckerauswirkungen. Ist kein Drucker angeschlossen, so werden Zwischenergebnisse, die sonst gedruckt werden, nur kurz angezeigt. Ist der Drucker angeschlossen, aber nicht eingeschaltet, wird der Programmlauf zur Ergebnisanzeige unterbrochen; er kann mit der R/S-Taste fortgesetzt werden.

Unterbrechen serieller Texteingaben ist mit der Taste SPACE möglich. Z.B. können ein oder mehrere Stäbe eines Stabdiagramms beschriftungsfrei bleiben oder nachträglich mit einer anderen Schriftform gekennzeichnet werden.
Wo kein Text eingetragen werden soll, ist die Aufforderung TEXT mit der Taste SPACE zu beantworten.

Auslassen von Stäben kann während der Eingabe der darzustellenden Werte für ein Stabdiagramm durch Eingeben von 0 erreicht werden.

Neuartige Grafiken, für die noch keine passenden Vorlagen vorhanden sind, brauchen nicht unausführbar zu sein. Manchmal gelingt es, das Ziel durch geringfügige Abwandlungen der Aufgabe zu erreichen. Ist dies nicht möglich, so findet sich oft eine Lösung, wenn man anhand des Inhaltsverzeichnisses oder der Funktionstabellen der einzelnen Kapitel überlegt, welche Möglichkeiten für eine akzeptable Lösung kombiniert werden können.

Ein Beispiel für eine solche zunächst unausführbar erscheinende Aufgabe ist der "Altersaufbau der Schweizer Bevölkerung 1960"-Beispiel 4-1: Mit dem Programm für Stabdiagramme im Querformat, STABQ, kann man je ein Diagramm für positive und negative Daten zeichnen. Position und Größe der Diagramme können dem Beispiel 4-1 entsprechend gewählt werden. Die negativen Vorzeichen an einer der beiden Skalen lassen sich leicht entfernen. Abgesehen von den Altersangaben wurde die Beschriftung mit dem Programm TEXTH ausgeführt.

Das Beispiel 4-2 läßt sich zwar nicht auf die hier beschriebenen Programme zurückführen. Es zeigt jedoch, welche ganz anderen Möglichkeiten sich mit Phantasie erschließen lassen.

Die Grenzen der BRD und West-Berlins ergeben sich als Verbindungslinien zwischen einzelnen durch ihre Koordinaten gekennzeichneten Punkten. Die Koordinaten für das Zeichnen sind durch sogenanntes Digitalisieren (siehe Benutzerhandbuch des Plottermoduls) in einer Serie von Speichern abgelegt worden.

4.2 Ausblick

4.2.1 Weiterentwicklung der Grafiksoftware

Vorrangige Ziele bei der Ausarbeitung der Programme waren Funktionstüchtigkeit, Variabilität der Grafiken und Verwenderfreundlichkeit. Programmlaufzeit und Speicherbedarf lassen sich sicher noch verringern. Für die Weiterentwicklung wesentlicher sind jedoch neue Ideen und das Erkennen und Aufgreifen neuer Aufgaben. Es ist zu hoffen, daß die vorliegende Arbeit durch die Fülle des bereits Vorhandenen in diesem Sinne auf Interessierte und programmtechnisch Versierte stimulierend wirkt. Einige Anregungen mögen das soeben Gesagte verdeutlichen.

- Bei Kreisdiagrammen sollte nicht nur einer der darzustellenden Werte durch Sektorverschiebung hervorgehoben werden können. Die Sektoren sollten auf Wunsch durch verschiedenartige Schraffurmuster noch besser unterschieden werden können. Ob das jedoch mit dem HP 41 wegen der voraussichtlich umfangreichen Programmroutine sinnvoll ist, müßte überprüft werden.
- In Abwandlung des Stabdiagramms wäre es denkbar, außer der Stablänge auch die -breite variabel zu machen, um aus zwei Faktoren gebildete Größen augenfällig darstellen zu können.
- Die Programme für Linien-, Stab- und Kreisdiagramme könnten so aufeinander abgestimmt werden, daß einmal eingegebene Daten wechselweise mit diesen drei Grafikarten darstellbar sind.
- Mit dem Berechnungsprogramm XY gewonnene Ergebnisse könnten so gespeichert werden, daß sie mit Hilfe der Koordinatennetzprogramme sofort in Netze mit nichtlinearen Skalierungen eingetragen werden könnten.
- Die Koordinatennetzprogramme ließen sich durch Programmroutinen zum Glätten von Graphen aus Einzeldaten vervollkommnen.

4.2.2 Plotter-Massenspeicherprogramme

Die Möglichkeit, auf Minikassetten große Datenmengen in adressierbaren Speicherbereichen (Files) zu speichern, erweitert den Anwendungsbereich Computer- Plotter ganz erheblich. Auch hierfür einige Anregungen, die der Verfasser zum Teil bereits erprobt hat:

- In bestimmten Zeitabständen sich fortentwickelnde Vorgänge (Aktienkurse, Absatzdaten, Kostentrends usw.) können unter kennzeichnenden Namen als Datenfiles gespeichert, von Zeit zu Zeit durch neue Daten aktualisiert und grafisch dargestellt werden. Es ist auch möglich, einzelne Daten oder ganze Files rechnerisch miteinander zu verknüpfen und die Ergebnisse grafisch zu veranschaulichen.

- Für Grafiken zusammengehöriger Files ist unter Umständen eine Konfiguration mehrerer Diagramme auf einem Blatt vorteilhaft (Beispiel 5-5 und 6-6). Nach dem Eingeben der File-Namen kann ein solches Blatt unter Ausnutzung der Autoskalierung vollautomatisch gezeichnet werden.

4.3 Beispiel

Beispiel 4-1. Altersaufbau

```
XEQ "STABQ" A      Programmstart weibl.Bevölkerung
POSITION/TASTE
XEQ I              Schriftwahl u. Benutzerskalierung
SCHRIFTBREITE?
.4 RUN             Schriftform
-HOEHE
3 RUN
STIFT?
1 RUN              linker Stift
Y-MIN
-250000 RUN
Y-MAX
0 RUN              Skalierung
Y-DIF
50000 RUN
POSITION/TASTE     Positions- u. Formatwahl
2 RUN
X
30 RUN             Ursprungs-Koordinaten
Y
5 RUN
LG.X-ACHSE?
230 RUN
LG.Y-ACHSE?
80 RUN
STAB-BREITE?       Zwischenrechn.: Länge d.x-Achse durch Datenzahl
230 ENTER↑
19 /
RUN
DATENZAHL
19 RUN
WERT-1
-230000 RUN        Dateneingabe
WERT-2
-217000 RUN
.
.
WERT-19 .
-10000 RUN
XEQ "STABQ" A      Programmstart männl.Bevölkerung
POSITION/TASTE
XEQ I
SCHRIFTBREITE?
.4 RUN             analog wie oben
-HOEHE
3 RUN
STIFT?
1 RUN
Y-MIN
0 RUN
Y-MAX
250000 RUN
Y-DIF
50000 RUN
POSITION/TASTE
2 RUN
X
30 RUN
Y
100 RUN
LG.X-ACHSE?
230 RUN
LG.Y-ACHSE?
80 RUN
STAB-BREITE?
230 ENTER↑
19 /
RUN
DATENZAHL
19 RUN
WERT-1
220000 RUN
WERT-2
205000 RUN
.
.
WERT-19 .
12000 RUN
XEQ c              Schrift unter den Stäben
SCHRIFTBREITE?
.35 RUN            Schriftform
-HOEHE
3 RUN
STIFT?
1 RUN              linker Stift
TEXT-ABSTD.MM
-7.5 RUN
TEXT               Eingabe der Altersgruppen (ALPHA-Zeichen)
0-4 RUN
TEXT
5-9 RUN
.
.
.
TEXT
90-94 RUN
TEXTH              Progr.TEXTH einlesen
READP
XEQ "TEXTH" A      Programmstart
SCHR.-NEIGG.
0 RUN
-BREITE
.5 RUN             Schriftform
-HOEHE
4.5 RUN
STIFT
2 RUN              rechter Stift
```

```
R/S OD.TASTE
                    RUN      Schriftposition
                             mit Plotter
TEXT                         wählen, ENTER
ALTERSAUFBAU DER SCHWEIZ     drücken
                    RUN
TEXT
ER BEVOELKERUNG 1960
                    RUN
TEXT
            XEQ "TEXTH"
SCHR.-NEIGG.
            0       RUN
-BREITE                      Schriftform
            .5      RUN
-HOEHE
            4       RUN
STIFT
            2       RUN      linker Stift
R/S OD.TASTE
                  XEQ E      Schriftposition
 X                           durch Koordi-
            30      RUN      nateneingabe
 Y
            240     RUN
R/S OD.TASTE
                    RUN
TEXT
MAENNLICH           RUN
            XEQ "TEXTH" A
SCHR.-NEIGG.
            0       RUN
-BREITE                      Schriftform
            .5      RUN
-HOEHE
            4       RUN
STIFT
            2       RUN      rechter Stift
R/S OD.TASTE
                  XEQ d      rechtsbündig
R/S OD.TASTE                 schreiben
                  XEQ E      Schriftposition
 X                           durch Koordi-
            160     RUN      nateneingabe
 Y
            240     RUN
R/S OD.TASTE
                    RUN
TEXT
WEIBLICH            RUN
TEXT
```

```
            XEQ "TEXTH" A
SCHR.-NEIGG.
            0       RUN
-BREITE                      Schriftform
            .5      RUN
-HOEHE
            3       RUN
STIFT
            2       RUN      rechter Stift
R/S OD.TASTE
                  XEQ e      Schrift um
SCHRIFT-∡                    90° drehen
            90      RUN
R/S OD.TASTE
                    RUN
TEXT
ALTER               RUN
```

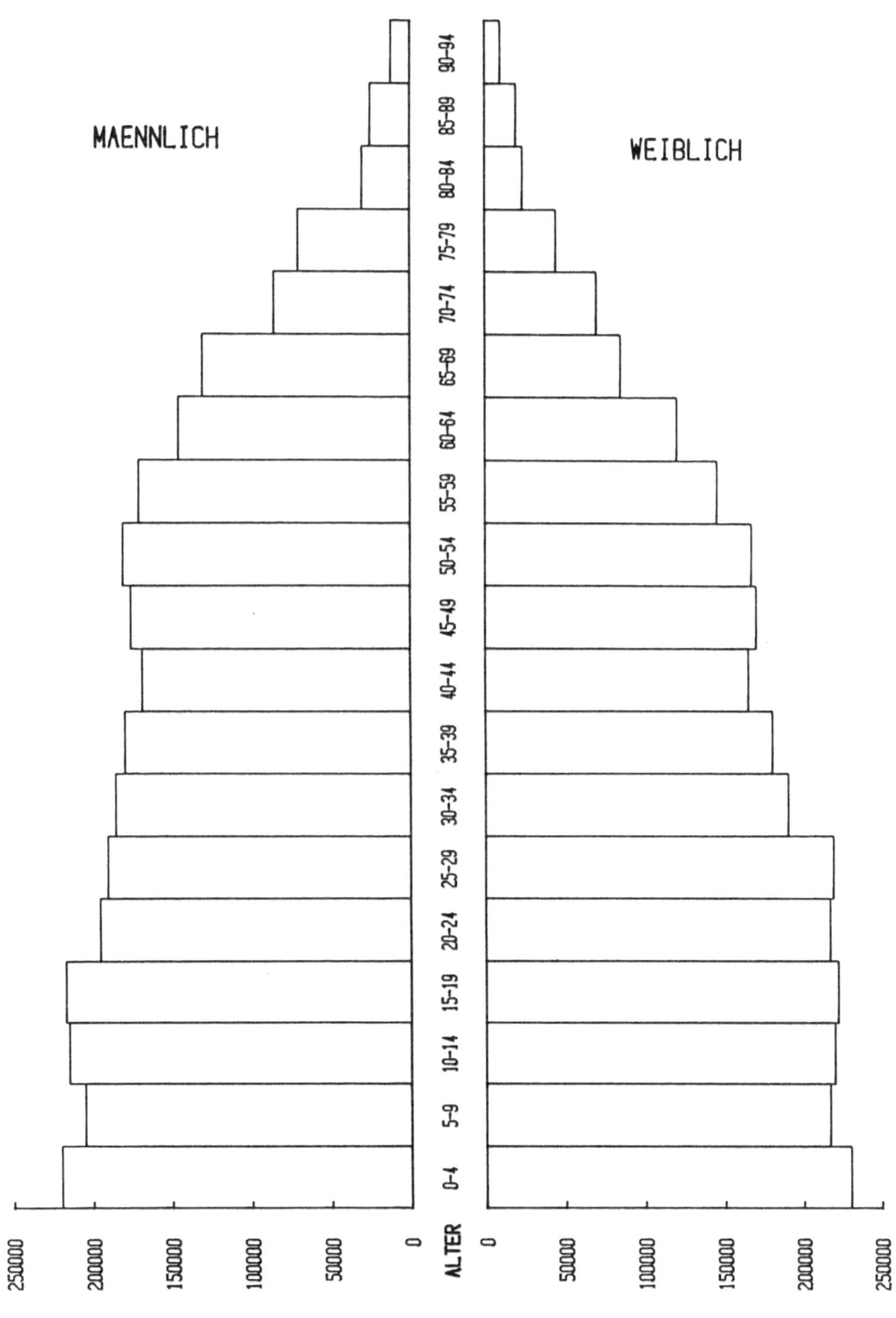

ALTERSAUFBAU DER SCHWEIZER BEVOELKERUNG 1960

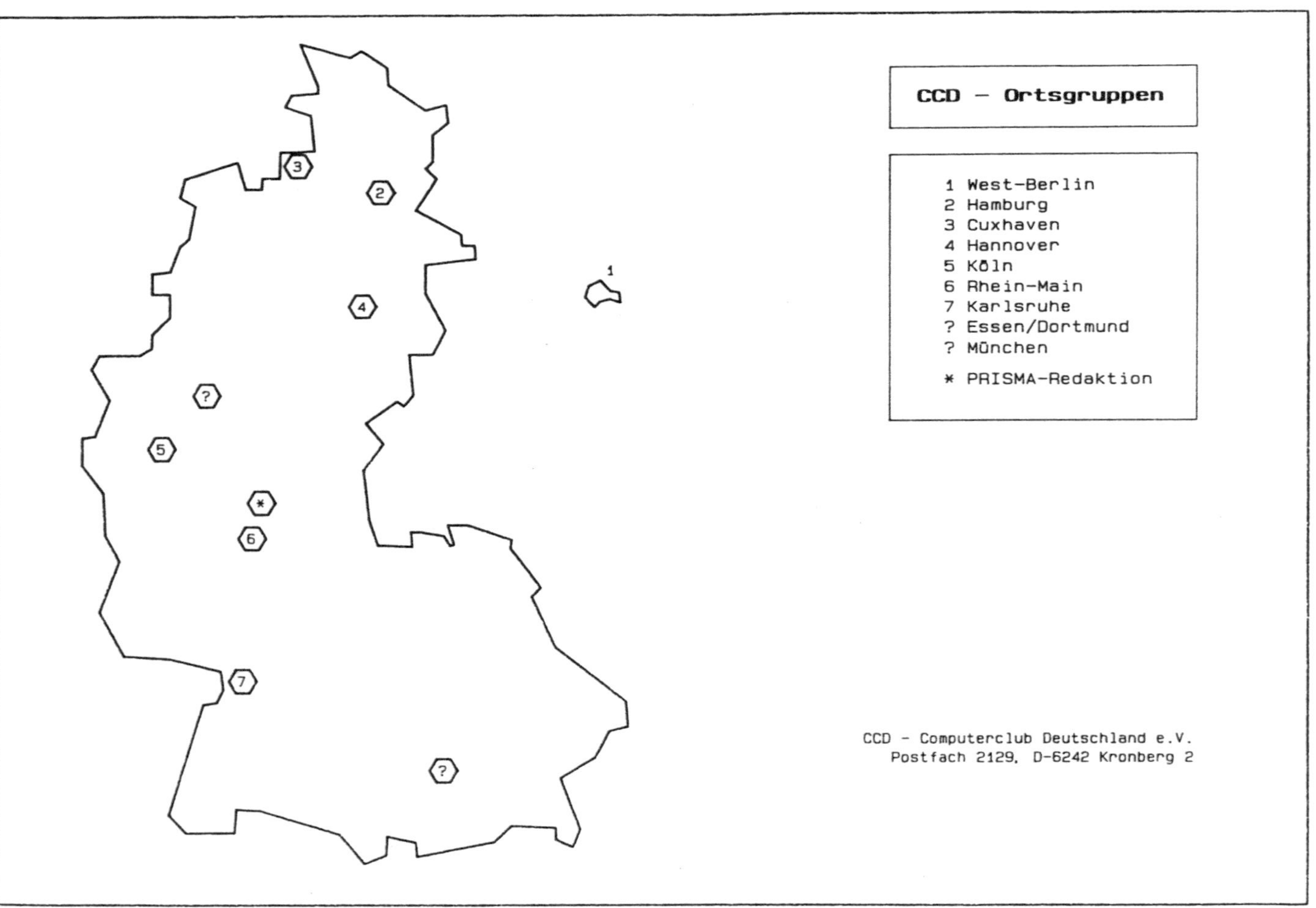
CCD - Ortsgruppen
1 West-Berlin
2 Hamburg
3 Cuxhaven
4 Hannover
5 Köln
6 Rhein-Main
7 Karlsruhe
? Essen/Dortmund
? München
* PRISMA-Redaktion
CCD - Computerclub Deutschland e.V.
Postfach 2129, D-6242 Kronberg 2

5 Liniendiagramme

Ein grafischer Überblick über die wesentlichsten Ausführungsformen von Liniendiagrammen ist auf Seite 32 zu finden.

5.1 Die Programme

LINH ermöglicht Liniendiagramme im Hochformat. Erforderliche Speicherkapazität: 179 Register, Restspeicherkapazität: 44 Register [1].

LINQ ermöglicht Liniendiagramme im Querformat. Erforderliche Speicherkapazität: 197 Register, Restspeicherkapazität: 26 Register.

Vielfältige und interessante Möglichkeiten für Liniendiagramme bietet auch das im Plottermodul vorhandene "Plotdienstprogramm" von HP. Es ist jedoch ein wenig überladen. Man braucht daher einige Einarbeitung, um alle Möglichkeiten nutzen zu können.[2]

Liniendiagramme mit nicht linearem Koordinatensystem sind in Kapitel 8 angegeben.

5.2 Begriffe

Die maximale Arbeitsfläche des Plotters hat die Maße 190 mm x 270 mm. Sie wird in den Beispielen durch Umrahmung angegeben. Die Umrahmung kann selbstverständlich auch weggelassen werden.

Diagrammursprung ist der Schnittpunkt von x- und y-Achse. Durch Eingabe der Abstände x und y zwischen Umrahmung (auch wenn sie nicht gezeichnet wird) und Diagrammursprung kann die Lage des Diagramms auf der Arbeitsfläche bestimmt werden, sofern sie nicht voreingestellt ist -Bild 5-1.

---

1) 1 Register = 1 Speichereinheit des HP 41 = 7 Bytes

2) Benutzerhandbuch des Plottermoduls

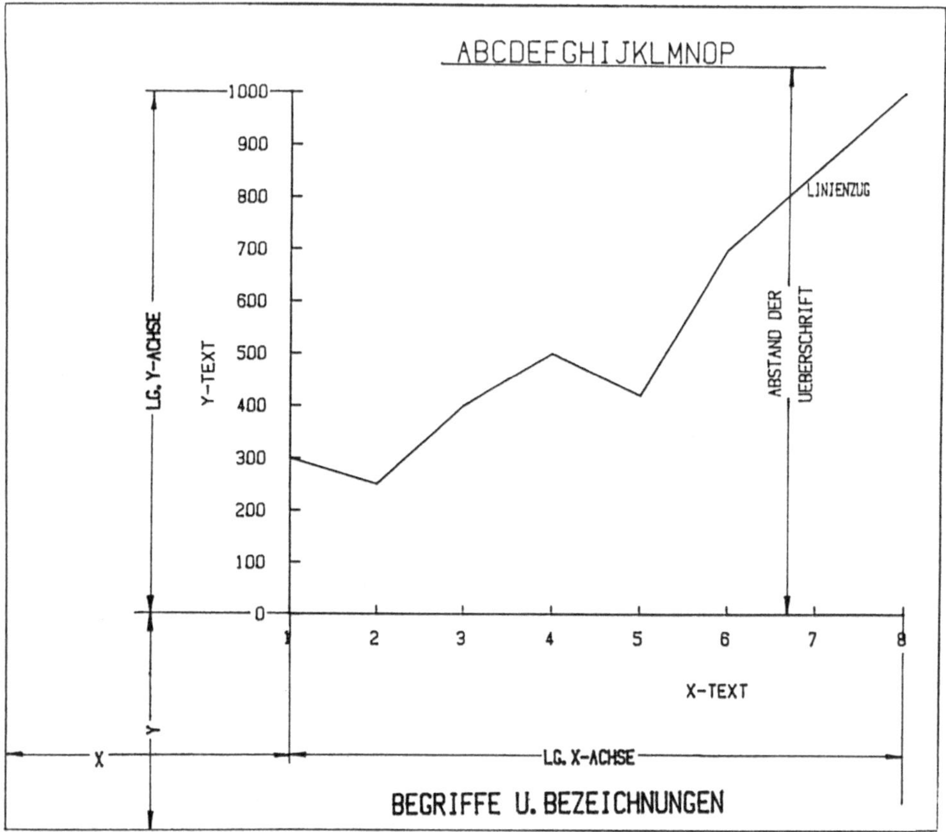

Bild 5-1

Linienzug ist die Verbindungslinie der durch die eingegebenen Daten bestimmten Punkte

Linientypen: Zur Unterscheidung zwischen den Linienzügen eines Diagramms stehen 8 Linientypen zur Verfügung -Bild 5-2. Bei Linientyp 2 werden die den Zahlenwerten entsprechenden Punkte nicht miteinander verbunden. Das ist z.B. dann zu empfehlen, wenn die Punkte mittels Kurvenlineal verbunden werden müssen. (Der Plotter kann nur gerade Verbindungslinien ausführen).

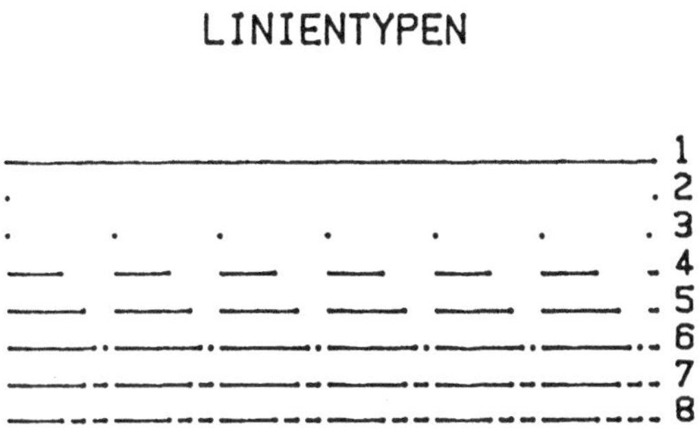

LINIENTYPEN

```
___________________________________ 1
.                                 . 2
.    .    .    .    .    .    .   . 3
___  ___  ___  ___  ___  ___  ___ - 4
____ ____ ____ ____ ____ ____ ____ - 5
_____._____._____._____._____.____.. 6
_____-_____-_____-_____-_____-____-- 7
____--____--____--____--____--____--- 8
```

Bild 5-2

Unterscheidungsmöglichkeiten für Datenserien sind

- Linientypen
- Strichstärke } entsprechend der Wahl der Plotterstifte
- Farbe

Farbe ist nur bedingt anwendbar, wenn Diagramme schwarzweiß kopiert werden.

Datenserie ist die Menge der Daten, die als ein Linienzug dargestellt wird.

Datenzahl ist die Anzahl der zu einer Datenserie bzw. zu einem Linienzug gehörenden Daten. Die maximale Datenzahl ist 24.

Wertsumme ist die Summe der Werte einer Datenserie. Sie wird unabhängig davon, ob sie gebraucht wird, angezeigt oder vom Drucker ausgegeben.

Skalierung ist das Festlegen der Skalenanfangs- und endwerte sowie die Markierungsintervalle.

Benutzerskalierung: Die Skalierungsdaten werden vom Benutzer eingegeben.

Autoskalierung: Die Skalierungsdaten werden automatisch vom System bestimmt.

- Die Skalierung der x-Achse basiert auf der Datenzahl n und läuft von 1 bis n mit 1 als Markierungsintervall

. Bei der Skalierung der y-Achse wird der höchste der eingegebenen Zahlenwerte in der Weise aufgerundet, daß eine voreingestellte oder vom Benutzer eingegebene Zahl (Skalierungsbasis) mit der gleichen Stellenzahl wie der Höchstwert so oft zu sich selbst addiert wird, bis die Summe gerade größer als der Höchstwert ist. Das Ergebnis ist der Skalenendwert. Der Skalenanfangswert ist bei Autoskalierung der y-Achse 0. Die y-Achse wird in 10 gleiche Markierungsintervalle unterteilt. Voreingestellt ist die Skalierungsbasis 2,5. Beispielsweise ergibt sich bei einem Höchstwert von 5010 7500 als Skalenendwert und 75 als Markierungsintervall. Mit der Skalierungsbasis 1 ergibt sich dagegen 6000 als Skalenendwert und 60 als Markierungsintervall.

Bei der Wahl der Skalierungsbasis ist zu beachten, daß der Skalenendwert nicht zu weit über dem Höchstwert liegt und daß sich für das Ablesen von Werten eine günstige Skaleneinteilung ergibt. Die Autoskalierung ist besonders vorteilhaft, wenn schnell Diagramme mit unterschiedlichen Wertebereichen anzufertigen sind -Beispiel 5-4. Bei Diagrammen mit mehreren Datenserien bzw. Linienzügen wird bereits nach der ersten autoskaliert. Man kann daher Autoskalierung nur anwenden, wenn alle nach der ersten Datenserie eingegebenen Daten kleiner sind als der Höchstwert der ersten Datenserie.

Nachkommastellen: Ihre Zahl kann für beide Achsen getrennt eingegeben werden, z.B. wenn entsprechende Werte darzustellen sind. Für die y-Achse empfiehlt sich außerdem eine Nachkommastelle, wenn z.B. bei Skalierungsbasis 2,5 der Skalenendwert 25 oder 75 ist. Bei 25 würde sich durch Aufrunden ohne Kommastelle folgende ungünstige Beschriftung ergeben:

0, 3, 5, 8, 10, 13, 15, ...

5.3 Benutzerhilfen

Die Tabellen dieses Abschnitts enthalten die wichtigsten Informationen für das Anfertigen von Liniendiagrammen.

5.3.1 Positionen und Formate

Durch eine im Eingabedialog mit POSITION angefragte Positionsziffer ist die Lage eines Diagramms auf der Arbeitsfläche und seine Größe gekennzeichnet -Tab. 5-1. Jedes der beiden Programme bietet einige voreingestellte Positionen an und außerdem mit einer weiteren Positionsziffer die freie Wahl von Diagrammlage und -größe.

Tabelle 5-1 . Diagrammpositionen und -maße (mm) gültig für Hoch- und Querformat -Bild 5-1

Programm	Positions- ziffer	Position im Format DIN A 4	Ursprungs- Koordinaten x	y	Länge der Achsen x-A.	y-A.	Abstand der[1) Überschrift v.Anfang d. y-Achse
LINH	1	format- füllend	30	50	150	180	187,5
	2	oben	30	140	150	70	77,5
	3	unten	30	30	150	70	77,5
	4	Position, Größe und Schriftform vom Benutzer wählbar					
LINQ	1	oben links	25	115	105	60	65
	2	oben rechts	160	115	105	60	65
	3	unten links	25	30	105	60	65
	4	unten rechts	160	30	105	60	65
	5	format- füllend	30	40	230	120	140
	6	Position, Größe und Schriftform vom Benutzer wählbar					

1) Voreinstellungen; der Benutzer kann auch andere Abstände wählen

5.3.2 Benutzen der Programme

Die Benutzungsweise der Programme LINH und LINQ ist bis auf geringe Unterschiede gleich. Zur besseren Übersicht wird unterschieden zwischen Tastenfunktionen, die im wesentlichen das eigentliche Diagramm betreffen -Tabelle 5-2, und solchen, die hauptsächlich das Beschriften ermöglichen -Tabelle 5-3.

Die Schriftform ist variierbar durch die Schrifthöhe in mm und die Schriftbreite als Verhältniszahl zur Höhe. Beispielsweise ergibt Schrifthöhe 4 mm und -breite 0,6 4 mm hohe und 2,4 mm breite Buchstaben. Weitere Variationsmöglichkeiten bietet die Wahl des Plotterstiftes (Strichstärke und Farbe).

Tabelle 5-2. Zeichnen und Skalieren

Tasten	Funktionen	Beispiele
A	Programmstart, Eingabedialog mit Wahl der Position für ein einfaches, schnell zu zeichnendes Liniendiagramm mit Autoskalierung -oder mit anderen Tasten - Zugang zu ergänzenden Möglichkeiten. Maximal können 24 Daten eingegeben werden. Kennzeichnung der x- und y-Achse. Taste A muß vor jedem neuen Diagramm betätigt werden.	5-1
* A	Arbeitsfeld im Format 190 mm x 270 mm umrahmen	
B	Wahl einer von 2,5 verschiedenen Skalierungsbasis	5-1 5-3
D	nach der ersten weitere Datenserien eingeben. Datenzahl kleiner oder höchstens gleich der Datenzahl der ersten Datenserie. Verschiedene Linientypen sind möglich.	unter anderem 5-1 5-4
I	Benutzerskalierung u.a. bei Negativwerten, mehreren Datenserien und von 0 verschiedenen Skalenanfangswerten.	5-2 5-4
J	Nachkommastellen für das Beziffern der x- und y-Achse	5-2

Tasten	F u n k t i o n e n	Beispiele
* C	Länge der Skalenmarkierungen Voreinstellung ohne *C zu betätigen: Es wird ein Netz gezeichnet.	5-1 bis 5-5 ohne 5-2
	Eingabe von 1: Es werden kurze Markierungsstriche gezeichnet. Werte zwischen 1 und 100 führen zu Zwischenlängen. Kurze Markierungen sind beispielsweise vorteilhaft, wenn bei Eingabe von positiven und negativen Zahlenwerten die bei y=0 liegende x-Achse hervorgehoben werden soll.	5-3 oberes Diagramm

Tabelle 5-3. Beschriften

Tasten	F u n k t i o n e n	Beispiele
C	Beschriften der x-Achse durch den Benutzer; Ziffern oder ALPHA-Zeichen bzw. Buchstaben	
H	Wie C, Schrift jedoch um 90° gedreht	5-3 oberes Diagramm
E	Überschrift mittig symmetrisch über dem Diagramm, max. 24 Zeichen je Zeile. Nach dem mit R/S auslösbaren Drucken Sprung zur nächsten Zeilenmitte. Abstand vom Anfang der y-Achse entsprechend Bild 5-1 und Tabelle 5-1 voreingestellt oder ebenso wie Stift und Schriftform wählbar.	alle Beispiele
* E1)	Schrift linksbündig zu einer mit den Plottertasten wählbaren Anfangsposition. Max. 24 Zeichen je Zeile. Nach dem mit R/S auslösbaren Drucken Sprung zum nächsten Zeilenanfang.	

1) wird ENTER POINT angezeigt, den Stift mit den Plottertasten zur gewählten Position bringen und ENTER am Plotter drücken.

Tasten	F u n k t i o n e n	Beispiele
Q[1]	Schrift linksbündig zu einer mit den Plottertasten wählbaren Anfangsposition. Max. 24 Zeichen je Zeichenserie. Nach dem mit R/S auslösbaren Drucken Fortsetzung der Zeile. Anwendbar z.B. bei längeren Überschriften oder Kommentaren.	
*D	Nur bei Programm LINQ; Gesamtüberschrift bei Diagramm -Positionen 1 bis 4	5-5
*B[1]	Bei mehreren Linienzügen Erklärung der verwendeten Linienmuster an einer mit den Plottertasten wählbaren Anfangsposition.	5-2 5-4
F	Bei mehreren Linienzügen Erklärung der verwendeten Linienmuster mit Angabe der angezeigten oder ausgedruckten Datensummen jedes Linienzuges. Position unter dem Diagrammursprung.	5-5

1) wird ENTER POINT angezeigt, den Stift mit den Plottertasten zur gewünschten Position bringen und ENTER am Plotter drücken.

5.4 Anfertigen von Liniendiagrammen -Beispiele

Von dem Benutzer der Programme LINH und LINQ -bzw. vor dem Nachvollziehen der Beispiele empfiehlt es sich, je nach Vertrautheit mit den Geräten und der Grafiksoftware in den Kapiteln 2 und 3 sowie in diesem Kapitel anhand der hervorgehobenen Stichworte diejenigen Abschnitte nachzulesen, über die man noch nicht oder nicht mehr ausreichend Bescheid weiß.

Die Beispiele demonstrieren die wichtigsten Möglichkeiten, die die Programme bieten. Zugleich zeigen sie praktische Ausführungsformen von Liniendiagrammen, die der Benutzer für eigene Aufgaben meist nur geringfügig abzuändern haben wird. Zur Arbeitserleichterung sind in den Eingabeprotokollen der Beispiele die Zeilen mit den Dialogstartanweisungen unterstrichen. Im Grunde ergibt das Betätigen der so hervorgehobenen Tasten die gewünschte Grafik, da der Benutzer lediglich die vom Rechner gestellten Dialogfragen zu beantworten hat. Es ist allerdings -vor allem bei Grafiken mit viel Beschriftung- vorteilhaft, mit einer groben Skizze die Blatteinteilung vorzuplanen.

An folgende Vorbereitungen und Regeln wird erinnert:

- Geräte konfigurieren und Stromversorgung sichern -Kapitel 2; Bild 2-1
- Vorbereiten von Rechner und Plotter -Kapitel 2
- Beim Ausführen der Beispiele das in den Druckerprotokollen vor den Tastenbezeichnungen stehende XEQ weglassen: statt XEQA also A drücken und statt XEQb *B drücken.
- Texteingaben durch Betätigen von ALPHA beenden.
- Nach jeder Eingabe erst die nächste Eingabeaufforderung abwarten.
- * = gelbe Taste

Bei den Beispielen enthält im allgemeinen der linke Stifthalter des Plotters einen schwarzen 0,3 mm Stift, der rechte einen schwarzen 0,7 mm oder einen farbigen Stift.

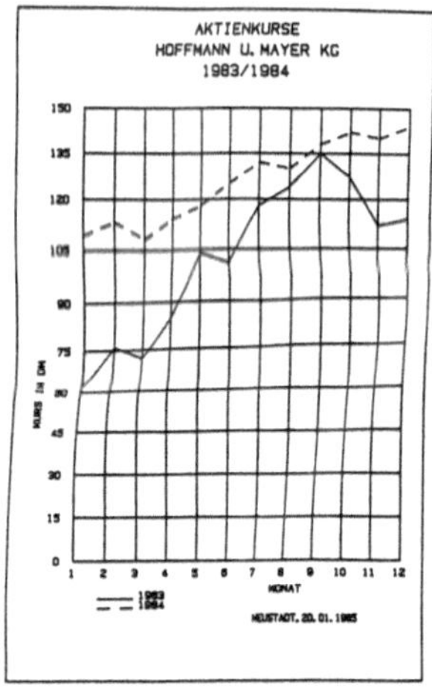

Beispiel 5-1

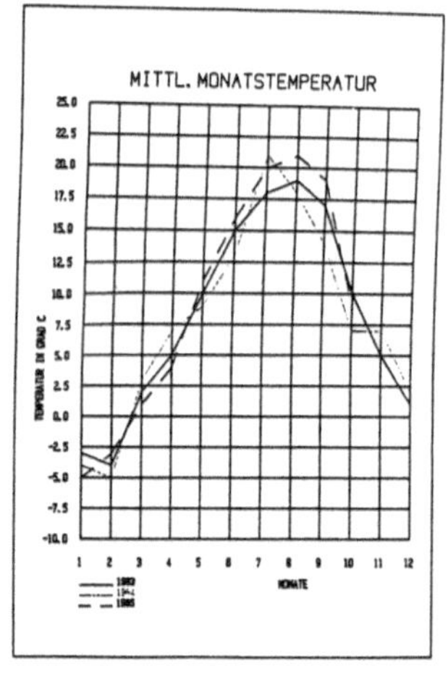

Beispiel 5-2

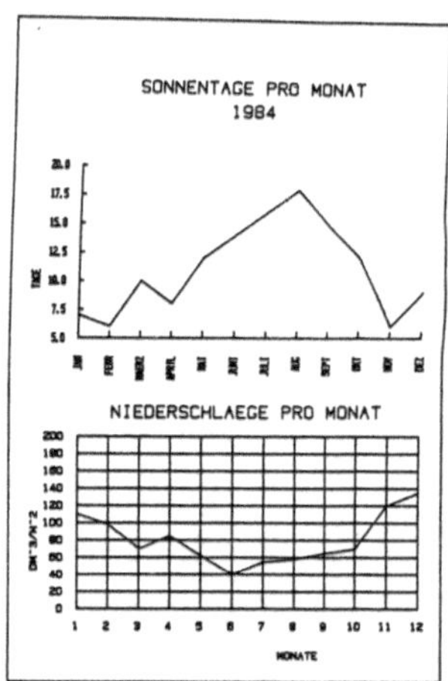

Beispiel 5-3

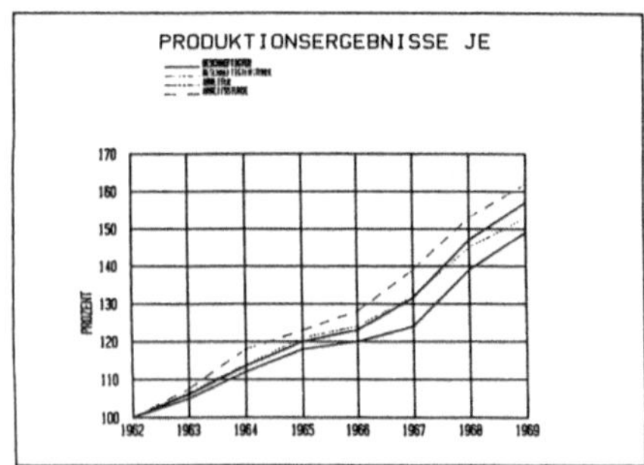

Beispiel 5-4

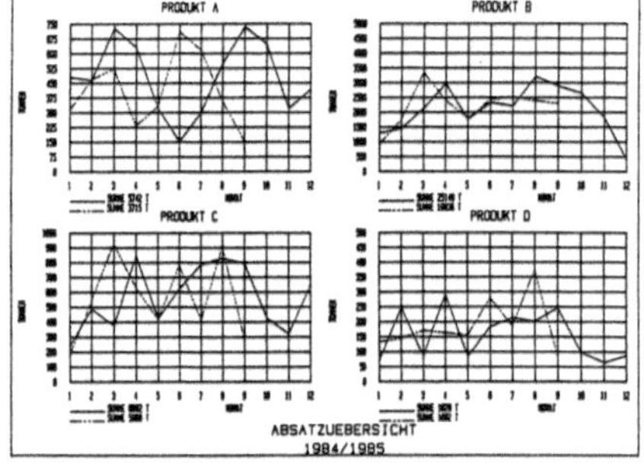

Beispiel 5-5

Bild 5-2 Liniendiagramme, Übersicht über die Beispiele

Beispiel 5-1

Liniendiagramm Hochformat, Position 1, Autoskalierung. Skalierungsbasis 1,5. 2 Linienzüge durch Linienmuster und außerdem im Original farblich unterschieden; dementsprechend unter der Grafik interpretiert.

```
                XEQ "LINH" A   Programmstart
POSITION/TASTE
                XEQ a          umrahmen
POSITION/TASTE
                XEQ B          Skalierungs-
Y-DIF?                         basis
          1.5   RUN
POSITION/TASTE
            1   RUN
DATENZAHL
           12   RUN
WERT-1
           62   RUN
WERT-2
           76   RUN
WERT-3
           72   RUN
WERT-4
           85   RUN
WERT-5
          104   RUN
WERT-6
          101   RUN
WERT-7
          118   RUN
WERT-8
          124   RUN
WERT-9
          135   RUN
WERT-10
          127   RUN
WERT-11
          112   RUN
WERT-12
          114   RUN
Y-TEXT
KURS IN DM      RUN            Achsen
X-TEXT
MONAT           RUN            kennzeichnen
Σ= 1230                        Wertesumme
                XEQ D          2.Datenserie
STIFT
            2   RUN            rechter Stift
LINIENTYP
            4   RUN
DATENZAHL
           12   RUN
WERT-1
          109   RUN
WERT-2
          113   RUN
WERT-3
          108   RUN
WERT-4
          114   RUN
```

```
WERT-5
               118   RUN
WERT-6
               125   RUN
WERT-7
               132   RUN
WERT-8
               130   RUN
WERT-9
               138   RUN
WERT-10
               142   RUN
WERT-11
               140   RUN
WERT-12
               144   RUN
Σ= 1513                     Wertesumme
                     XEQ E  Überschrift
STIFT
                 1   RUN    rechter Stift
ABSTD.MM?
               210   RUN    vom Anfang der
SCHRIFTBREITE               y-Achse
                .7   RUN
-HOEHE                      Schriftform
               4.5   RUN
TEXT?
AKTIENKURSE
                     RUN
TEXT?
HOFFMANN U.MAYER KG  RUN
TEXT?
1983                 CLA
1983/1984            RUN
TEXT?
                   XEQ "Q"  Text beliebige
SCHRIFTBREITE               Position
                .6   RUN
-HOEHE                      Schriftform
                 3   RUN
TEXT?
NEUSTADT,20.01.1985
                     XEQ b  Interpretation der
LINIENTYP                   Linienmuster
                 1   RUN
STIFT
                 1   RUN
TEXT
1983                 RUN
LINIENTYP
                 4   RUN
STIFT
                 2   RUN
TEXT
1984                 RUN
```

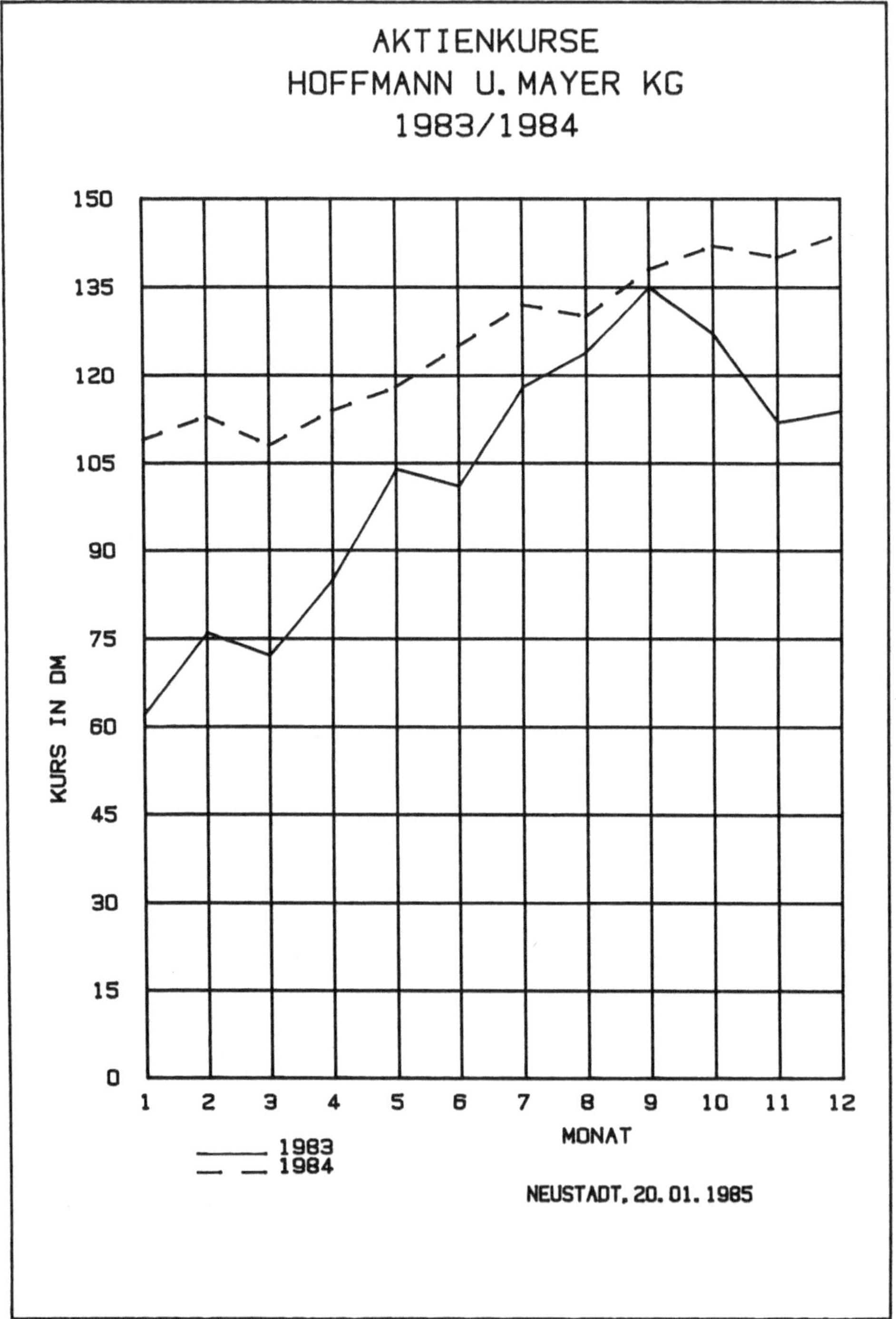
AKTIENKURSE
HOFFMANN U. MAYER KG
1983/1984
150
135
120
105
90
75
60
45
30
15
0
KURS IN DM
1 2 3 4 5 6 7 8 9 10 11 12
MONAT
1983
1984
NEUSTADT, 20.01.1985

Beispiel 5-2

Liniendiagramm Hochformat, Position 1, Benutzerskalierung, y-Achse eine Nachkommastelle, 3 Linienzüge durch Linienmuster und im Original auch farblich unterschieden; dementsprechend unter der Grafik interpretiert. Zu Plotbeginn Stift 1 schwarz, Stift 2 grün

```
           XEQ "LINH"A  Programmstart
POSITION/TASTE
             XEQ a      umrahmen
POSITION/TASTE
             XEQ J      Nachkomma-
X-KOMMAST.              stellen
         0   RUN
Y-KOMMAST.
         1   RUN
POSITION/TASTE
             XEQ I      Benutzerska-
Y-MIN                   lierung
       -10   RUN
Y-MAX
        25   RUN        y-Achse
Y-DIF
       2.5   RUN
X-MIN
         1   RUN
X-MAX
        12   RUN        x-Achse
X-DIF
         1   RUN
DATEN 12.0
POSITION/TASTE
       1.0   RUN
WERT-1
        -3   RUN
WERT-2
        -4   RUN
WERT-3
         2   RUN
WERT-4
         5   RUN
WERT-5
        10   RUN
WERT-6
        15   RUN
WERT-7
        18   RUN
WERT-8
        19   RUN
WERT-9
        17   RUN
```

```
WERT-10
             10    RUN
WERT-11
              5    RUN
WERT-12
              1    RUN
Y-TEXT
TEMPERATUR IN GRAD C        Achsen kenn-
                   RUN      zeichnen
X-TEXT
MONATE             RUN
Σ= 95.0                     Wertesumme
                 XEQ D      2.Datenserie
STIFT
            2.0    RUN      rechter Stift
LINIENTYP
            8.0    RUN
DATENZAHL
           12.0    RUN
WERT-1
             -4    RUN
WERT-2
             -5    RUN
WERT-3
              3    RUN
WERT-4
              7    RUN
WERT-5
              9    RUN
WERT-6
             13    RUN
WERT-7
             21    RUN
WERT-8
             18    RUN
WERT-9
             14    RUN
WERT-10
              7    RUN
WERT-11
              7    RUN
WERT-12
              2    RUN
Σ= 92                       Wertesumme
```

```
Stiftwechsel
rechts            XEQ D   3. Datenserie
STIFT       rot
              2   RUN     rechter Stift
LINIENTYP
              4   RUN
DATENZAHL
             10   RUN
WERT-1
             -5   RUN
WERT-2
             -3   RUN
WERT-3
              1   RUN
WERT-4
              4   RUN
WERT-5
             11   RUN
WERT-6
             16   RUN
WERT-7
             20   RUN
WERT-8
             21   RUN
WERT-9
             19   RUN
WERT-10
              9   RUN
Σ= 93                     Datensumme
```

```
                        XEQ E   Überschrift
STIFT
                    1   RUN     linker Stift
ABSTD.MM?                       entspr.
                        RUN     Voreinstellung
SCHRIFTBREITE
                   .6   RUN
-HOEHE                          Schriftform
                    6   RUN
TEXT?
MITTL.MONATSTEMPERATUR
                        RUN
TEXT?                           Linienmuster -
                                Erklärungen,
                        XEQ b
LINIENTYP                       bei ENTER POINT
                    1   RUN     Stiftposition
STIFT                           wählen u.ENTER
                    1   RUN     am Plotter
TEXT                            drücken
1983                    RUN
LINIENTYP
                    8   RUN
STIFT
                    2   RUN
TEXT
1985                    RUN
LINIENTYP
```

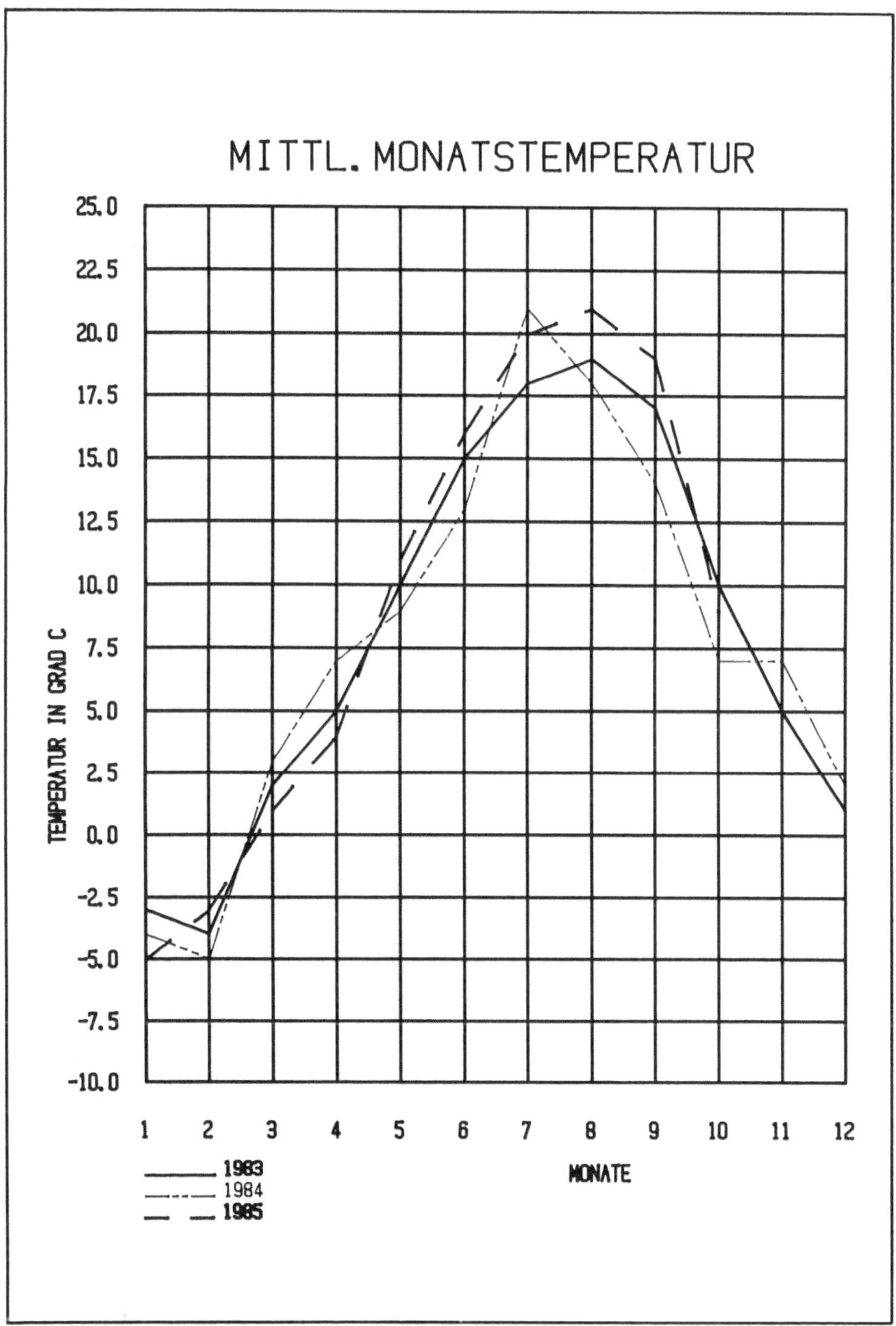
MITTL. MONATSTEMPERATUR
25.0
22.5
20.0
17.5
15.0
12.5
10.0
7.5
5.0
2.5
0.0
-2.5
-5.0
-7.5
-10.0
TEMPERATUR IN GRAD C
1 2 3 4 5 6 7 8 9 10 11 12
MONATE
1983
1984
1985

Beispiel 5-3

2 Liniendiagramme Hochformat

Position 2: Benutzerskalierung kurze Skalenstrich, y-Achse eine Nachkommastelle, x-Achse Skalenbeschriftung vertikal durch Benutzer.

Position 3: Autoskalierung, Skalierungsbasis 2

```
               XEQ "LINH"A  Programmstart
POSITION/TASTE              oberes Diagramm
                 XEQ a      umrahmen
POSITION/TASTE
                 XEQ J      Nachkommastellen
X-KOMMAST.
           0     RUN
Y-KOMMAST.
           1     RUN
POSITION/TASTE
                 XEQ c      Skalenstrich-
TEILSTRICH-LG.              länge wählen
           1     RUN
POSITION/TASTE
                 XEQ H      x-Skalenbe-
Y-MIN                       schriftung ver-
           5     RUN        tikal d.Benutzer
Y-MAX
          20     RUN        y-Achse
Y-DIF
         2.5     RUN
X-MIN
           1     RUN
X-MAX
          12     RUN        x-Achse
X-DIF
           1     RUN
DATEN 12.0
POSITION/TASTE
         2.0     RUN
WERT-1
           7     RUN
WERT-2
           6     RUN
WERT-3
          10     RUN
WERT-4
           8     RUN
WERT-5
          12     RUN
WERT-6
          14     RUN
WERT-7
          16     RUN
WERT-8
          18     RUN
```

```
WERT-9
               15    RUN
WERT-10
               12    RUN
WERT-11
                6    RUN
WERT-12
                9    RUN
X-SKAL.TEXT
JAN                  RUN
X-SKAL.TEXT
FEBR                 RUN
X-SKAL.TEXT
MAERZ                RUN
X-SKAL.TEXT
APRIL                RUN
X-SKAL.TEXT
MAI                  RUN
X-SKAL.TEXT
JUNI                 RUN
X-SKAL.TEXT
JULI                 RUN
X-SKAL.TEXT
AUG                  RUN
X-SKAL.TEXT
SEPT                 RUN
X-SKAL.TEXT
OKT                  RUN
X-SKAL.TEXT
NOV                  RUN
X-SKAL.TEXT
DEZ                  RUN
Y-TEXT                     Achsen
TAGE                 RUN   kennzeichnen
X-TEXT
                   XEQ E   Überschrift
STIFT
              1.0    RUN
ABSTD.MM?
            100.0    RUN
SCHRIFTBREITE
               .7    RUN
-HOEHE
              5.0    RUN
TEXT?
SONNENTAGE PRO MONAT RUN
```

```
TEXT?
1984                  RUN
TEXT?
            XEQ "LINH" A    Programmstart
POSITION/TASTE              unteres Diagramm
                 XEQ B      Skalierungsbasis
Y-DIF?
            2.0       RUN
POSITION/TASTE
            3.0       RUN
DATENZAHL
           12.0       RUN
WERT-1
            110       RUN
WERT-2
             98       RUN
WERT-3
             70       RUN
WERT-4
             85       RUN
WERT-5
             62       RUN
WERT-6
             40       RUN
WERT-7
             55       RUN
```

```
WERT-8
                 58     RUN
WERT-9
                 65     RUN
WERT-10
                 70     RUN
WERT-11
                120     RUN
WERT-12
                135     RUN
Σ=968                          Wertsumme
Y-TEXT
DM↑3/M↑2                RUN    Achsen
X-TEXT                         kennzeichnen
MONATE                  RUN
                      XEQ E    Überschrift
STIFT
                  1     RUN
ABSTD.MM?
                        RUN
SCHRIFTBREITE
                 .7     RUN
-HOEHE
                  5     RUN
TEXT?
NIEDERSCHLAEGE PRO MONAT
```

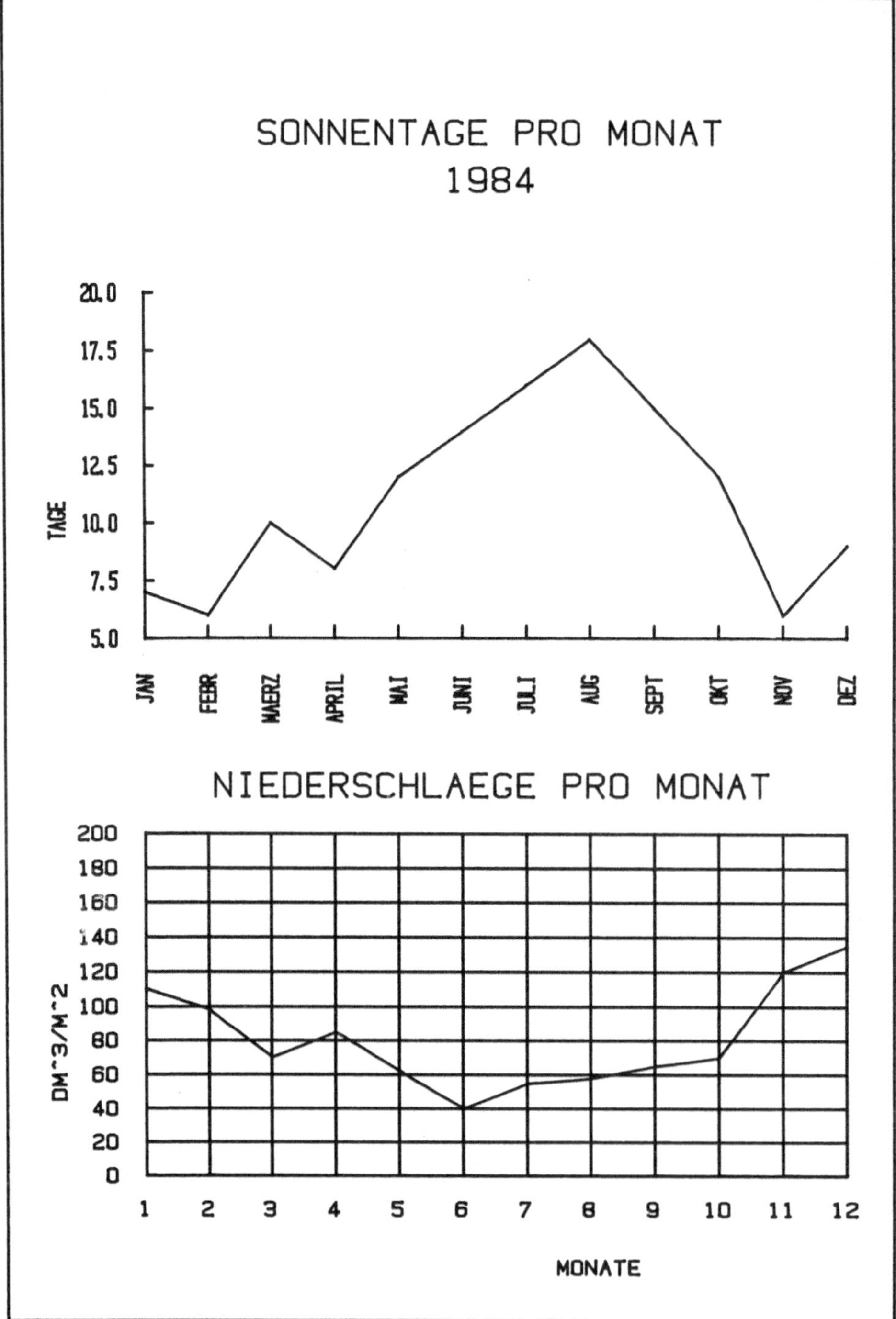
SONNENTAGE PRO MONAT
1984
20.0
17.5
15.0
12.5
10.0
7.5
5.0
TAGE
JAN
FEBR
MAERZ
APRIL
MAI
JUNI
JULI
AUG
SEPT
OKT
NOV
DEZ
NIEDERSCHLAEGE PRO MONAT
200
180
160
140
120
100
80
60
40
20
0
DM^3/M^2
1 2 3 4 5 6 7 8 9 10 11 12
MONATE

Beispiel 5-4

Liniendiagramm Querformat, Position 6, Format und Position auf dem Blatt vom Benutzer bestimmt, Benutzerskalierung, x-Achse mit Jahreszahlen, 4 Linienzüge durch Linienmuster und im Original auch farbig unterschieden, dementsprechend unter der Überschrift interpretiert.

```
              XEQ "LINQ"A  Programmstart
POSITION/TASTE
                  XEQ a    umrahmen
POSITION/TASTE
                  XEQ I    Benutzerska-
Y-MIN                      lierung
            100   RUN
Y-MAX
            170   RUN      y-Achse
Y-DIF
             10   RUN
X-MIN
           1962   RUN
X-MAX
           1969   RUN      x-Achse
X-DIF
              1   RUN
DATEN 8.0
POSITION/TASTE
            6.0   RUN
SCHRIFTBREITE
             .4   RUN
-HOEHE                     Schriftform
            4.5   RUN
X
           50.0   RUN      Koordinaten d.
Y                          Diagrammursprungs
           20.0   RUN
LG.X-ACHSE?
          170.0   RUN
LG.Y-ACHSE?                Achsenlänge
          110.0   RUN
WERT-1
            100   RUN
WERT-2
            105   RUN
WERT-3
            112   RUN
WERT-4
            118   RUN
WERT-5
            120   RUN
WERT-6
            124   RUN
WERT-7
            139   RUN
WERT-8
            149   RUN
```

```
Y-TEXT
PROZENT               RUN  Kennzeichnung der
X-TEXT                     x-Achse
                    XEQ E  Überschrift
STIFT
                 1    RUN  linker Stift
ABSTD.MM?
               155    RUN
SCHRIFTBREITE
                .7    RUN
-HOEHE                     Schriftform
                 6    RUN
TEXT?
PRODUKTIONSERGEBNISSE JE
                      RUN
TEXT?
                    XEQ D  2.Datenserie
STIFT
                 1    RUN  links roter Stift
LINIENTYP
                 7    RUN
DATENZAHL
                 8    RUN
WERT-1
               100    RUN
WERT-2
               106    RUN
WERT-3
             113.5    RUN
WERT-4
               120    RUN
WERT-5
               123    RUN
WERT-6
             131.5    RUN
WERT-7
               147    RUN
WERT-8
               157    RUN
Σ=998                      Datnesumme
                    XEQ D  3. Datenserie
STIFT
                 1    RUN  links grüner
LINIENTYP                  Stift
                 8    RUN
DATENZAHL
                 8    RUN
```

```
WERT-1
            100    RUN
WERT-2
          106.5    RUN
WERT-3
            114    RUN
WERT-4
            121    RUN
WERT-5
            124    RUN
WERT-6
            132    RUN
WERT-7
            145    RUN
WERT-8
            153    RUN
Σ=996                     Datensumme
                 XEQ D    4.Datenserie
STIFT
              1    RUN    links blauer
LINIENTYP                 Stift
              4    RUN
DATENZAHL
              8    RUN
WERT-1
            100    RUN
WERT-2
          107.5    RUN
WERT-3
            118    RUN
WERT-4
            123    RUN
WERT-5
            128    RUN
```

```
WERT-6
            139    RUN
WERT-7
            153    RUN
WERT-8
            162    RUN
Σ=1031
                          Linienmuster -Er-
                 XEQ b    klärung,bei ENTER
LINIENTYP                 POINT Stiftposi-
              1    RUN    tion wählen u.
STIFT                     ENTER am Plotter
              1    RUN    drücken
TEXT
BESCHAEFTIGTER
                   RUN
LINIENTYP
              7    RUN
STIFT
              1    RUN    links roter Stift
TEXT
BESCHAEFTIGTENSTUNDE
                   RUN
LINIENTYP
              8    RUN
STIFT
              1    RUN    links grüner
TEXT                      Stift
ARBEITER           RUN
LINIENTYP
              4    RUN
STIFT
              1    RUN    links blauer
TEXT                      Stift
ARBEITSSTUNDE
```

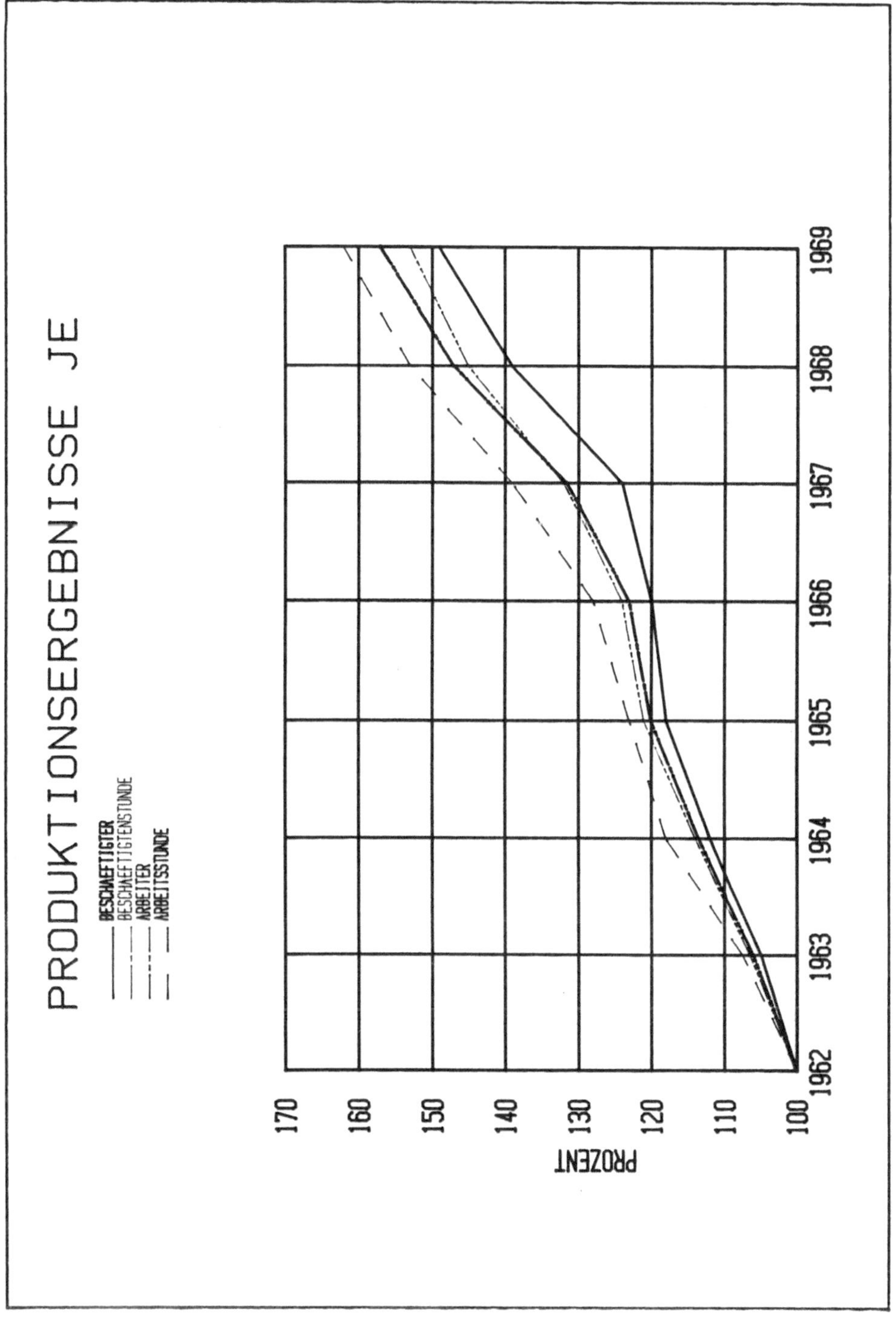
PRODUKTIONSERGEBNISSE JE
BESCHAEFTIGTER
BESCHAEFTIGTENSTUNDE
ARBEITER
ARBEITSSTUNDE
PROZENT
100
110
120
130
140
150
160
170
1962
1963
1964
1965
1966
1967
1968
1969

Beispiel 5-5

4 Liniendiagramme auf DIN A 4 Querformat, Position 1 bis 4, Autoskalierung, 2 Linienzüge je Einzeldiagramm durch Linienmuster und im Original auch farblich unterschieden. Unter den Grafiken mit Angabe der Wertesummen interpretiert. Voraussetzung für Autoskalierung: Werte der 2. Datenserie nicht höher als der Maximalwert der ersten.

```
              XEQ "LINQ" A     Programmstart
POSITION/TASTE                 Diagramm
                   XEQ a       links oben
POSITION/TASTE                 umrahmen
                1    RUN
DATENZAHL
               12    RUN
WERT-1
              480    RUN
WERT-2
              463    RUN
WERT-3
              728    RUN
WERT-4
              631    RUN
WERT-5
              321    RUN
WERT-6
              153    RUN
WERT-7
              298    RUN
WERT-8
              550    RUN
WERT-9
              736    RUN
WERT-10
              645    RUN
WERT-11
              321    RUN
WERT-12
              416    RUN
Y-TEXT
TONNEN               RUN       Achsen kenn-
X-TEXT                         zeichnen
MONAT                RUN
Σ=5742                         Wertesumme
                   XEQ D       2.Datenserie
STIFT
                2    RUN       rechter Stift
LINIENTYP
                8    RUN
DATENZAHL
                9    RUN
WERT-1
              312    RUN
```

```
WERT-2
              468    RUN
WERT-3
              524    RUN
WERT-4
              232    RUN
WERT-5
              333    RUN
WERT-6
              712    RUN
WERT-7
              618    RUN
WERT-8
              361    RUN
WERT-9
              155    RUN
Σ=3715                         Wertesumme
                   XEQ E       Überschrift
STIFT
                1    RUN       linker Stift
TEXT?
PRODUKT A            RUN
TEXT?                          Interpretation
                   XEQ F       d.Linienmuster
LINIENTYP                      mit Wertesummen
                1    RUN       linker Stift
STIFT
                1    RUN
TEXT
5742 T               RUN
LINIENTYP
                8    RUN
STIFT
                2    RUN       rechter Stift
TEXT
3715 T               RUN
LINIENTYP                      Programmstart
               XEQ "LINQ"      Diagramm rechts
POSITION/TASTE                 oben
                2    RUN
DATENZAHL
               12    RUN
WERT-1
             1301    RUN
```

```
WERT-2
        1453   RUN
WERT-3
        2128   RUN
WERT-4
        2980   RUN
WERT-5
        1753   RUN
WERT-6
        2335   RUN
WERT-7
        2211   RUN
WERT-8
        3212   RUN
WERT-9
        2886   RUN
WERT-10
        2653   RUN
WERT-11
        1821   RUN
WERT-12
         415   RUN
Y-TEXT
TONNEN         RUN    Achsen kenn-
X-TEXT                zeichnen
MONAT          RUN
Σ=25148               Wertesumme
             XEQ D    2.Datenserie
STIFT
           2   RUN    rechter Stift
LINIENTYP
           8   RUN
DATENZAHL
           9   RUN
WERT-1
         916   RUN
WERT-2
        1752   RUN
WERT-3
        3350   RUN
WERT-4
        2412   RUN
WERT-5
        1780   RUN
WERT-6
        2430   RUN
WERT-7
        2517   RUN
WERT-8
        2389   RUN
WERT-9
        2290   RUN
Σ=19836               Datensumme
             XEQ E    Überschrift
STIFT
           1   RUN    linker Stift
```

```
TEXT?
PRODUKT B             RUN
TEXT?
                    XEQ F    Interpretation
LINIENTYP                    d.Linienmuster
                  1   RUN    mit Wertesummen
STIFT
                  1   RUN    linker Stift
TEXT
25148 T               RUN
LINIENTYP
                  8   RUN
STIFT
                  2   RUN    rechter Stift
TEXT
19836 T               RUN
LINIENTYP                    Programmstart
             XEQ "LINQ" A    Diagramm links
POSITION/TASTE
                  3   RUN    unten
DATENZAHL
                 12   RUN
WERT-1
                240   RUN
WERT-2
                488   RUN
WERT-3
                375   RUN
WERT-4
                847   RUN
WERT-5
                421   RUN
WERT-6
                623   RUN
WERT-7
                786   RUN
WERT-8
                829   RUN
WERT-9
                793   RUN
WERT-10
                427   RUN
WERT-11
                321   RUN
WERT-12
                652   RUN
Y-TEXT
TONNEN                RUN    Achsen kenn-
X-TEXT                       zeichnen
MONAT                 RUN
Σ=6802                       Wertesumme
                    XEQ D    2.Datenserie
STIFT
                  2   RUN    rechter Stift
LINIENTYP
                  8   RUN
DATENZAHL
                  9   RUN
```

```
WERT-1
          180   RUN
WERT-2
          542   RUN
WERT-3
          927   RUN
WERT-4
          631   RUN
WERT-5
          417   RUN
WERT-6
          785   RUN
WERT-7
          412   RUN
WERT-8
          910   RUN
WERT-9
          284   RUN
Σ=5088                   Datensumme
              XEQ E      Überschrift
STIFT
            1   RUN      linker Stift
TEXT?
PRODUKT C       RUN
TEXT?                    Interpretation
              XEQ F      d.Linienmuster
LINIENTYP                m.Wertesummen
            1   RUN
STIFT
            1   RUN      linker Stift
TEXT
6802 T          RUN
LINIENTYP
            8   RUN
STIFT
            2   RUN      rechter Stift
TEXT
5088 T          RUN
LINIENTYP
         XEQ "LINQ" A    Programmstart
POSITION/TASTE           Diagramm
            4   RUN      rechts unten
DATENZAHL
           12   RUN
WERT-1
           70   RUN
WERT-2
          248   RUN
WERT-3
           85   RUN
WERT-4
          294   RUN
WERT-5
           85   RUN
WERT-6
          184   RUN
WERT-7
          213   RUN
WERT-8
          202   RUN
WERT-9
          247   RUN
WERT-10
           98   RUN
```

```
WERT-11
           64   RUN
WERT-12
           88   RUN
Y-TEXT
TONNEN          RUN      Achsen kenn-
X-TEXT                   zeichnen
MONAT           RUN
Σ=1878
              XEQ D      2.Datenserie
STIFT
            2   RUN
LINIENTYP
            8   RUN
DATENZAHL
            9   RUN
WERT-1
          133   RUN
WERT-2
          145   RUN
WERT-3
          171   RUN
WERT-4
          163   RUN
WERT-5
          155   RUN
WERT-6
          280   RUN
WERT-7
          186   RUN
WERT-8
          374   RUN
WERT-9
           85   RUN
Σ=1692                   Wertesumme
              XEQ E      Überschrift
STIFT
            1   RUN      linker Stift
TEXT?
PRODUKT D       RUN
TEXT?                    Interpretation
              XEQ F      d.Linienmuster
LINIENTYP                m.Wertesummen
            1   RUN
STIFT
            1   RUN      linker Stift
TEXT
1878 T          RUN
LINIENTYP
            8   RUN
STIFT
            2   RUN      rechter Stift
TEXT
1692 T          RUN
LINIENTYP
              XEQ d      Gesamt-
SCHRIFTBREITE            unterschrift
           .7   RUN
-HOEHE                   Schriftform
            4   RUN
TEXT?
ABSATZUEBERSICHT
                RUN
TEXT?
```

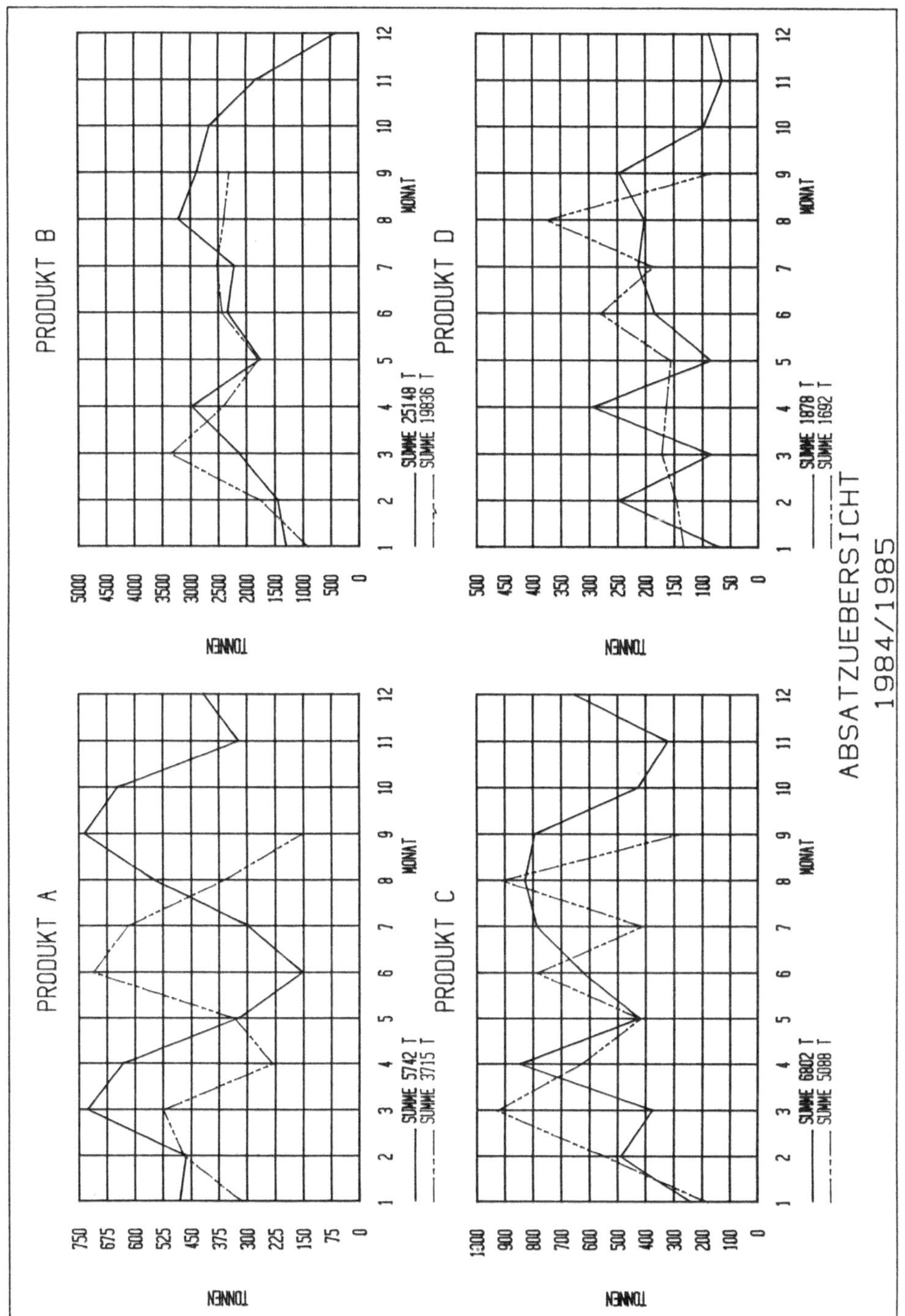
ABSATZUEBERSICHT
1984/1985
PRODUKT A
SUMME 5742 T
SUMME 3715 T
PRODUKT B
SUMME 25148 T
SUMME 19836 T
PRODUKT C
SUMME 6802 T
SUMME 5088 T
PRODUKT D
SUMME 1878 T
SUMME 1692 T
TONNEN
MONAT

6 Stabdiagramme

Ein grafischer Überblick über die wesentlichsten Ausführungsformen von Stabdiagrammen ist auf Seite 56 zu finden.

6.1 Die Programme

STABH ermöglicht Stabdiagramme im Hochformat.
Erforderliche Speicherkapazität: 192 Register, Restspeicherkapazität: 31 Register [1].
STABQ ermöglicht Stabdiagramme im Querformat.
Erforderliche Speicherkapazität: 185 Register, Restspeicherkapazität: 38 Register
STABQ1 ermöglicht 4 Stabdiagramme im Querformat auf der DIN A 4-Fläche. Erforderliche Speicherkapazität: 187 Register, Restspeicherkapazität: 36 Register.

6.2 Begriffe

Die maximale Arbeitsfläche des Plotters hat die Maße 190 mm x 270 mm. Sie wird in den Beispielen durch Umrahmung angegeben. Die Umrahmung kann selbstverständlich auch weggelassen werden.

Diagrammursprung ist der Schnittpunkt von x- und y- bzw. von horizontaler und senkrechter Achse. Durch Eingabe der Abstände x und y zwischen Umrahmung (auch wenn sie nicht gezeichnet wird) und Diagrammursprung kann die Lage des Diagramms auf der Arbeitsfläche bestimmt werden, sofern sie nicht voreingestellt ist -Bild 6-1.

[1] 1 Register = 7 Bytes ist die Speichereinheit des HP 41

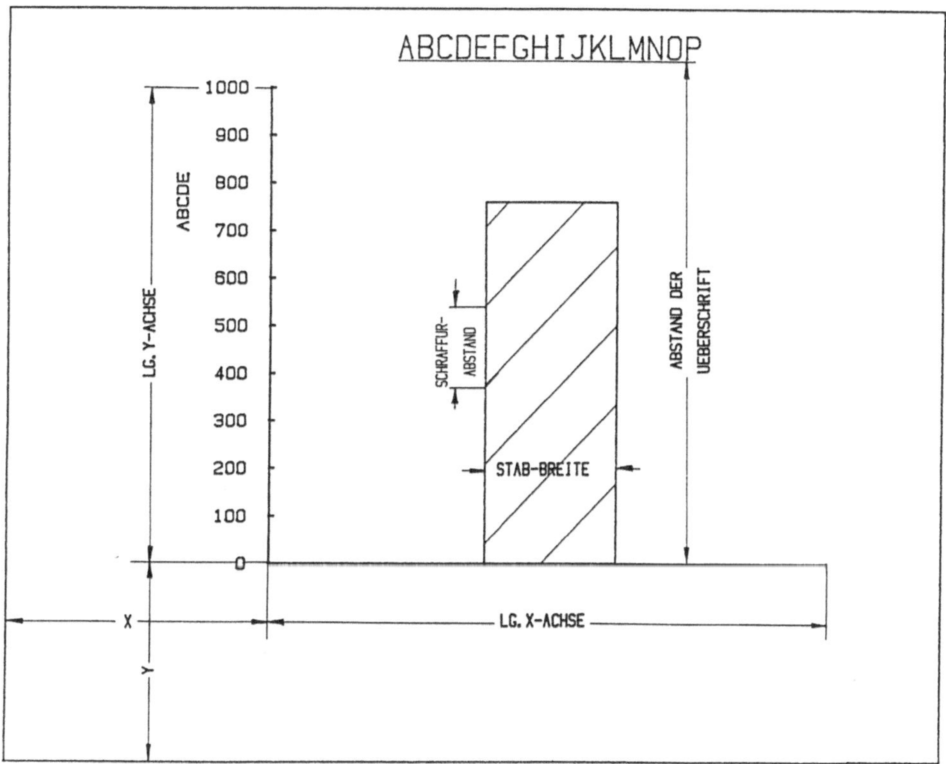

Bild 6-1

Datenserie ist die Menge der Daten, die auf einmal eingegeben werden kann.

Datenzahl ist die Anzahl der zu einer Datenserie gehörenden Daten. Die maximale Datenzahl ist 24.

Mehrere Datenserien können auf verschiedene Weise in **einem** Stabdiagramm dargestellt werden:

- **Stabbündel.** Zusammengehörige Daten mehrerer Datenserien werden durch aneinandergrenzende Stäbe dargestellt (mehrere Stäbe an jeder X-Achsenposition). -Beispiel 6-2.
- **Stabversetzung.** Die zusammengehörigen Daten mehrerer Datenserien werden durch einander überlappende Stäbe dargestellt. -Beispiel 6-6, unteres rechtes Diagramm.
- **Aufeinandersetzen:** Die zusammengehörigen Daten mehrerer Datenserien werden als Stabteile aufeinander gesetzt. -Beispiel 6-3.

Stabzahl ist die Anzahl der Stäbe je Stabbündel. Sie ist gleich der Anzahl der in einem Stabdiagramm darzustellenden Datenserien.

Skalierung ist das Festlegen der Skalenanfangs- und endwerte sowie der Markierungsintervalle der y-Achse.

Benutzerskalierung. Die Skalierungsdaten werden vom Benutzer eingegeben.

Autoskalierung: Die Skalierungsdaten werden automatisch vom System bestimmt. Der höchste der eingegebenen Zahlenwerte wird in der Weise aufgerundet, daß eine voreingestellte oder vom Benutzer eingegebene Zahl (Skalierungsbasis) mit gleicher Stellenzahl wie der Höchstwert so oft zu sich selbst addiert wird, bis die Summe gerade größer als der Höchstwert ist. Das Ergebnis ist der Skalenendwert. Der Skalenanfangswert ist bei Autoskalierung 0. Die y-Achse wird in 10 gleiche Markierungsintervalle unterteilt. Voreingestellt ist die Skalierungsbasis 2.5. Beispielsweise ergibt sich bei einem Höchstwert von 5010 7500 als Skalenendwert und 75 als Markierungsintervall. Mit der Skalierungsbasis 1 ergibt sich dagegen 6000 als Skalenendwert und 60 als Markierungsintervall.

Bei der Wahl der Skalierungsbasis ist zu beachten, daß der Skalenendwert nicht zu weit über dem Höchstwert liegt und daß sich für das Ablesen von Werten eine günstige Skaleneinteilung ergibt.

Die Autoskalierung ist besonders vorteilhaft, wenn schnell Diagramme mit unterschiedlichen Wertebereichen anzufertigen sind -Beispiel 6-6. Bei Stabdiagrammen mit mehreren Datenserien wird bereits nach der ersten autoskaliert. Man kann daher Autoskalierung nur anwenden, wenn alle nach der ersten Datenserie eingegebenen Daten kleiner sind als der Höchstwert der ersten Datenserie.

Nachkommastellen für die y-Achse sind eingebbar, wenn Entsprechende Zahlenwerte darzustellen sind. Eine Nachkommastelle empfiehlt sich z.B. bei Skalierungsbasis 2.5 und Skalenendwerten von 25 oder 75. Bei 25 würde sich ohne Nachkommastellen folgende Skalenbeschriftung ergeben: 0;3;5; 8;10;13;15 .....

6.3 Benutzerhilfen

Die Tabellen dieses Abschnitts enthalten die wichtigsten Informationen für das Anfertigen von Stabdiagrammen.

6.3.1 Position und Formate

Durch eine im Eingabedialog mit POSITION angefragte Positionsziffer ist die Lage eines Diagramms auf der Arbeitsfläche und seine Größe gekennzeichnet -Tabelle 6-1. Die Programme STABH und STABQ bieten einige voreingestellte Positionen an und außerdem mit einer weiteren Positionsziffer die freie Wahl von Diagrammlage und -größe. Das Programm STABQ1 ermöglicht 4 Stabdiagramme auf der Arbeitsfläche im Querformat.

Tabelle 6-1 Diagrammpositionen und -maße (mm) gültig für Hoch- und Querformat -Bild 6-1

Programm	Position	Position im Format DIN A 4	Ursprungs-koordinaten x	y	Länge der Achsen x-A.	y-A.	Abstand der Überschrift vom Anfang der y-Achse[1)]
STABH Hochformat	1	format-füllend	30	50	155	180	190
	2	oben	30	130	150	70	77,5
	3	unten	30	30	150	70	77,5
	4	Position, Größe und Maße vom Benutzer wählbar					
STABQ Querformat	1	format-füllend	30	40	230	120	160
	2	Position, Größe und Maße vom Benutzer wählbar					
STABQ1 Querformat	1	oben links	25	115	105	60	65
	2	oben rechts	160	115	105	60	65
	3	unten links	25	30	105	60	65
	4	unten rechts	160	30	105	60	65

1) Voreinstellung. Der Benutzer kann auch andere Abstände wählen.

6.3.2 Benutzen der Programme

Die Benutzungsweise der Programme STABH, STABQ und STABQ1 ist bis auf geringe Unterschiede gleich. Zur besseren Übersicht wird unterschieden zwischen Tastenfunktionen, die hauptsächlich das eigentliche Diagramm betreffen- Tabelle 6-2 , und solchen, die vor allem das Beschriften ermöglichen -Tabelle 6-3. Die Schriftform ist variierbar durch die Schrifthöhe in mm und die Schriftbreite als Verhältniszahl zur Höhe. Beispielsweise ergibt Schrifthöhe 4 mm und -breite 0,6 4 mm hohe und 2,4 mm breite Buchstaben. Weitere Variationsmöglichkeiten bietet die Wahl des Plotterstifts (Strichstärke und Farbe).

Tabelle 6-2 Zeichnen und Skalieren

Tasten	Funktionen	Beispiele
A	Programmstart, Eingabedialog mit Wahl der Position für ein einfaches, schnell zu zeichnendes Stabdiagramm mit Autoskalierung - oder mit anderen Tasten - Zugang zu ergänzenden Möglichkeiten. Maximal können 24 Daten eingegeben werden. Kennzeichnung der y-Achse. Taste A muß vor jedem neuen Diagramm betätigt werden.	6-3 oben 6-4
*A	Arbeitsfeld im Format 190 mm x 270 mm umrahmen.	
B	Wahl einer von 2,5 verschiedenen Skalierungsbasis.	6-6
D	Stäbe schraffieren - Schraffurrichtung /.	fast alle Beisp.
*D	Stäbe schraffieren - Schraffurrichtung \.	
F	Nur Stäbe - keine Achsen zeichnen.	Bild 2-1
G	Stabbündel - für mehrere Datenserien.	6-1
U	Stabversetzung - für mehrere Datenserien. Bei Versetzung 0 und Wiederholung der Datenserie - Kreuzschraffur möglich.	6-6 Pos. 4
M	Aufeinandersetzen von Stabteilen - für mehrere Datenserien.	6-2
I	Benutzerskalierung - u.a. bei Negativwerten, mehreren Datenserien und von 0 verschiedenen Skalenanfangswerten.	6-1 6-2 6-3 unten 6-6 Pos.4
J	Kommastellen für Bezifferung der y-Achse.	6-3 unten

Tabelle 6-3 Beschriften

Tasten	F u n k t i o n e n	Beispiele
C	Text oder Ziffern in den Stäben. Textabstand konstant - bei positiven Werten dicht unter der oberen, bei negativen dicht über der unteren Stabgrenze.	6-2 6-4 6-5
*C	Wie mit Taste C; der Textabstand vom Beginn der y-Achse ist wählbar. Mit negativem Abstand: Beschriftung der x-Achse: Ziffern oder Alpha-Zeichen.	alle Beispiele
*B	Wie mit den Tasten *C - für Beschriftung von Stabbündeln.	6-1
H	Schriftrichtung vertikal - anwendbar bei den Beschriftungsmöglichkeiten der Tasten C, *C, *B. Am Schluß jeder mit diesen Tasten ausgeführten Beschriftung wird die Schrift wieder horizontal gestellt.	6-1
E	Überschrift mittig, symmetrisch über dem Diagramm, max. 24 Zeichen je Zeile. Nach dem mit R/S auslösbaren Drucken - Sprung zur nächsten Zeilenmitte. Abstand der 1. Zeile vom Anfang der y-Achse entspr. Bild 6-1 und Tab. 6-1 voreingestellt oder wählbar- ebenso Stift und Schriftform.	alle Beispiel
*E	Schrift linksbündig zu einer mit den Plottertasten wählbaren Anfangsposition. Max. 24 Zeichen je Zeile. Nach dem mit R/S auslösbaren Drucken - Sprung zum nächsten Zeilenanfang.	6-2
Q	Wie bei *E, jedoch werden aufeinanderfolgende Zeichenserien in eine Zeile geschrieben.	
L	Nur bei STABQ1 Gesamtunterschrift.	

6.4 Anfertigen von Stabdiagrammen -Beispiele

Vor dem Benutzen der Programme STABH, STABQ und STABQ1 bzw. vor dem Nachvollziehen der Beispiele empfiehlt es sich, je nach Vertrautheit mit den Geräten und der Grafiksoftware, in den Kapiteln 2 und 3 sowie in diesem Kapitel anhand der hervorgehobenen Stichworte diejenigen Abschnitte nachzulesen, über die man noch nicht oder nicht mehr ausreichend Bescheid weiß.

Die Beispiele demonstrieren die wichtigsten Möglichkeiten, die die Programme bieten. Zugleich zeigen sie praktische Ausführungsformen von Stabdiagrammen, die der Benutzer für eigene Aufgaben meist nur geringfügig abzuändern haben wird. Zur Arbeitserleichterung sind in den Eingabeprotokollen der Beispiele die Zeilen mit den Dialogstartanweisungen unterstrichen. Im Grunde ergibt das Betätigen der so hervorgehobenen Tasten die gewünschte Grafik, da der Benutzer lediglich die vom Rechner gestellten Dialogfragen zu beantworten hat. Es ist allerdings -vor allem bei Grafiken mit viel Beschriftung- vorteilhaft, mit einer groben Skizze die Blatteinteilung vorzuplanen.

An folgende Vorbereitungen und Regeln wird erinnert:

- Geräte konfigurieren und Stromversorgung sichern -Kapitel 2 - Bild 2-1
- Vorbereiten von Rechner und Plotter -Kapitel 2
- Beim Ausführen der Beispiele das in den Druckerprotokollen vor den Tastenbezeichnungen stehende XEQ weglassen: statt XEQA also A drücken und statt XEQb *B drücken.
- Texteingaben durch Betätigen von ALPHA beenden.
- Nach jeder Eingabe erst die nächste Eingabeaufforderung abwarten.
- *-gelbe Taste

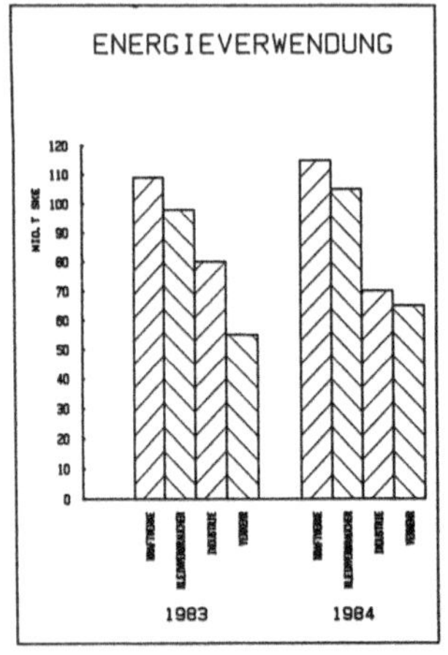

Beispiel 6-1

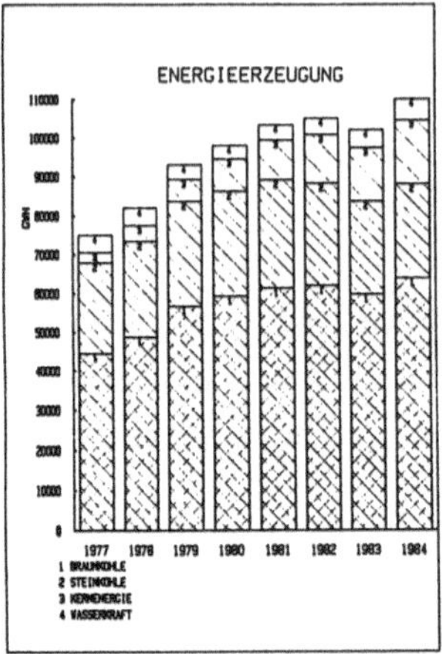

Beispiel 6-2

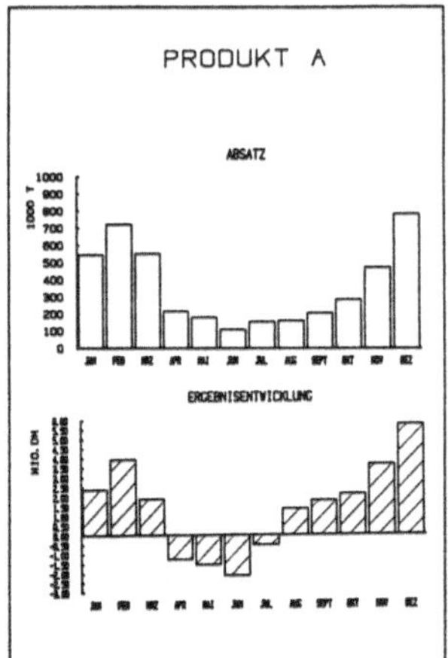

Beispiel 6-3

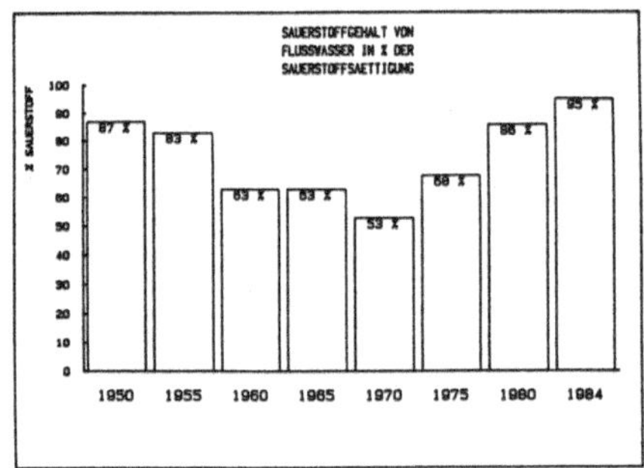

Beispiel 6-4

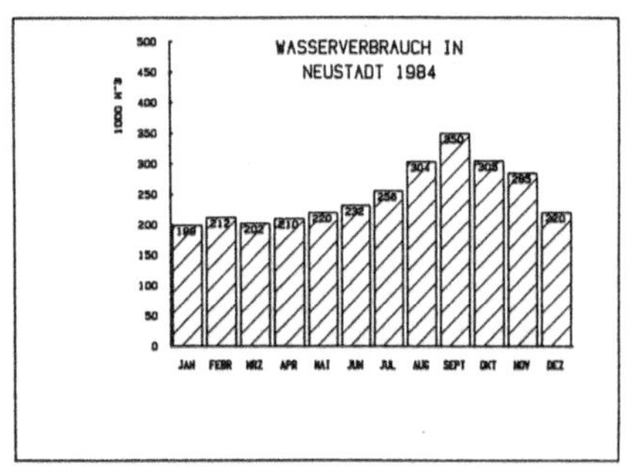

Beispiel 6-5

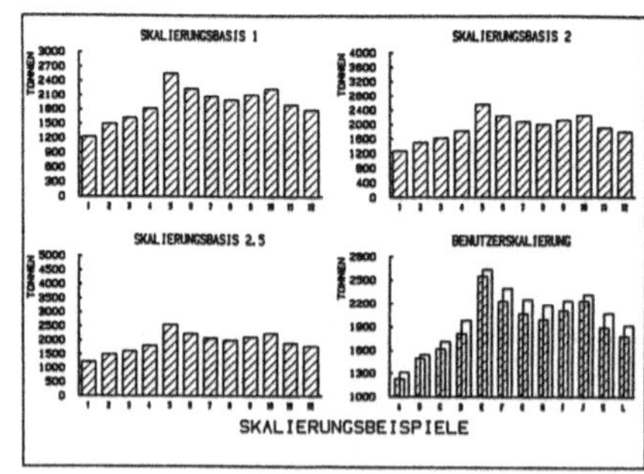

Beispiel 6-6

Bild 6-2, Stabdiagramme, Übersicht über die Beispiele

Beispiel 6-1

Stabidiagramm Hochformat, Benutzerskalierung, mehrere Stäbe je x-Achsenposition (Stabbündel), abwechselnde Schraffurrichtung, Beschriftung unter den Stäben vertikal, Beschriftung der Stabbündel horizontal.

	XEQ "STABH"	A	Programmstart
POSITION/TASTE			
	XEQ	a	umrahmen
POSITION/TASTE			
	XEQ	D	Schraffur /
/-ABSTAND			
	10	RUN	
STIFT?			
	2	RUN	rechter Stift
POSITION/TASTE			
	XEQ	C	Stabbündel, Benutzerskalier. 1. Datenserie
STABZAHL?			
	2	RUN	
SCHRIFTBREITE?			
	5	RUN	
-HOEHE			Schriftform
	4	RUN	
STIFT?			
	1	RUN	linker Stift
Y-MIN			
	0	RUN	
Y-MAX			y-Achse
	120	RUN	
Y-DIF			
	10	RUN	
POSITION/TASTE			Formatwahl durch Benutzer
	4	RUN	
X			
	30	RUN	Koordinaten des Diagrammursprungs (abstände von der Umrahmung)
Y			
	60	RUN	
LG.X-ACHSE?			
	150	RUN	
LG.Y-ACHSE?			Achsenlängen
	150	RUN	
STAB-BREITE?			
	14	RUN	
DATENZAHL			
	2	RUN	
WERT-1			
	109	RUN	
WERT-2			
	115	RUN	
Y-TEXT			Kennzeichnung der y-Achse
MIO.T SKE		RUN	
	XEQ	H	Schrift vertik.
	XEQ	c	Texte an den Stabpositionen
SCHRIFTBREITE?			
	.4	RUN	
-HOEHE			
	3.5	RUN	Schriftform
STIFT?			
	1	RUN	linker Stift
TEXT-ABSTD.MM			
	-5	RUN	unter dem Anfang der y-Achse
TEXT			
KRAFTWERKE		RUN	
TEXT			
KRAFTWERKE		RUN	
	XEQ	d	Schraffur \
)-ABSTAND			
	10	RUN	
STIFT?			
	2	RUN	rechter Stift
POSITION/TASTE			
	XEQ	G	2. Datenserie
WERT-1			
	98	RUN	
WERT-2			
	105	RUN	
	XEQ	H	Schrift vertikal
	XEQ	c	Texte an den Stabpositionen
SCHRIFTBREITE?			
	.4	RUN	
-HOEHE			Schriftform
	3.5	RUN	
STIFT?			
	1	RUN	linker Stift
TEXT-ABSTD.MM			
	-5	RUN	unter dem Anfang der y-Achse
TEXT			
KLEINVERBRAUCHER		RUN	
TEXT			
KLEINVERBRAUCHER		RUN	
	XEQ	D	Schraffur /
/-ABSTAND			
	10	RUN	
STIFT?			
	2	RUN	rechter Stift
POSITION/TASTE			
	XEQ	G	3. Datenserie
WERT-1			
	80	RUN	
WERT-2			
	70	RUN	

```
                    XEQ H   Schrift vertikal
                    XEQ c   Texte an den
SCHRIFTBREITE?              Stabpositionen
            .4      RUN
-HOEHE                      Schriftform
           3.5      RUN
STIFT?
             1      RUN     linker Stift
TEXT-ABSTD.MM               unter dem An-
            -5      RUN     fang der y-Achse
TEXT
INDUSTRIE           RUN
TEXT
INDUSTRIE           RUN
                    XEQ d   Schraffur \
>-ABSTAND
            10      RUN
STIFT?
             2      RUN     rechter Stift
POSITION/TASTE
                    XEQ G   4. Datenserie
WERT-1
            55      RUN
WERT-2
            65      RUN
                    XEQ H   Schrift vertikal
                    XEQ c   Texte an den
SCHRIFTBREITE?              Stabpositionen
            .4      RUN
-HOEHE                      Schriftform
           3.5      RUN
STIFT?
             1      RUN     linker Stift

TEXT-ABSTD.MM
            -5      RUN     unter dem Anfang
TEXT                        der y-Achse
VERKEHR             RUN
TEXT
VERKEHR             RUN
                    XEQ b   Texte unter Stab-
SCHRIFTBREITE?              bündeln
            .7      RUN
-HOEHE                      Schriftform
             5      RUN
STIFT?
             1      RUN     linker Stift
TEXT-ABSTD.MM
           -50      RUN     unter dem Anfang
TEXT                        der y-Achse
1983                RUN
TEXT
1984                RUN
                    XEQ E   Überschrift
ABSTD.MM?
           190      RUN     über dem Anfang
SCHRIFTBREITE?              der y-Achse
            .7      RUN
-HOEHE                      Schriftform
             8      RUN
STIFT?
             1      RUN     linker Stift
TEXT?
ENERGIEVERWENDUNG
```

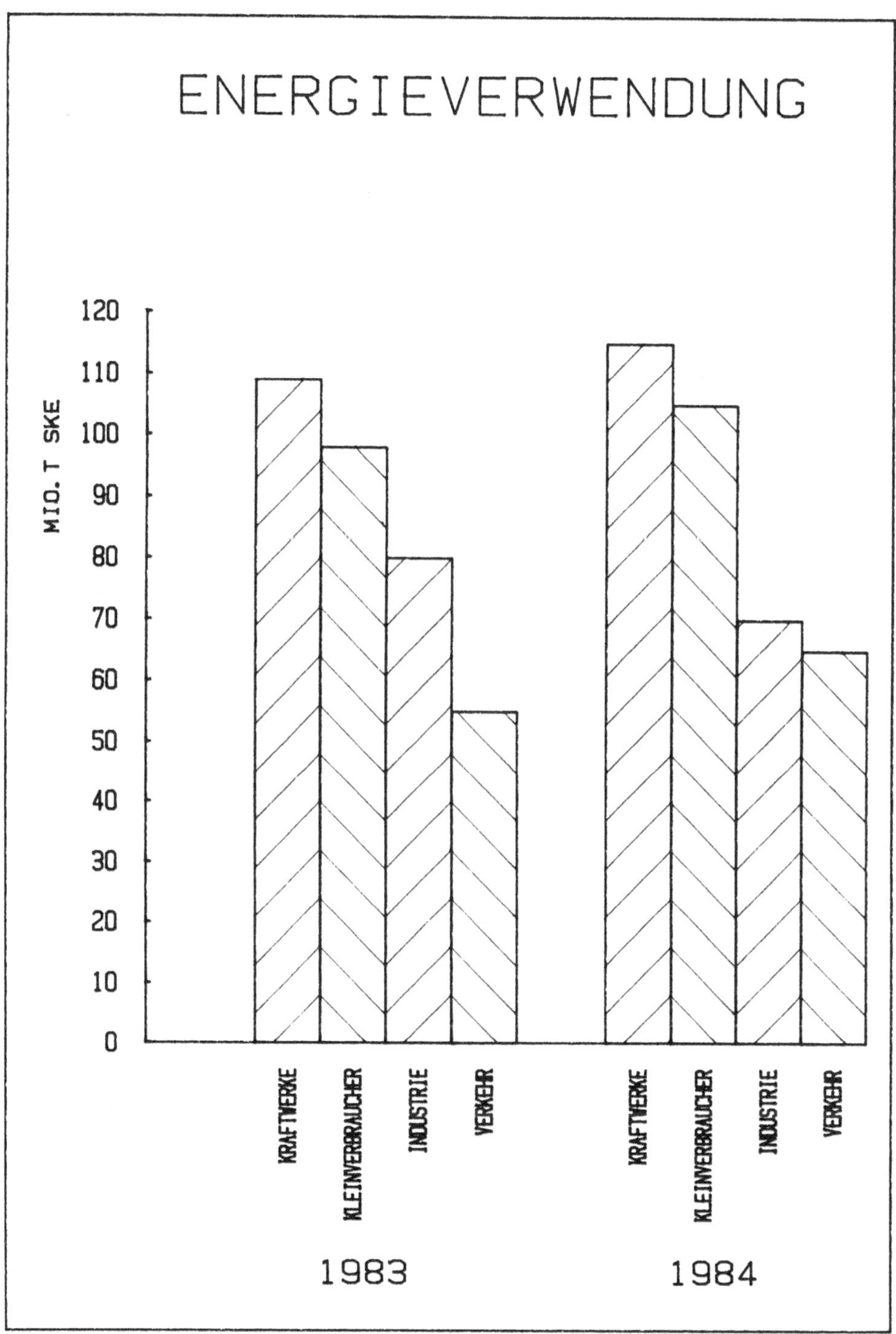
ENERGIEVERWENDUNG
MIO. T SKE
120
110
100
90
80
70
60
50
40
30
20
10
0
KRAFTWERKE
KLEINVERBRAUCHER
INDUSTRIE
VERKEHR
KRAFTWERKE
KLEINVERBRAUCHER
INDUSTRIE
VERKEHR
1983
1984

Beispiel 6-2

Stabdiagramm Hochformat, Benutzerskalierung, 4 aufeinandergesetzte Stabteile durch Schraffurrichtung, Kreuzschraffur und Ziffern unterschieden. Interpretation der Ziffern unter der x-Achse

Anzeige	Eingabe	Taste	Bemerkung
	XEQ "STABH"	A	Programmstart
POSITION/TASTE			
		XEQ a	umrahmen
POSITION/TASTE			
		XEQ D	Schraffur/
/-ABSTAND			
	6	RUN	
STIFT?			
	2	RUN	rechter Stift
POSITION/TASTE			
		XEQ I	Benutzerskalierung
SCHRIFTBREITE?			
	.38	RUN	
-HOEHE			Schriftform
	4	RUN	
STIFT?			
	1	RUN	linker Stift
Y-MIN			
	0	RUN	
Y-MAX			
	110000	RUN	y-Achse
Y-DIF			
	10000	RUN	
POSITION/TASTE			
	1	RUN	
STAB-BREITE?			
	15	RUN	
DATENZAHL			
	8	RUN	
WERT-1			
	44625	RUN	
WERT-2			
	48790	RUN	
WERT-3			
	56730	RUN	
WERT-4			
	59290	RUN	
WERT-5			
	61285	RUN	
WERT-6			
	61950	RUN	
WERT-7			
	59670	RUN	
WERT-8			
	63800	RUN	
Y-TEXT			Kennzeichnung
GWH		RUN	der y-Achse

Anzeige	Eingabe	Taste	Bemerkung
		XEQ C	Texte dicht unter der oberen Stabgrenze
SCHRIFTBREITE?			
	.5	RUN	
-HOEHE			Schriftform
	2.8	RUN	
STIFT?			
	1	RUN	linker Stift
TEXT			
1		RUN	
TEXT			
1		RUN	
TEXT			
1		RUN	
TEXT			
1		RUN	
TEXT			
1		RUN	
TEXT			
1		RUN	
TEXT			
1		RUN	
TEXT			
1		RUN	
		XEQ c	Texte an den Stabpositionen
SCHRIFTBREITE?			
	.5	RUN	
-HOEHE			Schriftform
	4	RUN	
STIFT?			
	1	RUN	linker Stift
TEXT-ABSTD.MM			
	-8	RUN	unter dem Anfang der y-Achse
TEXT			
1977		RUN	
TEXT			
1978		RUN	
TEXT			
1979		RUN	
TEXT			
1980		RUN	
TEXT			
1981		RUN	
TEXT			
1982		RUN	
TEXT			
1983		RUN	
TEXT			
1984		RUN	

```
              XEQ d     Schraffur \
>-ABSTAND
           6    RUN
STIFT?
           2    RUN
POSITION/TASTE          Aufeinander-
            XEQ "M"     setzen von
WERT-1                  Stabteilen
       23250    RUN     2.Datenserie
WERT-2
       24600    RUN
WERT-3
       26970    RUN
WERT-4
       26950    RUN
WERT-5
       27810    RUN
WERT-6
       26250    RUN
WERT-7
       23970    RUN
WERT-8
       24200    RUN
              XEQ C     Texte dicht
SCHRIFTBREITE?          unter der
          .5    RUN     oberen Stab-
-HOEHE                  grenze
         2.8    RUN
STIFT?
           1    RUN
TEXT
2               RUN
TEXT
2               RUN
TEXT
2               RUN
TEXT
2               RUN
TEXT
2               RUN
TEXT
2               RUN
TEXT
2               RUN
TEXT
2               RUN
              XEQ d     Schraffur \
>-ABSTAND
          12    RUN
STIFT?
           2    RUN
POSITION/TASTE          Aufeinander-
            XEQ "M"     setzen von
WERT-1                  Stabteilen
        2625    RUN     3. Datenserie
WERT-2
        4100    RUN
```

```
WERT-3
        5580    RUN
WERT-4
        8330    RUN
WERT-5
       10300    RUN
WERT-6
       12600    RUN
WERT-7
       13770    RUN
WERT-8
       16500    RUN     Texte dicht un-
              XEQ C     ter der oberen
SCHRIFTBREITE?          Stabgrenze
          .5    RUN
-HOEHE
         2.8    RUN
STIFT?
           1    RUN
TEXT
3               RUN
TEXT
3               RUN
TEXT
3               RUN
TEXT
3               RUN
TEXT
3               RUN
TEXT
3               RUN
TEXT
3               RUN
TEXT
3               RUN     Aufeinander-
            XEQ "M"     setzen von
WERT-1                  Stabteilen
        4500    RUN     4. Datenserie
WERT-2
        4510    RUN
WERT-3
        3720    RUN
WERT-4
        3430    RUN
WERT-5
        3914    RUN
WERT-6
        4200    RUN
WERT-7
        4590    RUN
WERT-8
        5500    RUN     Texte dicht un-
              XEQ C     ter der oberen
SCHRIFTBREITE?          Stabgrenze
          .5    RUN
-HOEHE                  Schriftform
         2.8    RUN
```

```
STIFT?
                    1    RUN        linker Stift
TEXT
4                        RUN
TEXT
4                        RUN
TEXT
4                        RUN
TEXT
4                        RUN
TEXT
4                        RUN
TEXT
4                        RUN
TEXT
4                        RUN
TEXT
4                        RUN
                       XEQ E        Überschrift
ABSTD.MM?
                         RUN        Voreinstellung
SCHRIFTBREITE?
                   .6    RUN
-HOEHE                              Schriftform
                    6    RUN
STIFT?
                    1    RUN        linker Stift
TEXT?
ENERGIEERZEUGUNG
                         RUN
TEXT?                               Schrift an mit dem
                       XEQ e        Plotter gewählter
SCHRIFTBREITE?                      Stiftposition,
                   .5    RUN        mehrzeilig1)
-HOEHE
                  3.5    RUN        Schriftform
STIFT?
                    1    RUN        linker Stift
TEXT?
1 BRAUNKOHLE
                         RUN
TEXT?
2 STEINKOHLE
                         RUN
TEXT?
3 KERNENERGIE
                         RUN
TEXT?
4 WASSERKRAFT
                         RUN
```

[1] wird ENTER POINT angezeigt, mit dem Plotter die gewünschte Stiftposition wählen und am Plotter ENTER drücken

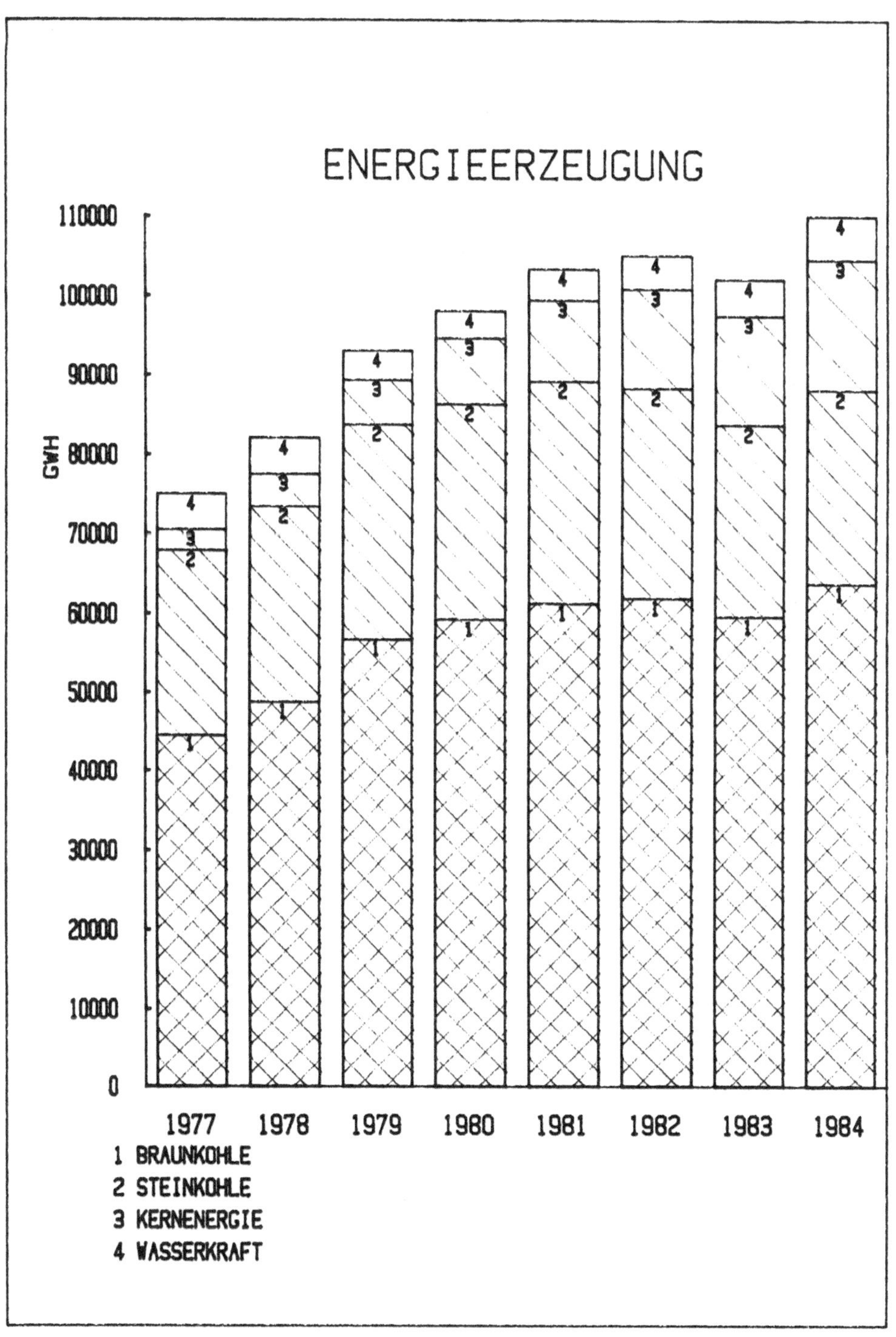
ENERGIEERZEUGUNG
GWH
110000
100000
90000
80000
70000
60000
50000
40000
30000
20000
10000
0
1977 1978 1979 1980 1981 1982 1983 1984
1 BRAUNKOHLE
2 STEINKOHLE
3 KERNENERGIE
4 WASSERKRAFT

Beispiel 6-3

2 Stabdiagramme Hochformat

Oberes Diagramm: Autoskalierung, Beschriftung unter den Stäben horizontal

Unteres Diagramm: Benutzerskalierung, positive und negative Werte, y-Achse: 2 Nachkommastellen, Stäbe schraffiert, Beschriftung unter den Stäben horizontal

```
           XEQ "STABH" A   Programmstart
POSITION/TASTE             oberes Diagramm
                 XEQ a     umrahmen
POSITION/TASTE
            2    RUN
STAB-BREITE?
           11    RUN
DATENZAHL
           12    RUN
WERT-1
          544    RUN
WERT-2
          721    RUN
WERT-3
          550    RUN
WERT-4
          215    RUN
WERT-5
          180    RUN
WERT-6
          108    RUN
WERT-7
          154    RUN
WERT-8
          160    RUN
WERT-9
          205    RUN
WERT-10
          284    RUN
WERT-11
          471    RUN
WERT-12
          780    RUN
Y-TEXT                     Kennzeichnung
1000 T           RUN       der y-Achse
                 XEQ c     Texte an den
SCHRIFTBREITE?             Stabpositionen
           .4    RUN
-HOEHE                     Schriftform
            3    RUN
STIFT?
            1    RUN       linker Stift
TEXT-ABSTD.MM
           -5    RUN       unter dem An-
                           fang der
                           y-Achse
```

```
TEXT
JAN              RUN
TEXT
FEB              RUN
TEXT
MRZ              RUN
TEXT
APR              RUN
TEXT
MAI              RUN
TEXT
JUN              RUN
TEXT
JUL              RUN
TEXT
AUG              RUN
TEXT
SEPT             RUN
TEXT
OKT              RUN
TEXT
NOV              RUN
TEXT
DEZ              RUN
                 XEQ E     Überschrift
ABSTD.MM?
                 RUN       Voreinstellung
SCHRIFTBREITE?
          .50    RUN
-HOEHE                     Schriftform
         4.00    RUN
STIFT?
         1.00    RUN       linker Stift
TEXT?
ABSAIZ           RUN
                 XEQ E     Überschrift
ABSTD.MM?
          115    RUN       gewählt
SCHRIFTBREITE?
           .8    RUN
-HOEHE                     Schriftform
            7    RUN
STIFT?
            1    RUN       linker Stift
```

```
TEXT?
PRODUKT A              RUN
TEXT?
              XEQ "STABH" A    Programmstart
POSITION/TASTE                 unteres Diagr.
                 XEQ D         Schraffur /
/-ABSTAND
            7.5    RUN
STIFT?
              2    RUN         rechter Stift
POSITION/TASTE
                 XEQ J         Nachkommastellen
KOMMASTELEN
              2    RUN
POSITION/TASTE
                 XEQ I         Benutzer-
SCHRIFTBREITE?                 skalierung
             .4    RUN
-HOEHE                         Schriftform
              3    RUN
STIFT?
              1    RUN         linker Stift
Y-MIN
             -3    RUN
Y-MAX
              6    RUN         y-Achse
Y-DIF
             .5    RUN
POSITION/TASTE
              3    RUN
STAB-BREITE?
             11    RUN
DATENZAHL
             12    RUN
WERT-1
           2.38    RUN
WERT-2
           3.93    RUN
WERT-3
           1.89    RUN
WERT-4
          -1.25    RUN
WERT-5
          -1.54    RUN
WERT-6
          -2.11    RUN
WERT-7
           -.51    RUN
WERT-8
           1.37    RUN
WERT-9
           1.79    RUN
WERT-10
           2.12    RUN
```

```
WERT-11
                3.64    RUN
WERT-12
                5.73    RUN
Y-TEXT                          Kennzeichnung
MIO.DM                  RUN     der y-Achse
                      XEQ E     Überschrift
ABSTD.MM?
                        RUN
SCHRIFTBREITE?
                 .50    RUN
-HOEHE                          Schriftform
                4.00    RUN
STIFT?
                1.00    RUN     linker Stift
TEXT?
ERGEBNISENTWICKLUNG
                        RUN
                      XEQ c     Texte an den
SCHRIFTBREITE?                  Stabpositionen
                 .40    RUN
-HOEHE                          Schriftform
                3.00    RUN
STIFT?
                1.00    RUN     linker Stift
TEXT-ABSTD.MM
               -5.00    RUN     unter dem An-
TEXT                            fang der
JAN                     RUN     y-Achse
TEXT
FEB                     RUN
TEXT
MRZ                     RUN
TEXT
APR                     RUN
TEXT
MAI                     RUN
TEXT
JUN                     RUN
TEXT
JUL                     RUN
TEXT
AUG                     RUN
TEXT
SEPT                    RUN
TEXT
OKT                     RUN
TEXT
NOV                     RUN
TEXT
DEZ                     RUN
```

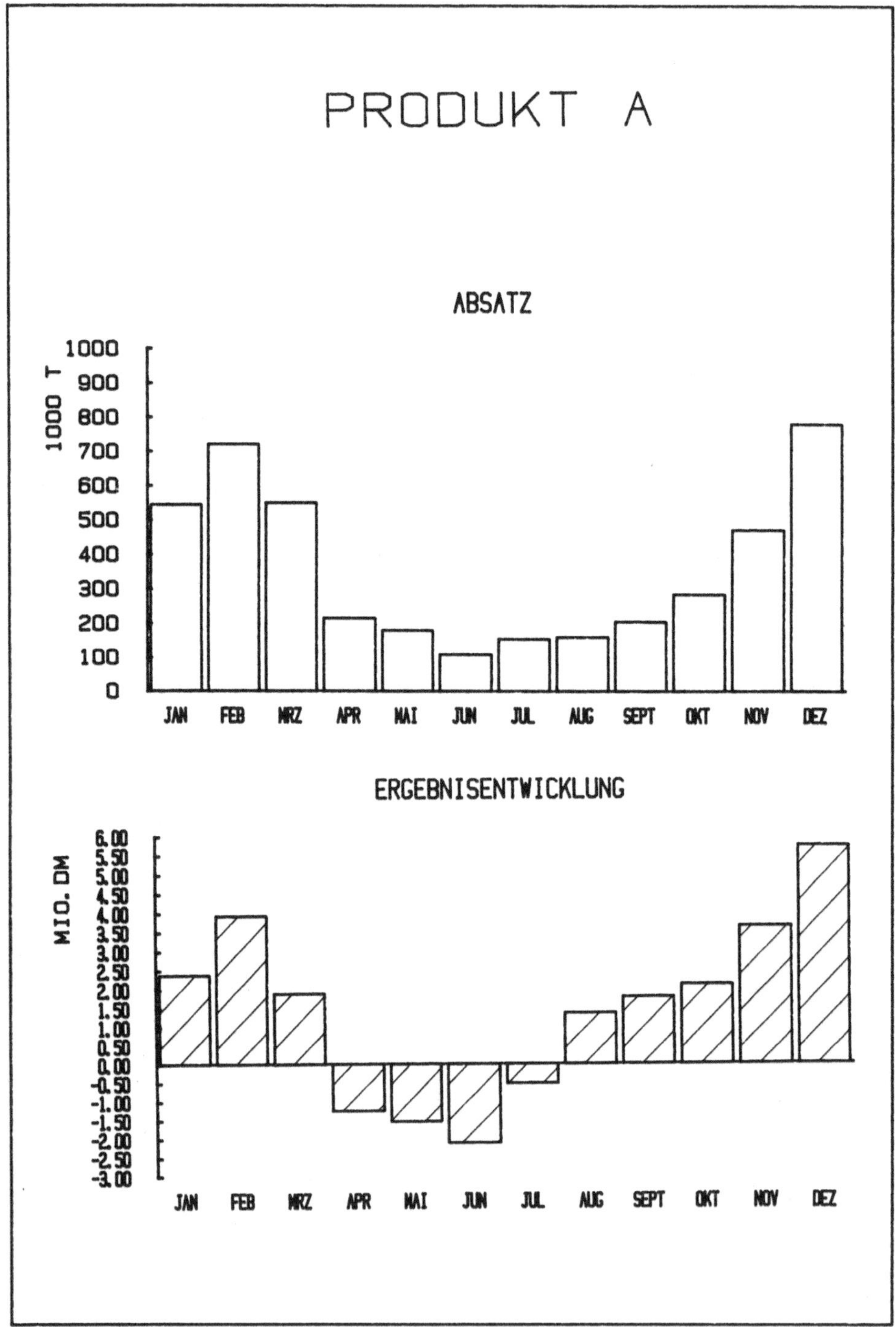
PRODUKT A
ABSATZ
1000 T
1000
900
800
700
600
500
400
300
200
100
0
JAN
FEB
MRZ
APR
MAI
JUN
JUL
AUG
SEPT
OKT
NOV
DEZ
ERGEBNISENTWICKLUNG
MIO. DM
6.00
5.50
5.00
4.50
4.00
3.50
3.00
2.50
2.00
1.50
1.00
0.50
0.00
-0.50
-1.00
-1.50
-2.00
-2.50
-3.00
JAN
FEB
MRZ
APR
MAI
JUN
JUL
AUG
SEPT
OKT
NOV
DEZ

Beispiel 6- 4

Stabdiagramm Querformat, Autoskalierung, Beschriftung dicht unter den oberen Stabgrenzen und unter den Stäben horizontal

```
            XEQ "STABQ" A  Programmstart
POSITION/TASTE
                  XEQ a    umrahmen
POSITION/TASTE
                1   RUN
STAB-BREITE?
               25   RUN
DATENZAHL
                8   RUN
WERT-1
               87   RUN
WERT-2
               83   RUN
WERT-3
               63   RUN
WERT-4
               63   RUN
WERT-5
               53   RUN
WERT-6
               68   RUN
WERT-7
               86   RUN
WERT-8
               95   RUN
Y-TEXT
% SAUERSTOFF
                    RUN
                  XEQ C    Texte dicht
SCHRIFTBREITE?             unterhalb der
               .7   RUN    oberen Stab-
-HOEHE                     grenze
              3.5   RUN
STIFT?
                1   RUN
TEXT
87 %                RUN
TEXT
83 %                RUN
TEXT
63 %                RUN
TEXT
63 %                RUN
TEXT
53 %                RUN
TEXT
68 %                RUN
```

```
TEXT
86 %                RUN
TEXT
95 %                RUN
                  XEQ c    Texte an den
SCHRIFTBREITE?             Stabpositionen
               .7   RUN
-HOEHE                     Schriftform
                4   RUN
STIFT?
                1   RUN    linker Stift
TEXT-ABSTD.MM
              -10   RUN    unter dem Anfang
TEXT                       der y-Achse
1950                RUN
TEXT
1955                RUN
TEXT
1960                RUN
TEXT
1965                RUN
TEXT
1970                RUN
TEXT
1975                RUN
TEXT
1980                RUN
TEXT
1984                RUN
                  XEQ E    Überschrift
ABSTD.MM?
                    RUN    Voreinstellung
SCHRIFTBREITE?
               .5   RUN
-HOEHE                     Schriftform
                4   RUN
STIFT?
                1   RUN    linker Stift
TEXT?
SAUERSTOFFGEHALT VON RUN
TEXT?
FLUSSWASSER IN % DER
                    RUN
TEXT?
SAUERSTOFFSAETTIGUNG
                    RUN
TEXT?
```

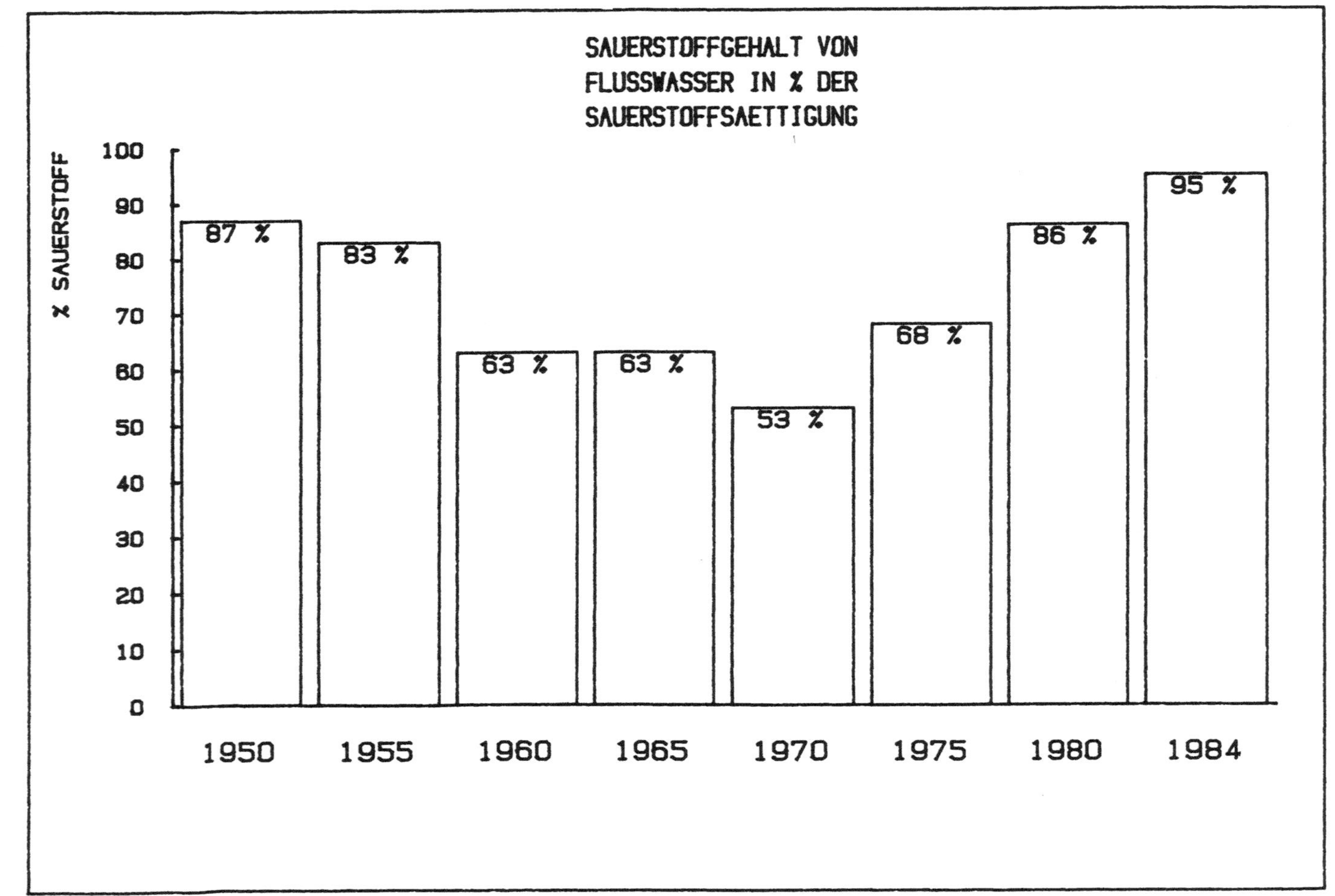
SAUERSTOFFGEHALT VON
FLUSSWASSER IN % DER
SAUERSTOFFSAETTIGUNG
% SAUERSTOFF
100
90
80
70
60
50
40
30
20
10
0
87 %
83 %
63 %
63 %
53 %
68 %
86 %
95 %
1950
1955
1960
1965
1970
1975
1980
1984

Beispiel 6-5

Stabdiagramm, Querformat, Formatwahl durch Benutzer, Autoskalierung, Stäbe schraffiert, Beschriftung dicht unter den oberen Stabgrenzen und unter den Stäben horizontal

```
               XEQ "STABQ" A   Programmstart
POSITION/TASTE
                    XEQ a      umrahmen
POSITION/TASTE
                    XEQ D      Schraffur /
/-ABSTAND
              9     RUN
STIFT?
              2     RUN        rechter Stift
POSITION/TASTE
              2     RUN
X
             70     RUN        Koordinaten des
Y                              Diagrammur-
             50     RUN        sprungs
LG.X-ACHSE?
            180     RUN
LG.Y-ACHSE?
            130     RUN
STAB-BREITE?
             13     RUN
DATENZAHL
             12     RUN
WERT-1
            199     RUN
WERT-2
            212     RUN
WERT-3
            202     RUN
WERT-4
            210     RUN
WERT-5
            220     RUN
WERT-6
            232     RUN
WERT-7
            256     RUN
WERT-8
            304     RUN
WERT-9
            350     RUN
WERT-10
            305     RUN
WERT-11
            285     RUN
WERT-12
            220     RUN
```

```
Y-TEXT                         Kennzeichnung
1000 M↑3            RUN        der y-Achse
                    XEQ C      Texte dicht un-
SCHRIFTBREITE?                 ter der oberen
              .7    RUN        Stabgrenze
-HOEHE                         Schriftform
              3     RUN
STIFT?
              1     RUN        linker Stift
TEXT
199                 RUN
TEXT
212                 RUN
TEXT
202                 RUN
TEXT
210                 RUN
TEXT
220                 RUN
TEXT
232                 RUN
TEXT
256                 RUN
TEXT
304                 RUN
TEXT
350                 RUN
TEXT
305                 RUN
TEXT
285                 RUN
TEXT
220                 RUN
                    XEQ c      Text an den
SCHRIFTBREITE?                 Stabpositionen
              .5    RUN
-HOEHE                         Schriftform
             3.5    RUN
STIFT?
              1     RUN        linker Stift
TEXT-ABSTD.MM                  unter dem An-
             -8     RUN        fang der y-Achse
TEXT
JAN                 RUN
TEXT
FEBR                RUN
TEXT
MRZ                 RUN
```

```
TEXT
APR                 RUN
TEXT
MAI                 RUN
TEXT
JUN                 RUN
TEXT
JUL                 RUN
TEXT
AUG                 RUN
TEXT
SEPT                RUN
TEXT
OKT                 RUN
TEXT
NOV                 RUN
TEXT
DEZ                 RUN
                  XEQ E   Überschrift
ABSTD.MM?
              125   RUN
SCHRIFTBREITE?
               .6   RUN
-HOEHE                    Schriftform
              5.5   RUN
STIFT?
                1   RUN   linker Stift
TEXT?
WASSERVERBRAUCH IN
                    RUN
TEXT?
NEUSTADT 1984
```

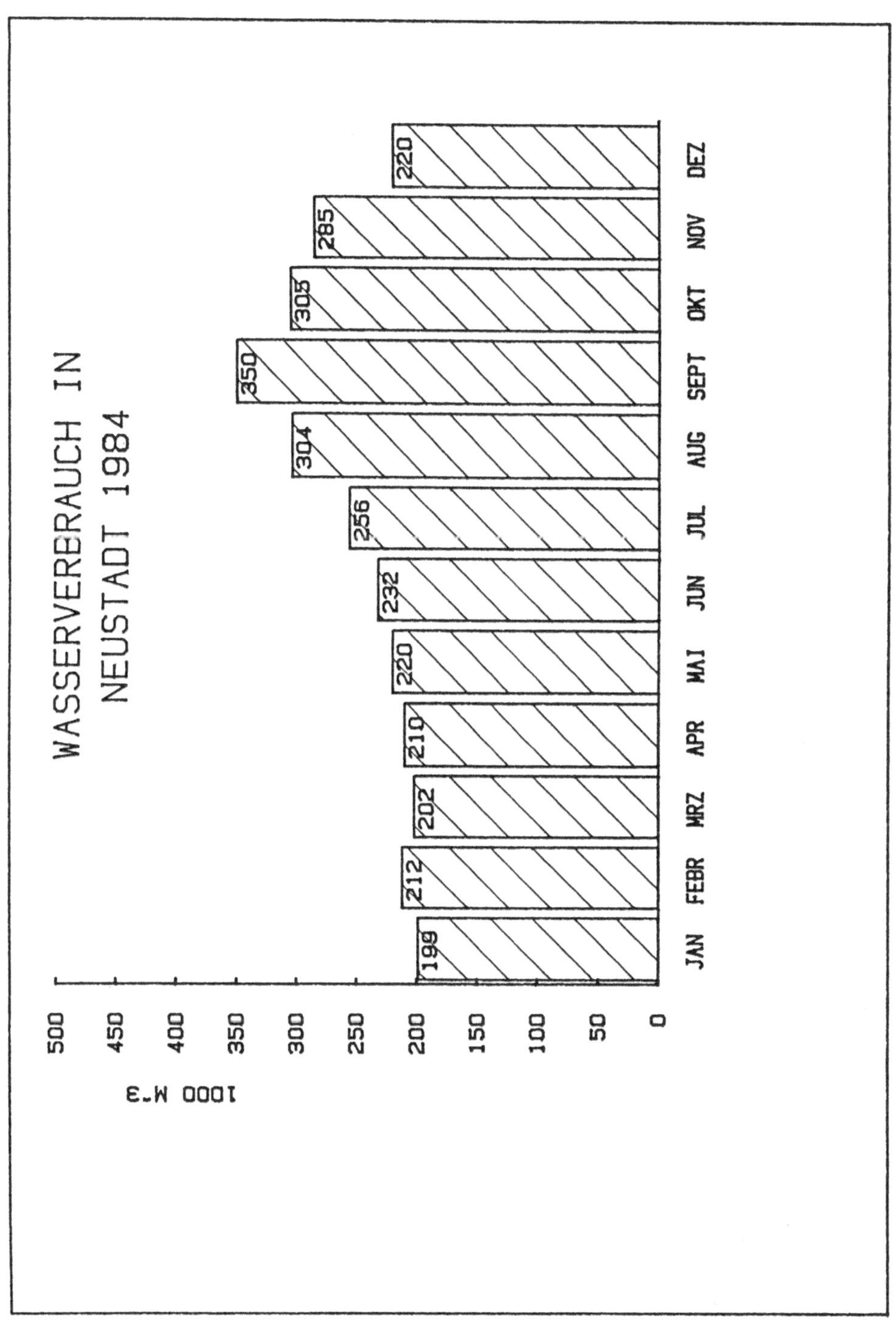
WASSERVERBRAUCH IN
NEUSTADT 1984
1000 M^3
500
450
400
350
300
250
200
150
100
50
0
199
212
202
210
220
232
256
304
350
305
285
220
JAN
FEBR
MRZ
APR
MAI
JUN
JUL
AUG
SEPT
OKT
NOV
DEZ

Beispiel 6-6

4 Stabdiagramme auf DIN A 4·Querformat mit verschiedenen vom Benutzer gewählten Skalierungsbasen, Stäbe schraffiert, Diagramm 4 Benutzerskalierung, 2 Datenserien durch Stabversetzung und Schraffur unterschieden

```
            XEQ "STABQ1"A   Programmstart
POSITION/TASTE              4 Stabdiagramme
                XEQ a       umrahmen
POSITION/TASTE
                XEQ D       Schraffur /
/-ABSTAND
          4     RUN
STIFT?
          2     RUN         rechter Stift
POSITION/TASTE
                XEQ B       Wahl der Ska-
Y-DIF?                      lierungsbasis 1
          1     RUN
POSITION/TASTE
          1     RUN         links oben
STAB-BREITE?
          6     RUN
DATENZAHL
         12     RUN
WERT-1
       1228     RUN
WERT-2
       1496     RUN
WERT-3
       1620     RUN
WERT-4
       1812     RUN
WERT-5
       2550     RUN
WERT-6
       2230     RUN
WERT-7
       2070     RUN
WERT-8
       1995     RUN
WERT-9
       2111     RUN
WERT-10
       2240     RUN
WERT-11
       1895     RUN
WERT-12
       1786     RUN         Kennzeichnung
Y-TEXT                      der y-Achse
TONNEN          RUN
                XEQ c       Texte an den
SCHRIFTBREITE?              Stabpositionen
         .4     RUN         Schriftform
```

```
-HOEHE
               2.5    RUN
STIFT?
                 1    RUN     linker Stift
TEXT-ABSTD.MM
                -4    RUN     unter dem Anfang
TEXT                          der y-Achse
1                     RUN
TEXT
2                     RUN
TEXT
3                     RUN
TEXT
4                     RUN
TEXT
5                     RUN
TEXT
6                     RUN
TEXT
7                     RUN
TEXT
8                     RUN
TEXT
9                     RUN
TEXT
10                    RUN
TEXT
11                    RUN
TEXT
12                    RUN
                      XEQ E   Überschrift
SCHRIFTBREITE?
                .5    RUN
-HOEHE                        Schriftform
                 4    RUN
STIFT?
                 1    RUN     linker Stift
TEXT?
SKALIERUNGSBASIS 1
                      RUN
TEXT?
              XEQ "STABQ1"A   Programmstart
POSITION/TASTE
                      XEQ D   Schraffur /
/-ABSTAND
                 4    RUN
STIFT?
                 2    RUN     linker Stift
POSITION/TASTE
```

```
                  XEQ B   Wahl der Ska-
Y-DIF?                    lierungsbasis 2
            2      RUN
POSITION/TASTE
            2      RUN    rechts oben
STAB-BREITE?
            6      RUN
DATENZAHL
           12      RUN
WERT-1
         1268      RUN
WERT-2
         1496      RUN
WERT-3
         1620      RUN
WERT-4
         1812      RUN
WERT-5
         2550      RUN
WERT-6
         2230      RUN
WERT-7
         2070      RUN
WERT-8
         1995      RUN
WERT-9
         2111      RUN
WERT-10
         2240      RUN
WERT-11
         1895      RUN
WERT-12
         1786      RUN
Y-TEXT                    Kennzeichnung
TONNEN             RUN    der y-Achse
                  XEQ C   Texte an den
SCHRIFTBREITE?            Stabpositionen
           .4      RUN
-HOEHE                    Schriftform
          2.5      RUN
STIFT?
            1      RUN    linker Stift
TEXT-ABSTD.MM
           -4      RUN    unterhalb des
TEXT                      Anfangs der
1                  RUN    y-Achse
TEXT
2                  RUN
TEXT
3                  RUN
TEXT
4                  RUN
TEXT
5                  RUN
TEXT
6                  RUN
TEXT
7                  RUN
```

```
TEXT
8                  RUN
TEXT
9                  RUN
TEXT
10                 RUN
TEXT
11                 RUN
TEXT
12                 RUN
                  XEQ E        Überschrift
SCHRIFTBREITE?
           .5      RUN
-HOEHE                         Schriftform
            4      RUN
STIFT?
            1      RUN         linker stift
TEXT?
SKALIERUNGSBASIS 2
                   RUN
TEXT?
         XEQ "STABQ1"A         Programmstart
POSITION/TASTE
                  XEQ D        Schraffur /
/-ABSTAND
            4      RUN
STIFT?
            2      RUN
POSITION/TASTE
            3      RUN         links unten
STAB-BREITE?
            6      RUN
DATENZAHL
           12      RUN
WERT-1
         1228      RUN
WERT-2
         1496      RUN
WERT-3
         1620      RUN
WERT-4
         1812      RUN
WERT-5
         2550      RUN
WERT-6
         2230      RUN
WERT-7
         2070      RUN
WERT-8
         1995      RUN
WERT-9
         2111      RUN
WERT-10
         2240      RUN
WERT-11
         1895      RUN
WERT-12
         1786      RUN
```

```
Y-TEXT                         Kennzeichnung
TONNEN               RUN       der y-Achse
                     XEQ c     Texte an den
SCHRIFTBREITE?                 Stabpositionen
           .4        RUN
-HOEHE                         Schriftform
          2.5        RUN
STIFT?
            1        RUN       linker Stift
TEXT-ABSTD.MM
           -4        RUN       unter dem Anfang
TEXT                           der y-Achse
1                    RUN
TEXT
2                    RUN
TEXT
3                    RUN
TEXT
4                    RUN
TEXT
5                    RUN
TEXT
6                    RUN
TEXT
7                    RUN
TEXT
8                    RUN
TEXT
9                    RUN
TEXT
10                   RUN
TEXT
11                   RUN
TEXT
12                   RUN
                     XEQ E     Überschrift
SCHRIFTBREITE?
           .5        RUN
-HOEHE                         Schriftform
            4        RUN
STIFT?
            1        RUN       linker Stift
TEXT?
SKALIERUNGSBASIS 2.5
                     RUN
TEXT?
         XEQ "STABQ1" A        Programmstart
POSITION/TASTE
                     XEQ D     Schraffur /
/-ABSTAND
            4        RUN
STIFT?
            2        RUN       linker Stift
POSITION/TASTE
                     XEQ I     Benutzerska-
SCHRIFTBREITE?                 lierung
           .7        RUN
-HOEHE                         Schriftform
            3        RUN
STIFT?
            1        RUN       linker Stift
Y-MIN
         1000        RUN
Y-MAX                          y-Achse
         2800        RUN
Y-DIF
          300        RUN
POSITION/TASTE
            4        RUN       rechts unten
STAB-BREITE?
            4        RUN
DATENZAHL
           12        RUN
WERT-1
         1228        RUN
WERT-2
         1496        RUN
WERT-3
         1620        RUN
WERT-4
         1812        RUN
WERT-5
         2550        RUN
WERT-6
         2230        RUN
WERT-7
         2070        RUN
WERT-8
         1995        RUN
WERT-9
         2111        RUN
WERT-10
         2240        RUN
WERT-11
         1895        RUN
WERT-12
         1786        RUN
Y-TEXT
TONNEN               RUN
                     XEQ c     Texte an den
SCHRIFTBREITE?                 Stabpositionen
           .4        RUN
-HOEHE                         Schriftform
          2.5        RUN
STIFT?
            1        RUN       linker Stift
TEXT-ABSTD.MM
           -4        RUN       unter dem An-
TEXT                           fang der
A                    RUN       y-Achse
TEXT
B                    RUN
TEXT
C                    RUN
```

```
TEXT
D                RUN
TEXT
E                RUN
TEXT
F                RUN
TEXT
G                RUN
TEXT
H                RUN
TEXT
I                RUN
TEXT
J                RUN
TEXT
K                RUN
TEXT
L                RUN
            XEQ "K"   Stabversetzung
VERSETZUNG
              2  RUN
WERT-1
           1317  RUN
WERT-2
           1548  RUN
WERT-3
           1716  RUN
WERT-4
           1985  RUN
WERT-5
           2640  RUN
WERT-6
           2400  RUN

WERT-7
           2255  RUN
WERT-8
           2183  RUN
WERT-9
           2240  RUN
WERT-10
           2320  RUN
WERT-11
           2078  RUN
WERT-12
           1920  RUN
              XEQ E   Überschrift
SCHRIFTBREITE?
             .5  RUN
-HOEHE                Schriftform
              4  RUN
STIFT?
              1  RUN  linker Stift
TEXT?
BENUTZERSKALIERUNG
                 RUN

TEXT?
            XEQ "L"   Gesamtunter-
SCHRIFTBREITE?        schrift
             .7  RUN
-HOEHE                Schriftform
              5  RUN
STIFT?
              1  RUN  linker Stift
TEXT?
SKALIERUNGSBEISPIELE
```

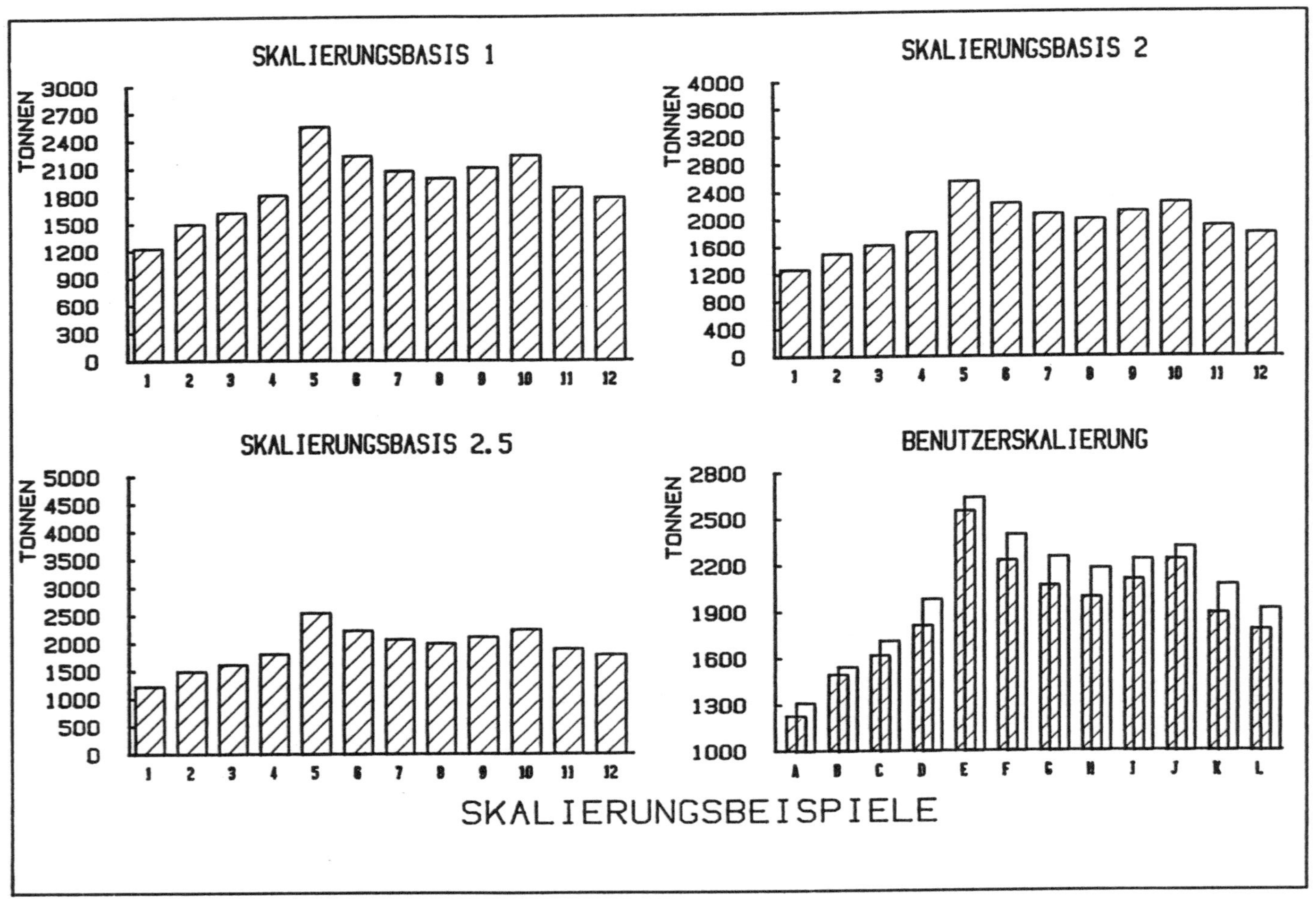
SKALIERUNGSBASIS 1
TONNEN
3000
2700
2400
2100
1800
1500
1200
900
600
300
0
1 2 3 4 5 6 7 8 9 10 11 12
SKALIERUNGSBASIS 2
TONNEN
4000
3600
3200
2800
2400
2000
1600
1200
800
400
0
1 2 3 4 5 6 7 8 9 10 11 12
SKALIERUNGSBASIS 2.5
TONNEN
5000
4500
4000
3500
3000
2500
2000
1500
1000
500
0
1 2 3 4 5 6 7 8 9 10 11 12
BENUTZERSKALIERUNG
TONNEN
2800
2500
2200
1900
1600
1300
1000
A B C D E F G H I J K L
SKALIERUNGSBEISPIELE

7 Kreisdiagramme

Ein grafischer Überblick über die wesentlichsten Ausführungsformen von Kreisdiagrammen ist auf Seite 83 zu finden.

7.1 Die Programme

KREISH ermöglicht Kreisdiagramme im Hochformat. Erforderliche Speicherkapazität: 143 Register, Restspeicherkapazität 80 Register.
KREISQ ermöglicht Kreisdiagramme im Querformat. Erforderliche Speicherkapazität: 139 Register, Restspeicherkapazität 84 Register.

7.2 Begriffe

Datenzahl ist die Anzahl der Daten, die in einem Kreisdiagramm dargestellt werden sollen. Die maximale Datenzahl ist 20.

Die Dialogfrage DAT.ZAHL ODER : ODER weist darauf hin, daß statt der Eingabe einer Datenzahl zunächst eine andere Möglichkeit eingeleitet werden kann. - Tabellen 7-1 und 7-2.

Hauptwert: Einer der darzustellenden Werte, z.B. der dritte von 8 Werten, kann durch eine radiale Verschiebung des ihm entsprechenden Kreissektors hervorgehoben werden- Beispiele 7-1 und 7-4 .

Formate: Das Normalformat ist mit 190 mm x 270 mm etwas kleiner als DIN A4. Sonderformate sind durch Eingeben der Koordinaten X_1; Y_1, und X_2; Y_2 ihres linken unteren und des rechten oberen Eckpunktes einstellbar -Bild 7-1.

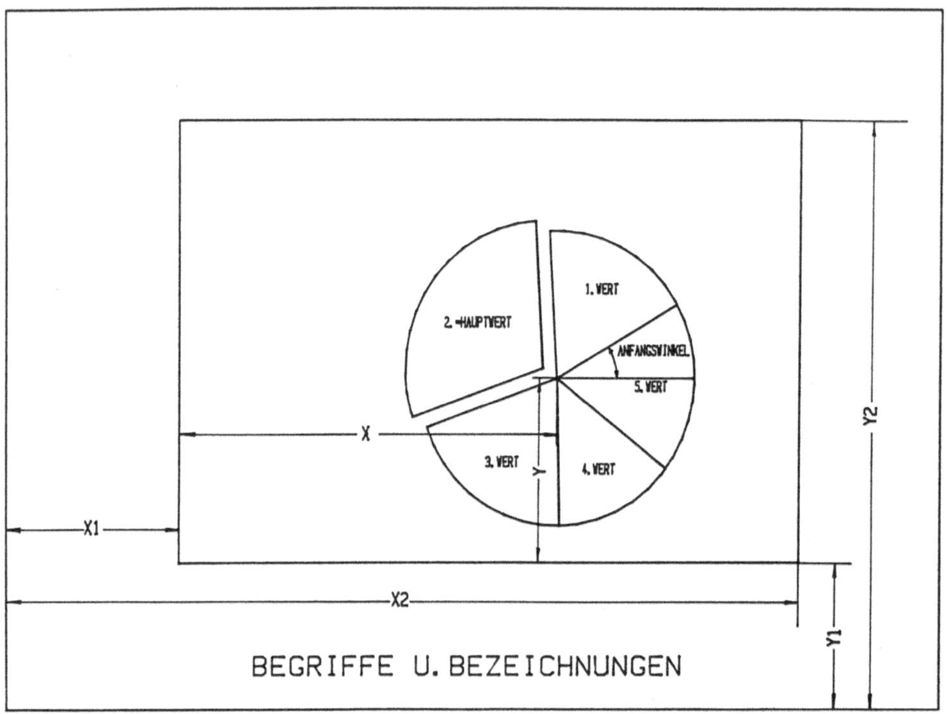

Bild 7-1

Kreismittelpunkt: Die Koordinaten des Kreismittelpunktes X; Y zählen von der jeweiligen linken und unteren Formatgrenze - auch wenn diese, wie beim Normalformat möglich, nicht gezeichnet wird.

Der Kreisradius ist lediglich durch die jeweiligen Formatgrenzen beschränkt. Sofern außen an den Sektoren Beschriftungen vorgesehen sind, ist beim Festlegen des Radius der für die Beschriftung erforderliche Platz zu berücksichtigen.

Inkrement-Winkel (INK.WINKEL). Der Plotter zeichnet Kreisbögen als Vielecke durch Aneinanderfügen von gleichen kurzen Geraden. Dabei werden die internen Plotterachsen schrittweise um kleine Winkel weitergedreht. Zu kleine Inkrement-Winkel erfordern unnötig viel Zeit, große ergeben keine ausreichend glatte Bögen. Inkrement-Winkel zwischen 5 und 10 Grad sind empfehlenswert.

Nullrichtung - sie weist normalerweise bei Hoch- und Querformat in die positive X-Richtung (horizontal nach rechts).

Anfangswinkel: Eingeben eines von 0 verschiedenen Winkels bewirkt eine entsprechende Drehung der Nullrichtung gegen den Uhrzeigersinn. Damit kann z.B. erreicht werden, daß sich Beschriftungen an benachbarten schmalen Sektoren nicht überschneiden.

Anordnung der Daten: Die Datensektoren werden in der Reihenfolge der Dateneingabe entgegen dem Uhrzeigersinn, beginnend an der 0-Richtung aneinandergefügt -Bild 7-1.

Die prozentualen Anteile der einzelnen Werte an der Datensumme werden im Anschluß an die Dateneingabe vom Drucker ausgegeben. Ist kein Drucker vorhanden, so werden sie angezeigt, wobei mit der R/S-Taste ein schrittweises Weiterrücken ermöglicht wird.

Beschriftung der Datensektoren

- Innerhalb der Sektoren wird die Schrift bei Hoch-, und Querformat horizontal symmetrisch zur Winkelhalbierenden des jeweiligen Sektors 7 mm vom Kreisumfang angeordnet;
- Außerhalb der Sektoren beginnen die Texte rechts vom Kreis 5 mm vom Kreisbogen entfernt auf der Winkelhalbierenden; links enden sie im gleichen Abstand auf der Winkelhalbierenden.

Mehrere Kreis u/o andere Diagramme auf einem Blatt. -Beispiele 7-2, 7-4 und 7-5. Hierbei ist es vorteilhaft, die Blatteinteilung vorzuskizzieren und die Kreismitten und die Schriftanfangspositionen festzulegen. Mit den Beispielen werden bereits einige Blatteinteilungen vorgeschlagen.

7.3 Benutzerhilfe

Die Benutzungsweise der Programme KREISH und KREISQ ist praktisch gleich. Zur besseren Übersicht wird unterschieden zwischen Tastenfunktionen, die hauptsächlich das eigentliche Diagramm betreffen -Tabelle 7-1 und solchen die vor allem das Beschriften ermöglichen -Tabelle 7-2.

Tabelle 7-1 Zeichnen

Tasten	Funktionen	Beispiele
A	Programmstart, Eingabedialog u.a. mit Wahl von Kreismittelpunkt und -radius für ein einfaches Kreisdiagramm -oder mit anderen Tasten- Zugang zu ergänzenden Möglichkeiten. Maximal können 20 Zahlenwerte eingegeben werden. Taste A muß vor jedem neuen Diagramm betätigt werden.	7-2
*A	Arbeitsfeld im Format 190 mm x 270 mm rahmen	
D	Hervorheben des n-ten eingegebenen Wertes durch Sektorverschiebung	7-1 7-4
I	Position und Diagrammfläche sind durch Eingeben von Formateckpunkt-Koordinaten wählbar	7-3 7-6

Bei allen in der Tabelle 7-2 angegebenen Beschriftungsmöglichkeiten kann die Buchstabenhöhe in mm und die Buchstabenbreite als Faktor der Höhe gewählt werden. Zum Beispiel bedeuten Schrifthöhe 4 und Schriftbreite 0,6; 4 mm hohe und 2,4 mm breite Buchstaben.

Die mit den Tasten E, *E, F, G, H und J gebotenen Beschriftungsmöglichkeiten können auch genutzt werden, ohne daß vorher ein Diagramm gezeichnet wird; jedoch muß zuvor die Taste A gedrückt werden.

Tabelle 7-2 Beschriften

Tasten	Funktionen	Beispiele
B	Beschriftungen in den Sektoren	7-1 bis 7-6
C	Beschriftungen an den Sektoren	
E	Überschrift mittig, symmetrisch über dem Diagramm, max 24 Zeichen je Zeile. Nach dem mit R/S auslösbaren Drucken - Sprung zur nächsten Zeilenmitte. Abstand der 1. Zeile von der unteren Rahmenlinie bei KREIS H 260 mm, bei KREIS Q 180 mm.	7-1 bis 7-6
*E	Überschrift links oben beginnend, mit R/S können mehrere, max. 24 Zeichen umfassende Zeichenserien aneinandergefügt werden. Abstände wie bei E.	
F	Schrift linksbündig zu einer mit dem Plotterkasten wählbaren Anfangsposition. Max. 24 Zeichen je Zeile. Nach dem mit R/S auslösbaren Drucken - Sprung zur nächsten Zeilenmitte.	7-3 7-6
G	Wie bei F, jedoch werden aufeinanderfolgende Zeichenserien in eine Zeile geschrieben.	7-3
H	Schrift symmetrisch zu einer durch X- und Y-Koordinaten bestimmten Position. Max. 24 Buchstaben je Zeile. Mit R/S Sprung zur nächsten Zeile. Die X- und Y-Werte (mm) bezeichnen die Abstände zum jeweiligen Formatrahmen.	
J	Schrift symmetrisch zu einer mit den Stiftbewegungstasten des Plotters wählbaren Position. Max. 24 Zeichen je Zeile. Mit R/S Sprung zur nächsten Zeilenmitte.	7-1 bis 7-6

7.4 Anfertigen von Kreisdiagrammen - Beispiele

Vor dem Benutzen der Programme KREISH und KREISQ , bzw. vor dem Nachvollziehen der Beispiele empfiehlt es sich, je nach Vertrautheit mit den Geräten und der Grafiksoftware, in den Kapiteln 2 und 3 sowie in diesem Kapitel anhand der hervorgehobenen Stichworte die Abschnitte nachzulesen, über die man noch nicht oder nicht mehr ausreichend Bescheid weiß.

Die Beispiele demonstrieren die wichtigsten Möglichkeiten, die die Programme bieten. Zugleich zeigen sie praktische Ausführungsformen von Kreisdiagrammen, die der Benutzer für eigene Aufgaben meist nur geringfügig abzuändern haben wird. Zur Arbeitserleichterung sind in den Eingabeprotokollen der Beispiele die Zeilen mit den Dialogstartanweisungen unterstrichen: Im Grunde ergibt das Betätigen der so hervorgehobenen Tasten die gewünschte Grafik, da der Benutzer lediglich die vom Rechner gestellten Dialogfragen zu beantworten hat. Es ist allerdings, vor allem bei Grafiken mit viel Beschriftung, vorteilhaft, mit einer groben Skizze die Blatteinteilung vorzuplanen.

An folgende Vorbereitungen und Regeln wird erinnert:

. Geräte konfigurieren und Stromversorgung sichern
  - Kapitel 2, Bild 2-1
. Vorbereiten von Rechner und Plotter
  - Kapitel 2
. Beim Ausführen der Beispiele das in den Druckerprotokollen vor den Tastenbezeichnungen stehende XEQ weglassen: statt XEQ A also A drücken und statt XEQ b *B drücken
. Texteingaben durch betätigen von ALPHA beenden
. Nach jeder Eingabe erst die nächste Eingabeaufforderung abwarten
. * = gelbe Taste

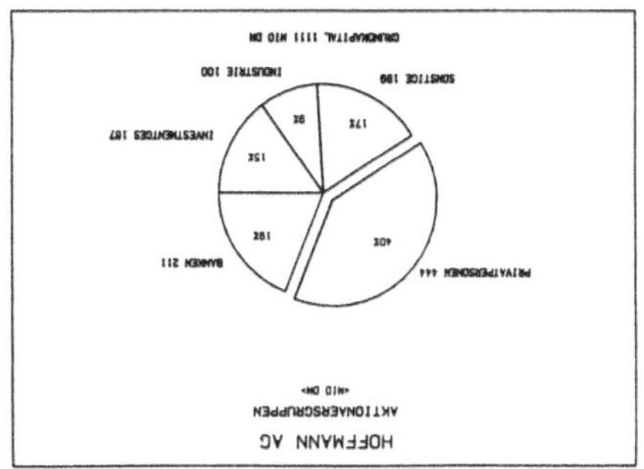

Beispiel 7-1

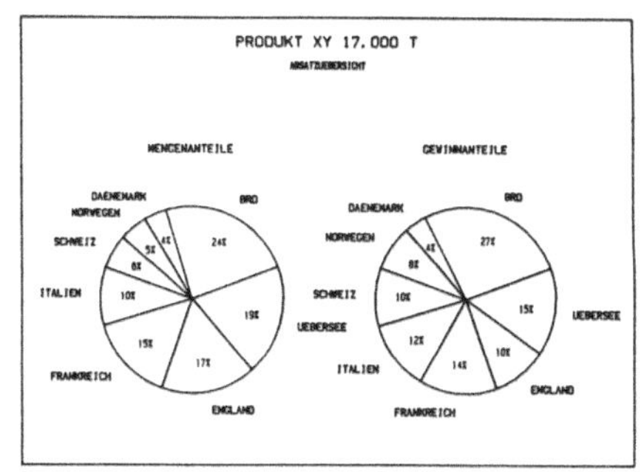

Beispiel 7-2

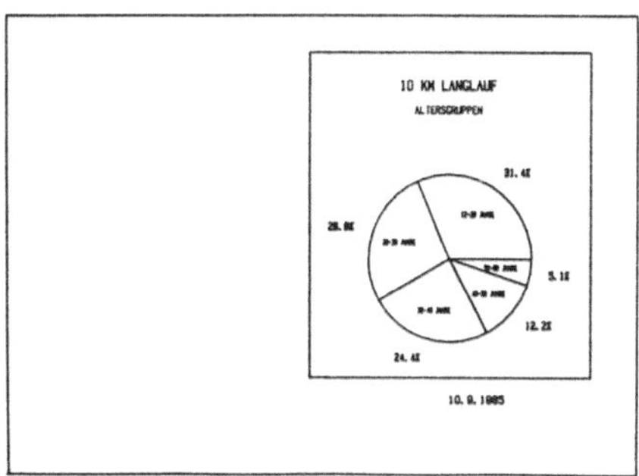

Beispiel 7-3

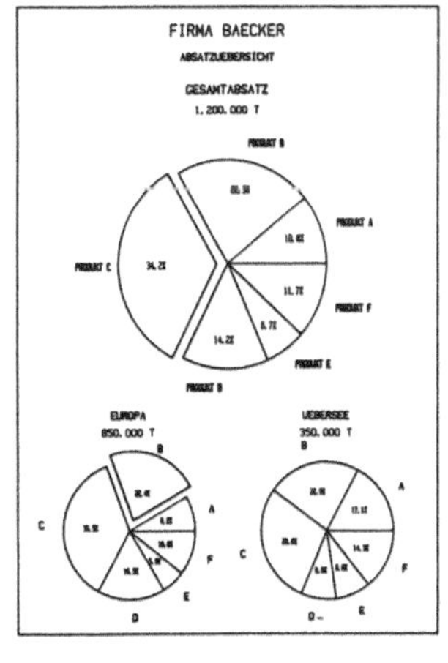

Beispiel 7-4

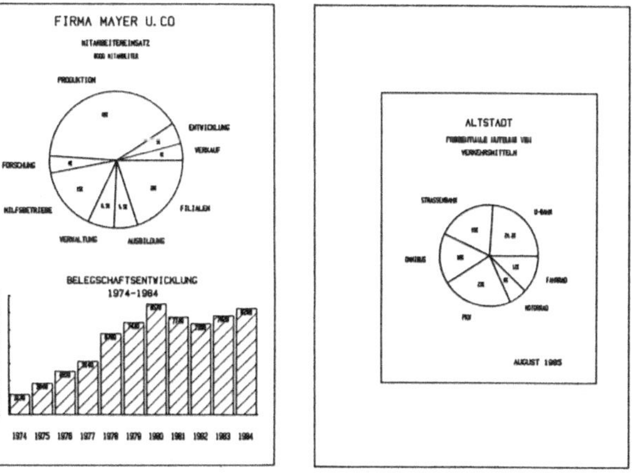

Beispiel 7-5

Beispiel 7-6

Bild 7-2 Kreisdiagramme, Übersicht über die Beispiele

Beispiel 7-1

Kreisdiagramm Querformat. 1 Wert hervorgehoben

```
                XEQ "KREISQ" A    Programmstart
DAT.ZAHL ODER?
                XEQ a             umrahmen
DAT.ZAHL ODER?
                XEQ D             1 Wert her-
DAT.ZAHL ODER?                    vorheben
                5     RUN
RADIUS?
                45    RUN
INK.WINKEL?
                8     RUN         für Kreis-
X-MITTELPKT.?                     umfang
                135   RUN         Lage des
Y-MITTELPKT.?                     Kreismittel-
                75    RUN         punktes
ANF.WINKEL?
                0     RUN
HAUPTWERT-NR?
                2     RUN         den 2. einge-
WERT1                             gebenen Wert
                211   RUN         hervorheben
WERT2
                444   RUN
WERT3
                189   RUN
WERT4
                100   RUN
WERT5
                167   RUN
19.0 %
40.0 %                            prozentuale
17.0 %                            Anteile der
9.0 %                             Einzeldaten
15.0 %
                      XEQ B       Texte in den
TEXT INNEN                        Sektoren
STIFT?
                2.0   RUN         rechter Stift
SCHRIFTBREITE
                .6    RUN
SCHRIFTHOEHE
                3.0   RUN         Schriftform
TEXT?
19%                   RUN
TEXT?
40%                   RUN
TEXT?
17%                   RUN
TEXT?
9%                    RUN
TEXT?
15%                   RUN
```

```
                          XEQ C   Texte an den
TEXT AUSSEN                       Sektoren
STIFT?
                    1.0   RUN     linker Stift
SCHRIFTBREITE
                    .6    RUN
SCHRIFTHOEHE                      Schriftform
                    3.0   RUN
TEXT?
BANKEN 211                RUN
TEXT?
PRIVATPERSONEN 444
                          RUN
TEXT?
SONSTIGE 189
                          RUN
TEXT?
INDUSTRIE 100
                          RUN
TEXT?
INVESTMENTGES 167
                          RUN
                          XEQ E   Überschrift
STIFT?
                    1.0   RUN     linker Stift
SCHRIFTBREITE
                    .7    RUN
SCHRIFTHOEHE                      Schriftform
                    5.0   RUN
TEXT?                             Schrift symmetrisch
HOFFMANN AG               RUN     zur mit dem Plotter
TEXT?                             gewählten Position1)
                          XEQ J   linker Stift
STIFT?
                    1.0   RUN
SCHRIFTBREITE
                    .7    RUN
SCHRIFTHOEHE                      Schriftform
                    3.5   RUN
TEXT?
AKTIONAERSGRUPPEN
                          RUN
TEXT?
                          XEQ J   wie oben
STIFT?                            1)
                    2.0   RUN
SCHRIFTBREITE                     rechter Stift
                    .6    RUN
SCHRIFTHOEHE
                    3.0   RUN     Schriftform
TEXT?
<MIO DM>                  RUN
TEXT?
```

```
              XEQ J   wie oben 1)
STIFT?
           1.0   RUN  linker Stift
SCHRIFTBREITE
            .6   RUN
SCHRIFTHOEHE          Schriftform
           3.0   RUN
TEXT?
GRUNDKAPITAL 1111 MIO DM
                 RUN
TEXT?
```

1) wird ENTER POINT angezeigt, mit dem Plotter die Stiftposition wählen und am Plotter ENTER drücken

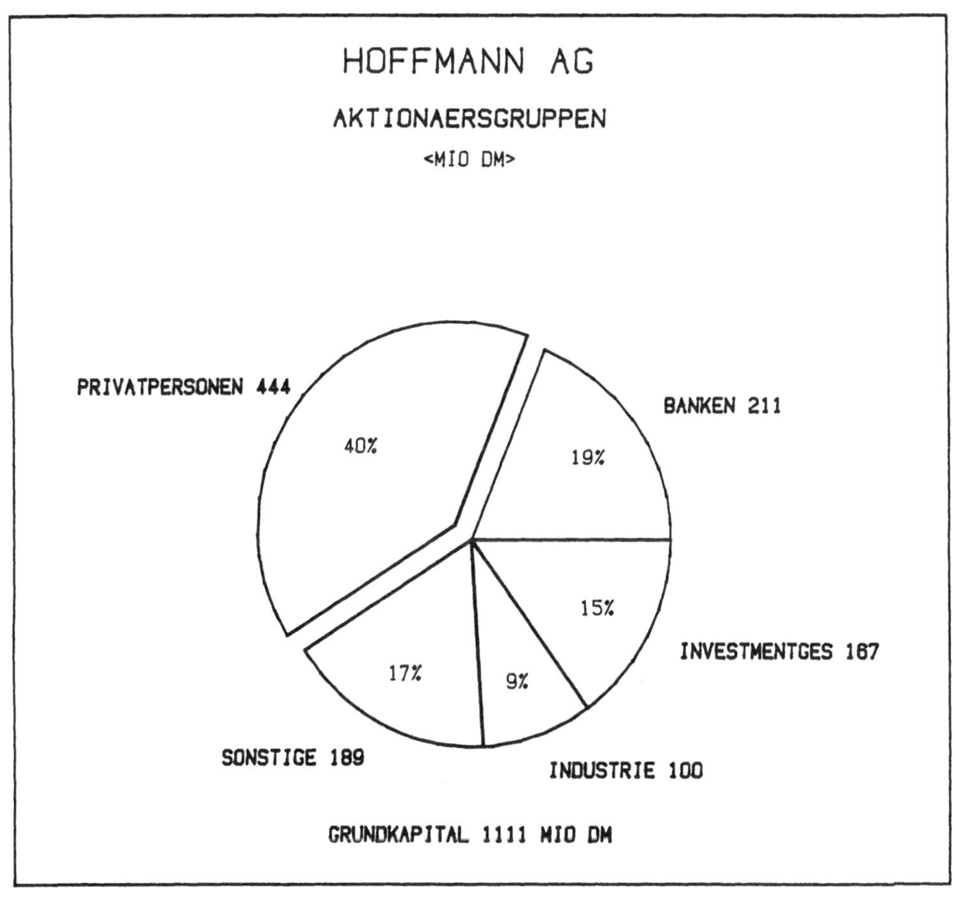

Beispiel 7-2
2 Kreisdiagramme Querformat

```
              XEQ "KREISQ" A   Programmstart
                               linkes Diagr.
DAT.ZAHL ODER?
              XEQ a            umrahmen
DAT.ZAHL ODER?
           8  RUN
RADIUS?
          40  RUN
INK.WINKEL?
           8  RUN              für Kreis-
                               umfang
X-MITTELPKT.?
          75  RUN              Lage des Kreis-
                               mittelpunkts
Y-MITTELPKT.?
          70  RUN
ANF.WINKEL?
          20  RUN
WERT1
        4080  RUN
WERT2
         680  RUN
WERT3
         850  RUN
WERT4
        1020  RUN
WERT5
        1700  RUN
WERT6
        2550  RUN
WERT7
        2890  RUN
WERT8
        3230  RUN
24.0 %
4.0 %
5.0 %                          prozentuale
6.0 %                          Anteile der
10.0 %                         Einzeldaten
15.0 %
17.0 %
19.0 %
              XEQ B            Texte in den
                               Sektoren
TEXT INNEN
STIFT?
         2.0  RUN              rechter Stift
SCHRIFTBREITE
          .5  RUN
SCHRIFTHOEHE                   Schriftform
         3.0  RUN
TEXT?
24%           RUN
TEXT?
4%            RUN
TEXT?
5%            RUN
```

```
TEXT?
6%                  RUN
TEXT?
10%                 RUN
TEXT?
15%                 RUN
TEXT?
17%                 RUN
TEXT?
19%                 RUN
                    XEQ C     Texte an den
                              Sektoren
TEXT AUSSEN
STIFT?
             1.0    RUN       linker Stift
SCHRIFTBREITE
              .6    RUN
SCHRIFTHOEHE                  Schriftform
             3.0    RUN
TEXT?
BRD                 RUN
TEXT?
DAENEMARK           RUN
TEXT?
NORWEGEN            RUN
TEXT?
SCHWEIZ             RUN
TEXT?
ITALIEN             RUN
TEXT?
FRANKREICH          RUN
TEXT?
ENGLAND             RUN
TEXT?
UEBERSEE            RUN
                    XEQ H     Schrift symmetrisch
                              zur koordinatenbe-
                              stimmten Position
X-SCHRIFT
            75.0    RUN       Koordinaten für
Y-SCHRIFT                     Schriftposition
           135.0    RUN
STIFT?
             1.0    RUN       linker Stift
SCHRIFTBREITE
              .6    RUN
SCHRIFTHOEHE                  Schriftform
             3.5    RUN
TEXT?
MENGENANTEILE
                    RUN       Schrift symmetrisch
TEXT?                         zur koordinatenbe-
                    XEQ H     stimmten Position
X-SCHRIFT
           195.0    RUN
```

```
Y-SCHRIFT                        Koordinaten für
          135.0    RUN           Schriftposition
STIFT?
            1.0    RUN           linker Stift
SCHRIFTBREITE
             .6    RUN
SCHRIFTHOEHE                     Schriftform
            3.5    RUN
TEXT?
GEWINNANTEILE      RUN
TEXT?
         XEQ "KREISQ" A          Programmstart
DAT.ZAHL ODER?                   rechtes Diagramm
              8    RUN
RADIUS?
             40    RUN
INK.WINKEL?
              8    RUN           für Kreisumfang
X-MITTELPKT.?
            195    RUN           Lage des Kreis-
Y-MITTELPKT.?                    mittelpunkts
             70    RUN
ANF.WINKEL?
             20    RUN
WERT1
             27    RUN
WERT2
              4    RUN
WERT3
              8    RUN
WERT4
             10    RUN
WERT5
             12    RUN
WERT6
             14    RUN
WERT7
             10    RUN
WERT8
             15    RUN
27.0 %
4.0 %
8.0 %                            prozentuale
10.0 %                           Anteile der
12.0 %                           Einzelwerte
14.0 %
10.0 %
15.0 %
                 XEQ C           Texte an den
TEXT AUSSEN                      Sektoren
STIFT?
            1.0    RUN           linker Stift
SCHRIFTBREITE
             .6    RUN
SCHRIFTHOEHE                     Schriftform
            3.0    RUN
TEXT?
BRD                RUN
```

```
DAENEMARK
                   RUN
TEXT?
NORWEGEN           RUN
TEXT?
SCHWEIZ            RUN
TEXT?
ITALIEN            RUN
TEXT?
FRANKREICH         RUN
TEXT?
ENGLAND            RUN
TEXT?
UEBERSEE           RUN
                 XEQ B    Texte in den
TEXT INNEN                Sektoren
STIFT?
            2.0    RUN    rechter Stift
SCHRIFTBREITE
             .5    RUN
SCHRIFTHOEHE              Schriftform
            3.0    RUN
TEXT?
27%                RUN
TEXT?
4%                 RUN
TEXT?
8%                 RUN
TEXT?
10%                RUN
TEXT?
12%                RUN
TEXT?
14%                RUN
TEXT?
10%                RUN
TEXT?
15%                RUN
                 XEQ E    Überschrift
STIFT?
            1.0    RUN    linker Stift
SCHRIFTBREITE
             .7    RUN
SCHRIFTHOEHE              Schriftform
            4.0    RUN
TEXT?
PRODUKT XY 17.000 T
                   RUN
TEXT?                     Schrift symmetrisch
                 XEQ J    zur mit dem Plotter
STIFT?                    gewählten Position:
            1.0    RUN    bei ENTER/POINT mit
SCHRIFTBREITE             dem Plotter Stift-
             .5    RUN    position wählen und
SCHRIFTHOEHE              am Plotter ENTER
            2.8    RUN    drücken
TEXT?
ABSATZUEBERSICHT
```

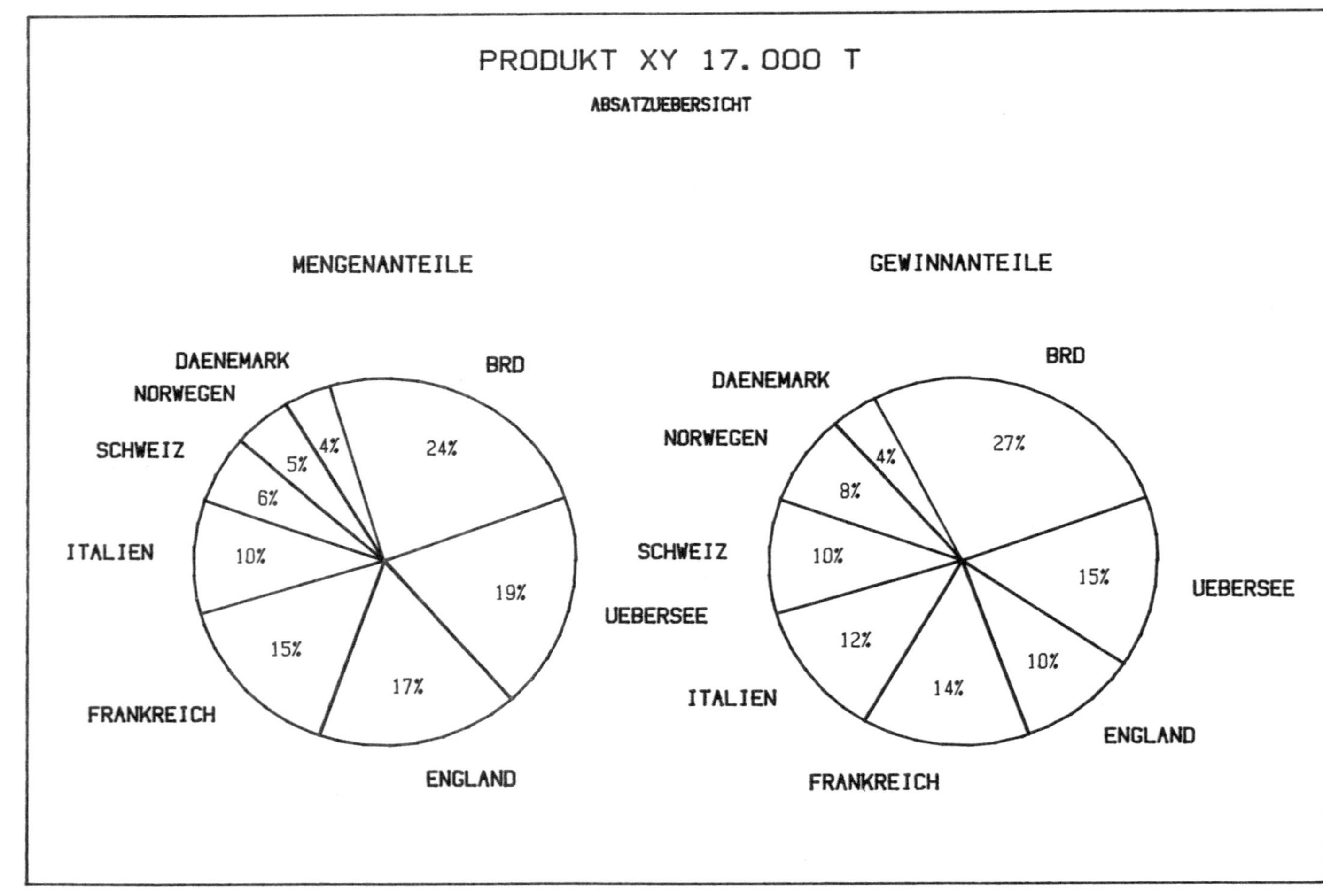
PRODUKT XY 17.000 T
ABSATZUEBERSICHT
MENGENANTEILE
GEWINNANTEILE
DAENEMARK
NORWEGEN
SCHWEIZ
ITALIEN
FRANKREICH
ENGLAND
UEBERSEE
BRD
4%
5%
6%
10%
15%
17%
19%
24%
DAENEMARK
NORWEGEN
SCHWEIZ
ITALIEN
FRANKREICH
ENGLAND
UEBERSEE
BRD
4%
8%
10%
12%
14%
10%
15%
27%

Beispiel 7-3
Kreisdiagramm Querformat, Sonderformat

```
             XEQ "KREISQ" A   Programmstart
DAT.ZAHL ODER?
                  XEQ a       umrahmen
DAT.ZAHL ODER?
                  XEQ I       Sonderformat
X.1
            130   RUN         Abstände der
X.2                           Seiten des
            250   RUN         Sonderformats
Y.1                           entspr.
             40   RUN         Bild 7-1
Y.2
            175   RUN
DAT.ZAHL ODER?
              5   RUN
RADIUS?
             35   RUN
INK.WINKEL?
             10   RUN         für Kreisum-
X-MITTELPKT.?                 fang
             60   RUN         Lage des Kreis-
Y-MITTELPKT.?                 mittelpunktes
             50   RUN
ANF.WINKEL?
              0   RUN
WERT1
             49   RUN
WERT2
             42   RUN
WERT3
             38   RUN
WERT4
             19   RUN
WERT5
              8   RUN
31.4 %
26.9 %
24.4 %                        prozentuale
12.2 %                        Anteile der
5.1 %                         Einzeldaten
                  XEQ B       Texte in den
TEXT INNEN                    Sektoren
STIFT?
            2.0   RUN         linker Stift
SCHRIFTBREITE
             .4   RUN
SCHRIFTHOEHE                  Schriftform
            2.2   RUN
TEXT?
12-20 JAHRE       RUN
TEXT?
20-30 JAHRE       RUN
TEXT?
30-40 JAHRE       RUN

TEXT?
40-50 JAHRE       RUN
TEXT?
50-60 JAHRE       RUN
                  XEQ C       Texte an den
TEXT AUSSEN                   Sektoren
STIFT?
            1.0   RUN         rechter Stift
SCHRIFTBREITE
             .5   RUN
SCHRIFTHOEHE                  Schriftform
            3.0   RUN
TEXT?
31.4%             RUN
TEXT?
26.9%             RUN
TEXT?
24.4%             RUN
TEXT?
12.2%             RUN
TEXT?
5.1%              RUN
                  XEQ E       Überschrift
STIFT?
            1.0   RUN         linker Stift
SCHRIFTBREITE
             .5   RUN
SCHRIFTHOEHE                  Schriftform
            4.0   RUN
TEXT?
10 KM LANGLAUF
                  RUN
TEXT?
                              Schrift symmetrisch
                  XEQ J       zur mit dem Plotter
STIFT?                        gewählten Position:
            2.0   RUN         bei ENTER POINT mit
SCHRIFTBREITE                 dem Plotter Stift-
             .5   RUN         position wählen und
SCHRIFTHOEHE                  am Plotter ENTER
            3.0   RUN         drücken
TEXT?
ALTERSGRUPPEN
                  RUN
TEXT?
                  XEQ G       Schrift beginnend
STIFT?                        an der mit dem Plotter
            1.0   RUN         gewählten Stiftposition:
SCHRIFTBREITE                 bei ENTER POINT mit
             .6   RUN         dem Plotter Stift-
SCHRIFTHOEHE                  position wählen und
            3.0   RUN         am Plotter ENTER
TEXT?                         drücken
10.9.1985         RUN
```

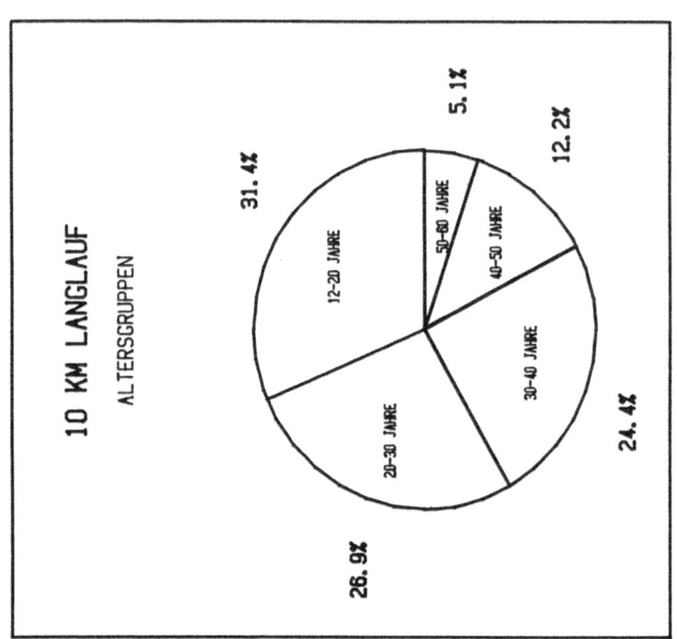
10 KM LANGLAUF
ALTERSGRUPPEN
12-20 JAHRE
20-30 JAHRE
30-40 JAHRE
40-50 JAHRE
50-60 JAHRE
31.4%
26.9%
24.4%
12.2%
5.1%
10. 9. 1985

Beispiel 7-4
3 Kreisdiagramme Hochformat

```
         XEQ "KREISH" A    Programmstart
DAT.ZAHL ODER?             oberes Diagr.
            XEQ a          umrahmen
DAT.ZAHL ODER?
            XEQ D          1 Wert her-
DAT.ZAHL ODER?             vorheben
              6   RUN
RADIUS?
             45   RUN
INK.WINKEL?
              6   RUN      für Kreisum-
X-MITTELPKT.?              fang
             95   RUN      Lage des
Y-MITTELPKT.?              Kreismittel-
            160   RUN      pznktes
ANF.WINKEL?
              0   RUN
HAUPTWERT-NR?
              3   RUN      den 3.einge-
WERT1                      gebenen Wert
         130000   RUN      hervorheben
WERT2
         270000   RUN
WERT3
         410000   RUN
WERT4
         170000   RUN
WERT5
          80000   RUN
WERT6
         140000   RUN
10.8 %
22.5 %                     prozentuale
34.2 %                     Anteile der
14.2 %                     Einzeldaten
6.7 %
            XEQ B          Texte in den
TEXT INNEN                 Sektoren
STIFT
            2.0   RUN      rechter Stift
SCHRIFTBREITE
             .4   RUN
SCHRIFTHOEHE               Schriftform
            3.0   RUN
TEXT?
10.8%             RUN
TEXT?
22.5%             RUN
TEXT?
34.2%             RUN
TEXT?
14.2%             RUN
TEXT?
6.7%              RUN
TEXT?
11.7%             RUN
                  XEQ C    Texte an den
TEXT AUSSEN                Sektoren
STIFT
            1.0   RUN      linker Stift
SCHRIFTBREITE
             .4   RUN
SCHRIFTHOEHE               Schriftform
            3.0   RUN
TEXT?
PRODUKT A         RUN
TEXT?
PRODUKT B         RUN
TEXT?
PRODUKT C         RUN
TEXT?
PRODUKT D         RUN
TEXT?
PRODUKT E         RUN
TEXT?
PRODUKT F         RUN
                  XEQ E    Überschrift
STIFT
            1.0   RUN      linker Stift
SCHRIFTBREITE
             .6   RUN
SCHRIFTHOEHE               Schriftform
            4.5   RUN
TEXT?
FIRMA BAECKER
                  RUN      Schrift symmetrisch
TEXT?                      zur mit dem Plotter
                  XEQ J    gewählten Position 1)
STIFT
            1.0   RUN      linker Stift
SCHRIFTBREITE
             .6   RUN
SCHRIFTHOEHE               Schriftform
            3.0   RUN
TEXT?
ABSATZUEBERSICHT
                  RUN      Schrift symmetrisch
TEXT?                      zur koordinatenbe-
                  XEQ H    stimmten Position
X-SCHRIFT
```

```
             95.0   RUN   Koordinaten für
Y-SCHRIFT                 Schriftposition
            235.0   RUN
STIFT
              1.0   RUN   linker Stift
SCHRIFTBREITE
               .6   RUN
SCHRIFTHOEHE              Schriftform
              3.5   RUN
TEXT?
GESAMTABSATZ
                    RUN   Schrift symmetrisch z.
TEXT?                     mit d.Plotter ge-
                  XEQ J   wählten Stift-
STIFT                     position 1)
              2.0   RUN   rechter Stift
SCHRIFTBREITE
               .6   RUN
SCHRIFTHOEHE              Schriftform
              3.0   RUN
TEXT?
1.200.000 T         RUN
TEXT?                     Dialogstart für
                  XEQ D   linkes unteres
DAT.ZAHL ODER?            Diagramm - 1 Wert
                6   RUN   hervorheben
RADIUS?
               30   RUN
INK.WINKEL?
                6   RUN   für Kreisumfang
X-MITTELPKT.?
               50   RUN   Lage des Kreis-
Y-MITTELPKT.?             mittelpunkts
               45   RUN
ANF.WINKEL?
                0   RUN   den 2.eingege-
HAUPTWERT-NR?             benen Wert her-
                2   RUN   vorheben
WERT1
            70000   RUN
WERT2
           190000   RUN
WERT3
           310000   RUN
WERT4
           140000   RUN
WERT5
            50000   RUN
WERT6
            90000   RUN
8.2 %
22.4 %                    prozentuale
36.5 %                    Anteile der
16.5 %                    Einzeldaten
5.9 %
10.6 %
```

```
                  XEQ B   Texte in den
TEXT INNEN                Sektoren
STIFT
              2.0   RUN   rechter Stift
SCHRIFTBREITE
              .37   RUN
SCHRIFTHOEHE              Schriftform
              2.5   RUN
TEXT?
8.2%                RUN
TEXT?
22.4%               RUN
TEXT?
36.5%               RUN
TEXT?
16.5%               RUN
TEXT?
5.9%                RUN
TEXT?
10.6%               RUN
                  XEQ C   Texte an den
TEXT AUSSEN               Sektoren
STIFT
              1.0   RUN   linker Stift
SCHRIFTBREITE
               .6   RUN
SCHRIFTHOEHE              Schriftform
              3.0   RUN
TEXT?
A                   RUN
TEXT?
B                   RUN
TEXT?
C                   RUN
TEXT?
D                   RUN
TEXT?
E                   RUN
TEXT?
F                   RUN   Schrift symmetrisch
                  XEQ H   zur koordinatenbe-
X-SCHRIFT                 stimmten Position
             50.0   RUN   Koordinaten für
Y-SCHRIFT                 Schriftposition
             95.0   RUN
STIFT
              1.0   RUN   linker Stift
SCHRIFTBREITE
               .6   RUN
SCHRIFTHOEHE              Schriftform
              3.0   RUN
TEXT?
EUROPA              RUN
TEXT?                     Schrift symmetrisch
                  XEQ J   zur mit dem Plotter
STIFT                     gewählten Stift-
              2.0   RUN   position 1)
```

```
SCHRIFTBREITE
                  .6     RUN
SCHRIFTHOEHE                   Schriftform
                 3.0     RUN
TEXT?
850.000 T                RUN
TEXT?
           XEQ "KREISH"A       Programmstart
DAT.ZAHL ODER?                 für unteres
                   6     RUN   rechtes Diagramm
RADIUS?
                  30     RUN
INK.WINKEL?
                   6     RUN   für Kreisumfang
X-MITTELPKT.?
                 140     RUN   Lage des Kreis-
Y-MITTELPKT.?                  mittelpunktes
                  45     RUN
ANF.WINKEL?
                   0     RUN
WERT1
               60000     RUN
WERT2
               80000     RUN
WERT3
              100000     RUN
WERT4
               30000     RUN
WERT5
               30000     RUN
WERT6
               50000     RUN
17.1 %
22.9 %
28.6 %                         prozentuale
8.6 %                          Anteile der
8.6 %                          Einzelwerte
14.3 %
                       XEQ B   Texte in den
TEXT INNEN                     Sektoren
STIFT
                 2.0     RUN   rechter Stift
SCHRIFTBREITE
                 .38     RUN
SCHRIFTHOEHE                   Schriftform
                 2.5     RUN
TEXT?
17.1%                    RUN
TEXT?
22.9%                    RUN
```

```
TEXT?
28.6%                    RUN
TEXT?
8.6%                     RUN
TEXT?
8.6%                     RUN
TEXT?
14.3%                    RUN
                       XEQ C   Texte an den
TEXT AUSSEN                    Sektoren
STIFT
                 1.0     RUN
SCHRIFTBREITE
                  .6     RUN
SCHRIFTHOEHE
                 3.0     RUN
TEXT?
A                        RUN
TEXT?
B                        RUN
TEXT?
C                        RUN
TEXT?
D                        RUN
TEXT?
E                        RUN
TEXT?
F                        RUN   Schrift symmetrisch
                       XEQ H   zur koordinatenbe-
X-SCHRIFT                      stimmten Position
               140.0     RUN
Y-SCHRIFT
                95.0     RUN
STIFT
                 1.0     RUN
SCHRIFTBREITE
                  .6     RUN
SCHRIFTHOEHE
                 3.0     RUN
TEXT?
UEBERSEE                 RUN
TEXT?                          Schrift symmetrisch
                       XEQ J   zur mit dem Plotter
STIFT                          gewählten Stift-
                 2.0     RUN   position
SCHRIFTBREITE
                  .6     RUN
SCHRIFTHOEHE
                 3.0     RUN
TEXT?
350.000 T                RUN
```

1) Wird ENTER POINT angezeigt, mit dem Plotter die Stiftposition wählen und am Plotter ENTER drücken.

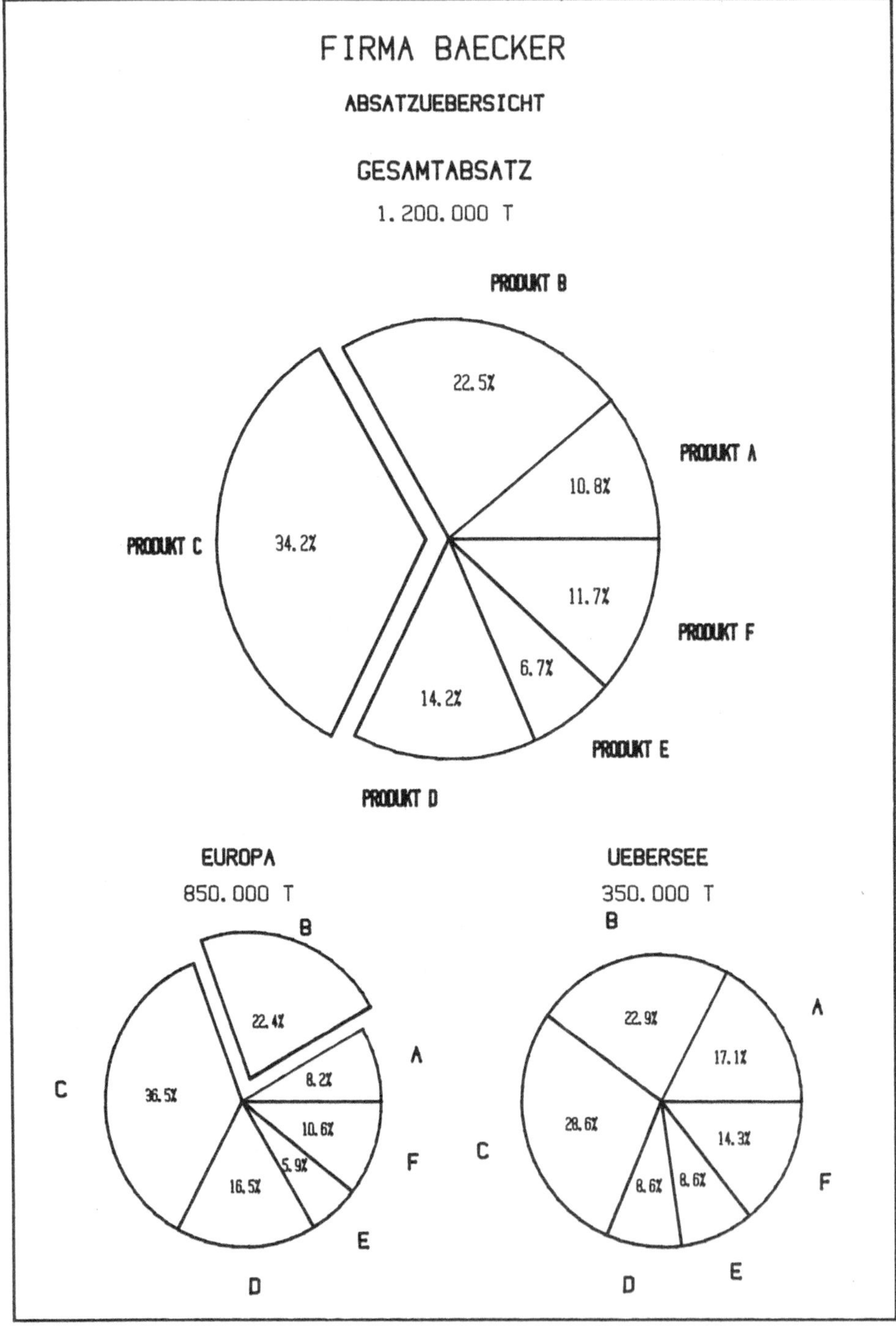
FIRMA BAECKER
ABSATZUEBERSICHT
GESAMTABSATZ
1.200.000 T
PRODUKT B
22.5%
PRODUKT A
10.8%
PRODUKT C
34.2%
11.7%
PRODUKT F
6.7%
14.2%
PRODUKT E
PRODUKT D
EUROPA
850.000 T
B
22.4%
A
8.2%
C
36.5%
10.6%
5.9%
F
16.5%
E
D
UEBERSEE
350.000 T
B
22.9%
A
17.1%
28.6%
14.3%
C
8.6%
8.6%
F
D
E

Beispiel 7-5

Kreis- und Stabdiagramm auf DIN A4 Hochformat

```
          XEQ "KREISH"A   Programmstart
DAT.ZAHL ODER?
                 XEQ a    umrahmen
DAT.ZAHL ODER?
          8      RUN
RADIUS?
         40      RUN
INK.WINKEL?
          6      RUN      für Kreisum-
X-MITTELPKT.?             fang
         95      RUN      Lage des Kreis-
Y-MITTELPKT.?             mittelpunkts
        180      RUN
ANF.WINKEL?
          0      RUN
WERT1
        320      RUN
WERT2
        400      RUN
WERT3
       3200      RUN
WERT4
        320      RUN
WERT5
       1200      RUN
WERT6
        520      RUN
WERT7
        440      RUN
WERT8
       1600      RUN
4.0 %
5.0 %
40.0 %                    prozentuale
4.0 %                     Anteile der
15.0 %                    Einzelwerte
6.5 %
5.5 %
20.0 %
                 XEQ B    Texte in den
TEXT INNEN                Sektoren
STIFT
        2.0      RUN      rechter Stift
SCHRIFTBREITE
        .35      RUN
SCHRIFTHOEHE              Schriftform
        2.5      RUN
TEXT?
4%               RUN
TEXT?
5%               RUN
TEXT?
40%              RUN
```

```
TEXT?
4%                     RUN
TEXT?
15%                    RUN
TEXT?
6.5%                   RUN
TEXT?
5.5%                   RUN
TEXT?
20%                    RUN
                       XEQ C   Texte an den
TEXT AUSSEN                    Sektoren
STIFT
                1.0    RUN     linker Stift
SCHRIFTBREITE
                 .5    RUN
SCHRIFTHOEHE                   Schriftform
                3.0    RUN
TEXT?
VERKAUF                RUN

TEXT?
ENTWICKLUNG            RUN
TEXT?
PRODUKTION             RUN
TEXT?
FORSCHUNG              RUN
TEXT?
HILFSBETRIEBE
                       RUN
TEXT?
VERWALTUNG             RUN
TEXT?
AUSBILDUNG             RUN
TEXT?
FILIALEN               RUN
                       XEQ E   Überschrift
STIFT
                1.0    RUN     linker Stift
SCHRIFTBREITE
                 .6    RUN
SCHRIFTHOEHE                   Schriftform
                5.0    RUN
TEXT?
FIRMA MAYER U.CO
                       RUN     Schrift symmetrisch
TEXT?                          zur mit dem Plotter
                       XEQ J   gewählten Stift-
STIFT                          position1)
                1.0    RUN     rechter Stift
SCHRIFTBREITE
                 .5    RUN
```

```
SCHRIFTHOEHE                Schriftform
            3.0     RUN
TEXT?
MITARBEITEREINSATZ
                    RUN     Schrift symmetrisch
TEXT?                       zur mit dem Plotter
                    XEQ J   gewählten Stift-
STIFT                       position[1]
            2.0     RUN     rechter Stift
SCHRIFTBREITE
             .4     RUN
SCHRIFTHOEHE                Schriftform
           2.75     RUN
TEXT?
8000 MITARBEITER
                    RUN
                            Programmstart[2]
            XEQ "STABH"A    Stabdiagramme
POSITION/TASTE              Hochformat
                    XEQ D   schraffiert
/-ABSTAND
            7.5     RUN     Schraffur-
STIFT?                      linienabstand
            2.0     RUN     rechter Stift
POSITION/TASTE
                    XEQ I   Benutzerska-
SCHRIFTBREITE?              lierung
             .5     RUN
-HOEHE                      Schriftform
            3.5     RUN
STIFT?
            1.0     RUN     linker Stift
Y-MIN
         2000.0     RUN
Y-MAX                       Y-Achse
         9000.0     RUN
Y-DIF
         1000.0     RUN
POSITION/TASTE
            3.0     RUN     entspr.Bild 6-1
STAB-BREITE?
           12.0     RUN
DATENZAHL
           11.0     RUN
WERT-1
           3170     RUN
WERT-2
           3840     RUN
WERT-3
           4550     RUN
WERT-4
           5140     RUN
WERT-5
           6780     RUN
WERT-6
           7430     RUN
```

```
WERT-7
           8517     RUN
WERT-8
           7740     RUN
WERT-9
           7360     RUN
WERT-10
           7820     RUN
WERT-11
           8240     RUN
Y-TEXT                      Y-Achse kenn-
MITARBEITER         RUN     zeichnen
                    XEQ C   Texte nahe den
SCHRIFTBREITE?              Stabenden
              4     RUN
-HOEHE                      Schriftform
              3     RUN
STIFT?
              1     RUN     linker Stift
TEXT
3170                RUN
TEXT
3840                RUN
TEXT
4550                RUN
TEXT
5140                RUN
TEXT
6780                RUN
TEXT
7430                RUN
TEXT
8570                RUN
TEXT
7740                RUN
TEXT
7360                RUN
TEXT
7820                RUN
TEXT
8240                RUN
                    XEQ c   Texte unter den
SCHRIFTBREITE?              Stäben
             .4     RUN
-HOEHE                      Schriftform
              4     RUN
STIFT?
              1     RUN     linker Stift
TEXT-ABSTD.MM
          -12.5     RUN     unter dem Anfang
TEXT                        der Y-Achse
1974                RUN
TEXT
1975                RUN
TEXT
1976                RUN
TEXT
1977                RUN
```

```
TEXT
1978                RUN
TEXT
1979                RUN
TEXT
1980                RUN
TEXT
1981                RUN
TEXT
1982                RUN
TEXT
1983                RUN
TEXT
1984                RUN
                  XEQ E   Überschrift
ABSTD.MM?                 voreingestellter
                    RUN   Abstand
SCHRIFTBREITE?
                6   RUN
-HOEHE                    Schriftform
                4   RUN
STIFT?
                1   RUN   linker Stift
TEXT?
BELEGSCHAFTSENTWICKLUNG
                    RUN
TEXT?
1974-1984           RUN
```

1) Bei ENTER POINT mit dem Plotter Stiftposition wählen und am Plotter ENTER drücken

2) Kapitel 6

FIRMA MAYER U. CO

MITARBEITEREINSATZ

8000 MITARBEITER

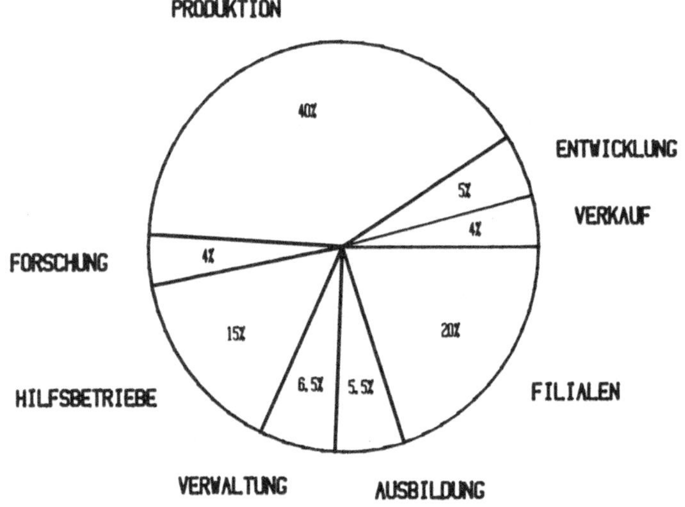

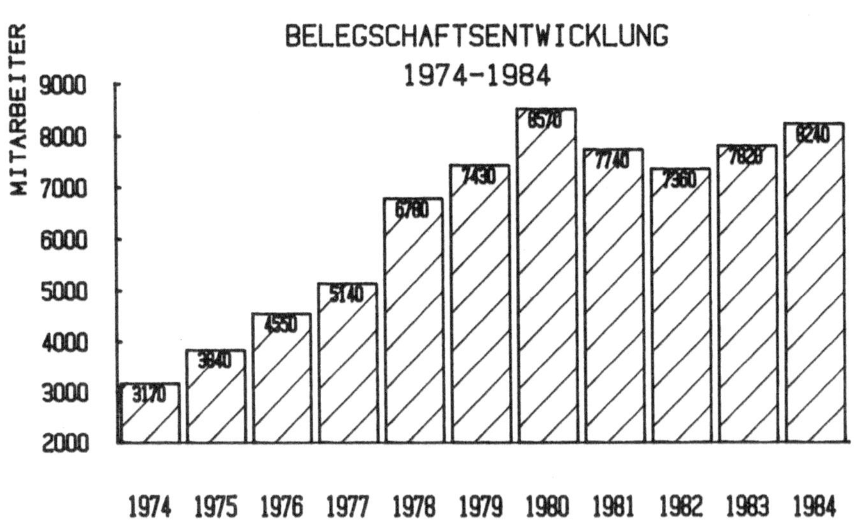

Beispiel 7-6

Kreisdiagramm Hochformat, Sonderformat

```
              XEQ "KREISH"A   Programmstart
DAT.ZAHL ODER?
                      XEQ a   umrahmen
DAT.ZAHL ODER?
                      XEQ I   Sonderformat
 X.1
               40       RUN   Abstände der
 X.2                          Seiten des
              170       RUN   Sonderformats
Y.1                           von Außenrahmen
               50       RUN   etspr. Bild 7-1
Y.2
              220       RUN
DAT.ZAHL ODER?
                6       RUN
RADIUS?
               30       RUN
INK.WINKEL?
                7       RUN   für Kreis-
X-MITTELPKT.?                 umfang
               65       RUN   Lage des
Y-MITTELPKT.?                 Kreismittel-
               75       RUN   punktes
ANF.WINKEL?
                0       RUN
WERT1
               24       RUN
WERT2
               19       RUN
WERT3
               16       RUN
WERT4
               23       RUN
WERT5
                6       RUN
WERT6
               12       RUN
24.0 %
19.0 %
16.0 %                        prozentuale
23.0 %                        Anteile der
6.0 %                         Einzeldaten
12.0 %
                      XEQ B   Texte in den
TEXT INNEN                    Kreissektoren
STIFT
              2.0       RUN   rechter Stift
SCHRIFTBREITE
              .37       RUN
SCHRIFTHOEHE                  Schriftform
              2.5       RUN
```

```
TEXT?
24.2%                   RUN
TEXT?
19%                     RUN
TEXT?
16%                     RUN
TEXT?
23%                     RUN
TEXT?
6%                      RUN
TEXT?
12%                     RUN
                      XEQ C   Texte an den
TEXT AUSSEN                   Sektoren
STIFT
                2.0     RUN   rechter Stift
SCHRIFTBREITE
                 .4     RUN
SCHRIFTHOEHE                  Schriftform
                3.0     RUN
TEXT?
U-BAHN                  RUN
TEXT?
STRASSENBAHN
                        RUN
TEXT?
OMNIBUS                 RUN
TEXT?
PKW                     RUN
TEXT?
MOTORRAD                RUN
TEXT?
FAHRRAD                 RUN
                      XEQ E   Überschrift
STIFT
                1.0     RUN   linker Stift
SCHRIFTBREITE
                 .6     RUN
SCHRIFTHOEHE                  Schriftform
                4.0     RUN
TEXT?
ALTSTADT                RUN
TEXT?                         Schrift symmetrisch
                      XEQ J   zur mit dem Plotter
STIFT                         gewählten Position 1)
                1.0     RUN
SCHRIFTBREITE
                 .5     RUN
SCHRIFTHOEHE                  Schriftform
                3.0     RUN
```

```
TEXT?
PROZENTUALE NUTZUNG VON
                         RUN
TEXT?
VERKEHRSMITTELN
                         RUN   Schrift beginnend
TEXT?                          an der mit dem
                       XEQ G   Plotter gewählten
STIFT                          Position1)
                  1.0    RUN
SCHRIFTBREITE
                   .6    RUN
SCHRIFTHOEHE                   Schriftform
                  3.0    RUN
TEXT?
AUGUST 1985              RUN
```

1) Bei ENTER POINT mit dem Plotter Stiftposition wählen und am Plotter ENTER drücken

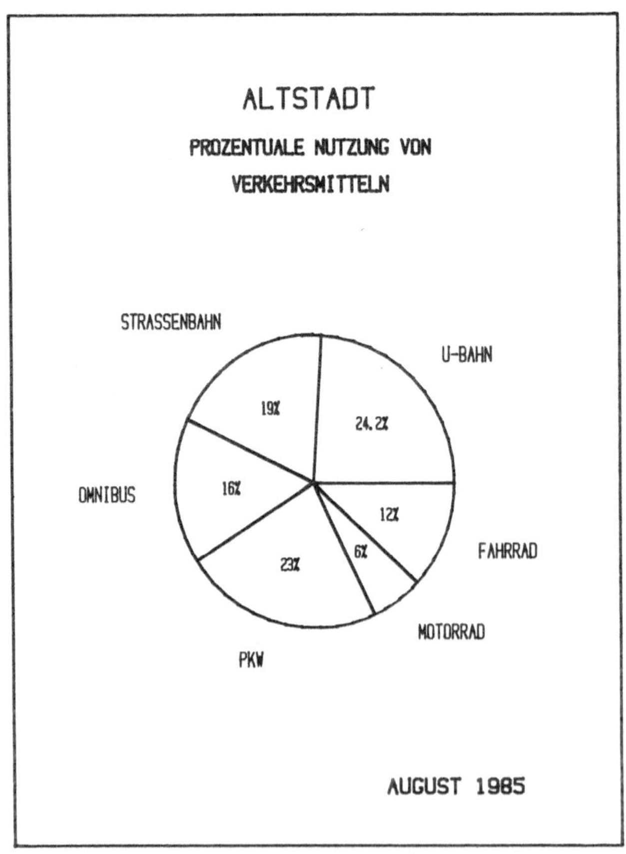

8 Schrift

Ein Überblick über die verschiedenen Schreibmöglichkeiten ist auf den Seiten 106 und 113 zu finden.

Im Gegensatz zum Drucker, der meist fertige Buchstabentypen verwendet, setzt der Plotter die Buchstaben schreibend aus kurzen Gradenstücken zusammen. Dadurch dauert zwar das Schreiben länger, dafür bietet der Plotter aber weitgehende Gestaltungsmöglichkeiten für Schrift. Beispielsweise kann die Buchstabengröße und -breite kontinuierlich variiert werden. Das läßt sich unter anderem nutzen, um einen Schriftsatz an die Erfordernisse der Lesbarkeit und des vorhandenen Platzes anzupassen.

Die Programme für Linien-, Stab- und Kreisdiagramme sind bezüglich Beschriftung bereits mit den wichtigsten Erfordernissen ausgestattet worden. In diesem Kapitel werden nun Ergänzungen gebracht, die bei Grafiken seltener gebraucht werden, die jedoch für plakative Schrift, für Vortragstransparente, dekorative Etiketten oder Exponatenschilder von Nutzen sein können. Die speziellen Schriftprogramme können natürlich auch bei Grafiken verwendet werden.[1)]

Die wichtigsten Ergänzungen zum Bisherigen sind

- weitere Modifizierbarkeit der Buchstabenform
- Fettdruck
- mehrzeiliges Schreiben mit beliebiger Zeilenlänge
- variable Schriftrichtung

---

1) Es ist jedoch nicht ratsam, Grafik- und Textprogramme zugleich im Rechner zu speichern, weil das jeweils zuletzt eingegebene Programm zumindest teilweise die Tastenzuordnungen des vorhergehenden unwirksam macht.

8.1 Die Programme

TEXTH ermöglicht Schrift im Hochformat.
Erforderliche Speicherkapazität 53, Restspeicherkapazität 170 Register
TEXTQ ermöglicht Schrift im Querformat.
Erforderliche Speicherkapazität 52, Restspeicherkapazität 171 Register

8.2 Begriffe und Benutzerhilfen

Die Benutzungsweise der Programme TEXTH und TEXTQ ist gleich -Tabelle 8-1.

Zeichen oder Alpha-Zeichen sind alle Zeichen, die im sogenannten ALPHA-Modus des Rechners eingegeben werden können (ALPHA in der Anzeige). Er ist mit der ALPHA-Taste ein- und ausschaltbar. Zu den Zeichen gehören

. die den blauen Tastenbeschriftungen entsprechenden Buchstaben und Zeichen einschließlich SPACE (Leertaste)
. die mit der gelben Taste (*) zusätzlich verfügbaren Zeichen entsprechend Rechnerrückseite
. Ziffern, Dezimalpunkt, *, +, - als Trenn- oder Bindestrich, : , x als * und ÷ als Schrägstrich.

(Vor jeder einzelnen Ziffer ist im ALPHA-Modus die gelbe Taste * zu drücken).

Zeichenserie: Der Alpha-Speicher des Rechners faßt maximal 24 Zeichen einschließlich Leerstellen. Bei Eingabe des 24sten Zeichens ertönt ein Signal. Spätestens jetzt muß mit Taste R/S die Druckanweisung gegeben werden.Bei weiterem Eingeben gehen sonst die ersten Zeichen verloren. Nach dem Drucken bietet der Computer sofort die Eingabe einer weiteren Zeichenserie an.

Kontrolle einer Zeichenserie: Die Anzeige faßt maximal 11 Zeichen; ab dem 12ten werden die zuerst eingegebenen nach links aus der Anzeige geschoben. Sie sind deswegen aber nicht verloren. Um nun eine Zeichenserie von mehr als 11 Zeichen vor dem Schreiben zu kontrollieren, kann man ALPHA drücken. Falls ein Drucker vorhanden ist, wird die Serie gedruckt und kann, falls erforderlich, vor dem

Schreiben mit dem Plotter korrigiert werden. Ist keine Korrektur nötig, wird mit R/S das Plotten ausgelöst.

Korrektur

- Vor Betätigung von ALPHA: mit ← bis zum Fehler schrittweise Zeichen löschen und richtige Zeichen eingeben oder mit *, ← die bisherige Eingabe auf einmal löschen.
- nach Betätigung von ALPHA: Tastenfolge ALPHA, *, K: der Eingabe-Strich erscheint wieder und es kann wie oben beschrieben korrigiert werden.

Schriftform: Die Form der Buchstaben -im Eingabedialog mit SCHRIFT gekennzeichnet- ist beliebig einstellbar durch

- die Schrifthöhe in mm
- die Schriftbreite als Verhältnis zur Höhe (0,5: Buchstabenbreite gleich halbe Buchstabenhöhe)
- die Buchstabenneigung in Grad (positiv-Rechtsneigung, negativ-Linksneigung)
- durch Stiftwechsel können Farbe und Strichstärke variiert werden.

Fettdruck: einzelne oder mehrere Zeichenserien werden mit geringer Verschiebung zweimal geschrieben. Die Verschiebung (in mm)kann vom Benutzer variiert werden.

Gesperrte Schrift: zwischen zwei Buchstaben oder Zahlen SPACE drücken

Einzeiligschreiben: aufeinanderfolgende Zeichenserien werden in eine Zeile geschrieben

Mehrzeilig schreiben: aufeinanderfolgende Zeichenserien werden untereinander geschrieben

Rücksprung zur nächsten Zeile bzw. Wagenrücklauf ist bei einzeiligem Schreiben nach jeder Zeichenserie möglich.

Schriftposition ist die Stelle auf dem Blatt, an der sich der Schreibstift des Plotters zu Beginn eines Schreibvorgangs von einer oder mehreren Zeilen befindet. Dic Schriftposition kann eingestellt werden durch

- die Stiftbewegungstasten des Plotters oder mit

. **Schriftkoordinaten:** bei Hoch- und Querformat ist x der Abstand der Schriftposition vom linken, y ihr Abstand vom unteren Rand der Arbeitsfläche (190 mm x 270 mm) -auch wenn die Umrahmung nicht gezeichnet wird.

Relative Schriftposition ist die Anordnung der Schrift in Bezug zur Schriftposition. Die Buchstaben der ersten Zeile stehen auf der durch die Schriftposition angegebenen Höhe. Die Schrift

. beginnt an der Schriftposition (linksbündige Schrift, nur bei mehreren Zeichenserien pro Zeile)
. endet an der Schriftposition (rechtsbündiges Schreiben)
. steht symmetrisch zur Schriftposition

(die letzten beiden Punkte: nur bei einer Zeichenserie pro Zeile)

Der Zeilenabstand ist voreingestellt. Doppelten oder mehrfachen Zeilenabstand erreicht man nach einer Zeile mit der Tastenfolge ALPHA, B, ALPHA, B, ALPHA, ., ., .

Schriftwinkel ist der Winkel zwischen positiver x-Richtung (horizontal nach rechts weisend) und der Richtung der Schrift bzw. der Zeile.

Fortlaufendes rechtsbündiges Schreiben. Beim Eingeben der Zeichenserien ist auf das akustische Signal beim 24sten Zeichen zu achten.

. Zum Fortsetzen einer Zeile ist mit R/S das Schreiben auszulösen. Danach kann sofort die nächste Zeichenserie eingegeben werden.
. Ist, wenn das Signal ertönt, gerade keine Möglichkeit für orthografisch richtiges Trennen, so geht man mit Taste ← zur nächstmöglichen Trennstelle zurück, gibt mit *, - den Trennstrich ein und drückt die Rücksprungtaste B. Das akustische Signal erübrigt also ein Abzählen der Zeichen.

8.3 Schreiben mit dem Plotter -Beispiele

Vor dem Benutzen der Programme TEXTH und TEXTQ bzw. vor dem Nachvollziehen der Beispiele empfiehlt es sich, je nach Vertrautheit mit den Geräten und der Grafiksoftware in den Kapiteln 2 und 3 sowie in diesem Kapitel anhand der hervorgehobenen Stichworte diejenigen Abschnitte nachzulesen, über die man noch nicht oder nicht mehr ausreichend Bescheid weiß.

Die Beispiele demonstrieren die wichtigsten Schreib- und Schriftgestaltungsmöglichkeiten, die die Programme bieten.

Nicht bei jedem der Beispiele ist ein neuer Programmstart nötig. Dies ist nur erforderlich, wenn zur Wahl der Schriftposition von Koordinaten- auf Plottereingabe-oder umgekehrt- übergegangen werden soll oder wenn zuvor eine oder mehrere der Tasten D; *, D, oder F verwendet wurden.

An die folgenden Vorbereitungen und Regeln wird erinnert:

. Geräte konfigurieren und Stromversorgung sichern
  - Kapitel 2; Bild 2-1

. Vorbereitung von Rechner und Plotter
  - Kapitel 2

. Beim Ausführen der Beispiele das in den Druckerprotokollen vor den Tastenbezeichnungen stehende XEQ weglassen: statt XEQ A also A und statt XEQ b *B drücken.

. Texteingaben durch Betätigen von ALPHA beenden.

. Nach jeder Eingabe erst die nächste Eingabeaufforderung abwarten.

. * = gelbe Taste

TABELLE 8-1 BESCHRIFTEN

B E I S P I E L E

TASTEN	*FUNKTIONEN*
A	PROGRAMMSTART. ZEICHENSERIEN SCHLIESSEN EINZEILIG ANEINANDER AN. DIE SCHRIFTPOSITION WIRD MIT DEN PLOTTERTASTEN BESTIMMT.
E	WIE A. DIE SCHRIFTPOSITION WIRD JEDOCH DURCH EINGABE VON X- UND Y- KOORDINATEN BESTIMMT.
B	SPRUNG ZUR NAECHSTEN ZEILE <NUR WENN MEHRERE ZEICHENSERIEN IN EINE ZEILE GESCHRIEBEN WERDEN ERFORDERLICH>.
D	SYMMETRISCH ZUR SCHRIFT- POSITION SCHREIBEN MAX. 24 ZEICHEN JE ZEILE.
d	SCHRIFT RECHTSBUENDIG ZUR SCHRIFTPOSITION MAX. 24 ZEICHEN JE ZEILE
C	**FETTDRUCK** AUCH INNERHALB EINER **ZEILE VOR JECER** ZEICHENSERIE EINSTELL-BAR.
c	NACH **FETTDRUCK** ZURUECK ZUM NORMALDRUCK.
b	VERAENDERN DER *SCHRIFTFORM* -MOEGLICH VOR JEDER ZEICHENSERIE.
F	VERAENDERN DER SCHRIFTDICKE BEI **FETTDRUCK.** BEI JEDER **ZEICHENSERIE** MOEGLICH.
a	ARBEITSFLAECHE RAHMEN.
G	SCHRIFTFORM BEIBEHALTEN -POSITION MIT PLOTTER
e	SCHRIFT IN BELIEBIGEM WINKEL-HIER 30 GRAD

Beispiel 8-1. Hochformat

Überschrift, Tabellenkopf, Tastenbezeichnungen und -funktionen werden als zum Teil miteinander verbundenen Einzelbeispielen kommentiert

TABELLE 8-1 BESCHRIFTEN
B E I S P I E L E

Anzeige	Eingabe	Taste	Kommentar
		XEQ "TEXTH" A	Programmstart
SCHR.-NEIGG.	0	RUN	
-BREITE	.6	RUN	Schriftform
-HOEHE	4	RUN	
STIFT	1	RUN	
R/S OD.TASTE		XEQ D	symmetrisch schreiben
R/S OD.TASTE			

Anzeige	Eingabe	Taste	Kommentar
		XEQ E	Koordinaten für Schriftposition
X	95	RUN	
Y	260	RUN	
R/S OD.TASTE		RUN	
TEXT	TABELLE 8-1 BESCHRIFTEN	RUN	
TEXT	B E I S P I E L E	RUN	

TASTEN *FUNKTIONEN*

Anzeige	Eingabe	Taste	Kommentar
		XEQ b	Wechsel der Schriftform
SCHR.-NEIGG.	15	RUN	
-BREITE	.5	RUN	
-HOEHE	3.5	RUN	
STIFT	1	RUN	
TEXT		XEQ D	symmetrisch schreiben
R/S OD.TASTE		XEQ E	Koordinaten f. Schriftposition
X	30	RUN	
Y	240	RUN	

Anzeige	Eingabe	Taste	Kommentar
R/S OD.TASTE		RUN	
TEXT	TASTEN	RUN	
TEXT		XEQ E	Koordinaten für Schriftposition
X	110	RUN	
Y	240	RUN	
R/S OD.TASTE		RUN	
TEXT	FUNKTIONEN	RUN	

A PROGRAMMSTART. ZEICHENSERIEN SCHLIESSEN EINZEILIG ANEINANDER AN. DIE SCHRIFTPOSITION WIRD MIT DEN PLOTTERTASTEN BESTIMMT.

Anzeige	Eingabe	Taste	Kommentar
		XEQ "TEXTH" A	Programmstart zum Löschen des symmetrischen Schreibens
SCHR.-NEIGG.	0	RUN	
-BREITE	.5	RUN	Schriftform
-HOEHE	3.2	RUN	
STIFT	1	RUN	

Anzeige	Eingabe	Taste	Kommentar
R/S OD.TASTE		XEQ E	Koordinaten für Schriftposition
X	30	RUN	
Y	230	RUN	
R/S OD.TASTE		RUN	
TEXT			

```
A    PROGRAMMSTART.ZEICH                                   XEQ B  zur nächsten Zeile
                    RUN                        TEXT
TEXT                     3 Zeichenserien          AN.DIE SCHRIFTPOSIT
ENSERIEN SCLIESSEN EIN   hintereinander                          RUN  3 zeichenserien
                    RUN                        TEXT                   hintereinander
TEXT                                           ION WIRD MIT DEN PLOTTER
ZEILIG ANEINANDER                                                RUN
                    RUN                        TEXT
                                               TASTEN BESTIMMT.
                                                                 RUN
```

```
        E    DIE SCHRIFTPOSITION WIRD DURCH EINGABE VON
             X- UND Y- KOORDINATEN BESTIMMT.
                  XEQ E  Koordinaten           TEXT
X                        für Schrift-
             30     RUN  position               WIRD DURCH EINGABE VON
Y                                                                RUN
            210     RUN                        TEXT
R/S OD.TASTE                                                   XEQ B  zur nächsten Zeile
                    RUN                        TEXT
TEXT                                                X- UND Y- KOORDINAT
E    DIE SCHRIFTPOSITION  2 Zeichenserien                        RUN
                    RUN   hintereinander       TEXT
                                               EN BESTIMMT.      RUN
                                               TEXT
```

```
        B    SPRUNG ZUR NAECHSTEN ZEILE <NUR BEI EINZEI-
             LIGEM SCHREIBEN ERFORDERLICH>.

                  XEQ E  Koordinaten f.        N ZEILE <NUR BEI EINZEI-
X                        Schriftposition                         RUN
             30     RUN                        TEXT
Y                                                              XEQ B  zur nächsten Zeile
            190     RUN                        TEXT
R/S OD.TASTE                                        LIGEM SCHREIBEN ERF
                    RUN                                          RUN
TEXT                                           TEXT
B    SPRUNG ZUR NAECHSTE                       ORDERLICH>.
                    RUN                                          RUN
TEXT
```

```
        D        SYMMETRISCH ZUR SCHRIFT-
                     POSITION SCHREIBEN
                  MAX.24 ZEICHEN JE ZEILE
                  XEQ E  Koordinaten f.        Y
X                        Schriftposition                   170   RUN
             30     RUN                        R/S OD.TASTE
Y                                                                RUN  3 Zeichenserien
            170     RUN                        TEXT                   in 3 Zeilen
R/S OD.TASTE                                   SYMMETRISCH ZUR SCHRIFT-
TEXT                     Text: D                                 RUN
D                   RUN                        TEXT
TEXT                                           POSITION SCHREIBEN
                  XEQ D  symmetrisch                             RUN
R/S OD.TASTE             schreiben             TEXT
                  XEQ E  Koordinaten f.        MAX.24 ZEICHEN JE ZEILE
X                        Schriftposition                         RUN
             75     RUN
```

d SCHRIFT RECHTSBUENDIG
ZUR SCHRIFTPOSITION
MAX.24 ZEICHEN JE ZEILE

```
              XEQ E   Koordinaten f.
X                     Schriftposition
          30    RUN
Y
         150    RUN
R/S OD.TASTE
                RUN
TEXT                  Text: d
d               RUN
TEXT
              XEQ d   rechtsbündig
R/S OD.TASTE          schreiben
```

```
                      XEQ E   Koordinaten f.
X                             Schriftposition
                100     RUN
Y
                150     RUN
R/S OD.TASTE
                        RUN
TEXT                          3 Zeichserien in
SCHRIFT RECHTSBUENDIG         3 Zeilen
                        RUN
TEXT
ZUR SCHRIFTPOSITION
                        RUN
TEXT
MAX.24 ZEICHEN JE ZEILE
                        RUN
```

C **FETTDRUCK** AUCH INNERHALB EINER **ZEILE**
VOR JEDER **ZEICHENSERIE EINSTELLBAR**

```
              XEQ "TEXTH"A  Programmstart z.
SCHR.-NEIGG.                Löschen des
           0    RUN         rechtsbündi-
-BREITE                     gen Schreibens.
          .5    RUN         Einzeilig
-HOEHE                      schreiben
         3.2    RUN         Schriftform
STIFT
           1    RUN
R/S OD.TASTE
              XEQ E
X                           Koordinaten f.
          30    RUN
Y                           Schriftposition
         130    RUN
R/S OD.TASTE
                RUN
TEXT                        Text: C
C               RUN
              XEQ C         Fettdruck
TEXT
              XEQ E         Koordinaten f.
X                           Schriftposition
          30    RUN
```

```
Y
                130     RUN
R/S OD.TASTE
                        RUN
TEXT
   FETTDRUCK            RUN
TEXT
                      XEQ c   Normaldruck
TEXT
AUCH INNERHALB EINER
                        RUN
TEXT
                      XEQ C   Fettdruck
TEXT
ZEILE                   RUN
TEXT
                      XEQ B   zur nächsten
TEXT                          Zeile
                      XEQ c   Normaldruck
TEXT
   VOR JEDER            RUN
TEXT
                      XEQ C   Fettdruck
TEXT
ZEICHENSERIE EINSTELL
                        RUN
TEXT
BAR                     RUN
TEXT
```

c NACH **FETTDRUCK** ZURUECK ZUM NORMALDRUCK.

```
TEXT
            XEQ E   Koordinaten f.
X                   Schriftposition
      30    RUN
Y
      110   RUN
R/S OD.TASTE
            RUN
TEXT
c    NACH           Text c
            RUN
TEXT
            XEQ C   Fettdruck
FETTDRUCK   RUN
TEXT
            XEQ c   Normaldruck
TEXT
ZURUECK ZUM NORMALDRUCK.
            RUN
```

b VERAENDERN DER *SCHRIFTFORM* -MOEGLICH VOR JEDER ZEICHENSERIE

```
TEXT
            XEQ E   Koordinaten f.
X                   Schriftposition
      30    RUN
Y
      90    RUN
R/S OD.TASTE
            RUN
TEXT
b    VERAENDERN DER
            RUN
TEXT
            XEQ b   verändern der
SCHR.-NEIGG.        Schriftform
      15    RUN
-BREITE
      .8    RUN
-HOEHE
      4     RUN
STIFT
      2     RUN
TEXT
 SCHRIFTFORM
            RUN
TEXT
            XEQ b   verändern der
SCHR.-NEIGG.        Schriftform
      0     RUN
-BREITE
      .5    RUN
-HOEHE
      3.2   RUN
STIFT
      1     RUN
TEXT
-MOEGLICH VOR
            RUN
TEXT
            XEQ B   zur nächsten
TEXT                Zeile
     JEDER ZEICHENSERIE
            RUN
```

F VERAENDERN DER SCHRIFTDICKE BEI **FETTDRUCK.** VOR JE-DER **ZEICHENSERIE** MOEGLICH.

```
            XEQ E   Koordinaten f.
X                   Schriftposition
      30    RUN
Y
      70    RUN
R/S OD.TASTE
            RUN
TEXT
F    VERAENDERN DER
            RUN
TEXT
            XEQ F   verändern der
SCHR.DICKE MM       Schriftdicke
      .8    RUN     bei Fettdruck
TEXT
SCHRIFTDICKE
            RUN
TEXT
 BEI        RUN
TEXT
            XEQ C   Fettdruck
TEXT
FETTDRUCK   RUN
TEXT
            XEQ c   Normaldruck
TEXT
,BEI JE-    RUN
TEXT
            XEQ B   zur nächsten
TEXT                Zeile
     DER    RUN
TEXT
```

```
                      XEQ F   verändern der      TEXT
SCHR.DICKE MM                 Schriftdicke       ZEICHENSERIE
                  .5    RUN   bei Fettdruck                        RUN
TEXT                                             TEXT
C
                      XEQ C   Fettdruck                        XEQ c   Normaldruck
                                                 TEXT
                                                  MOEGLICH.        RUN
```

a ARBEITSFLAECHE RAHMEN.

```
                                                                   RUN
                      XEQ E   Koordinaten f.     TEXT
X                             Schriftposition    a  ARBEITSFLAECHE RAHM
                  30    RUN                                        RUN
Y                                                TEXT
                  50    RUN                      EN.               RUN
R/S OD.TASTE
```

e

SCHRIFT IN BELIEBIGEM
WINKEL HIER 30 GRAD

```
                      XEQ E   Koordinaten f.                   XEQ E   Schriftposition
X                             Schriftposition    X
                  30    RUN                                100     RUN
Y                                                Y
                  22    RUN                                 22     RUN
R/S OD.TASTE                                     R/S OD.TASTE
                        RUN                                        RUN
TEXT                                             TEXT
e                       RUN                      SCHRIFT IN BELIEBIGEM
TEXT                                                               RUN
                      XEQ D   symmetrisch        TEXT
R/S OD.TASTE                  schreiben          WINKEL HIER 30 GRAD
                      XEQ e   Schriftwinkel                        RUN
SCHRIFT-∡                                        TEXT
                  30    RUN
R/S OD.TASTE
```

Beispiele 8-2 Querformat

Mehrfacher Wechsel der Schrift und der relativen Schriftposition, der Schriftform und zwischen Fett- und Normaldruck

```
              XEQ "TEXTQ" A  Programmstart
SCHR. NEIGG.
                   XEQ a     Umrahmung
SCHR. NEIGG.
            15       RUN
-BREITE                      Schriftform
            .8       RUN
-HOEHE
             6       RUN
STIFT
             1       RUN
R/S OD.TASTE
                   XEQ D     symmetrisch
R/S OD.TASTE                 schreiben
                   XEQ E     Koordinaten f.
 X                           Schriftpo-
           135       RUN     sition
 Y
           140       RUN
R/S OD.TASTE
                     RUN
TEXT
BEISPIELE - QUERFORMAT
                     RUN
TEXT
              XEQ "TEXTQ" A  Programmstart
SCHR. NEIGG.                 z.Löschen des
             0       RUN     symmetrisch-
-BREITE                      Schreibens
            .6       RUN     Schriftform
-HOEHE
             4       RUN
STIFT
             1       RUN
R/S OD.TASTE
                   XEQ E
 X                           Koordinaten f.
            40       RUN
 Y                           Schriftpo-
           120       RUN     sition
R/S OD.TASTE
                     RUN
TEXT
IN DIESEM            RUN
TEXT
                   XEQ b     Wechsel der
SCHR. NEIGG.                 Schriftform
            15       RUN
-BREITE
            .8       RUN
-HOEHE
             5       RUN
```

```
STIFT
                     1       RUN
TEXT                                 "TEXT" gesperrt
 T E X T                     RUN     beiderseits 2
TEXT                                 Leertasten
                           XEQ b     Wechsel der
SCHR. NEIGG.                         Schriftform
                     0       RUN
-BREITE
                    .6       RUN
-HOEHE
                     4       RUN
STIFT
                     1       RUN
TEXT
SIND DIE MEISTEN
                             RUN
TEXT
                           XEQ D     symmetrisch
R/S OD.TASTE                         schreiben
                           XEQ C     Fettdruck
TEXT

                           XEQ E
 X                                   Koordinaten für
                   135       RUN     Schriftposition
 Y
                   100       RUN
R/S OD.TASTE
                             RUN
TEXT
SCHREIBMOEGLICHKEITEN
                             RUN
TEXT
                           XEQ c     zurück zum
TEXT                                 Normaldruck
ZUSAMMENGEFASST
                             RUN
TEXT
                      XEQ "TEXTQ" A  Programmstart
SCHR. NEIGG.                         zum Löschen des
                     0       RUN     symmetrischen
-BREITE                              Schreibens
                    .6       RUN
-HOEHE                               Schriftform
                     4       RUN
STIFT
                     1       RUN
R/S OD.TASTE
                           XEQ E     Koordinaten für
 X                                   Schriftform
                    40       RUN
```

```
Y
                 80   RUN
R/S OD.TASTE
                      RUN
TEXT
DIE DIE PROGRAMME
                      RUN
TEXT
                    XEQ b    Wechsel der
SCHR. NEIGG.                 Schriftform
                  0   RUN
-BREITE
                 .6   RUN
-HOEHE
                  5   RUN
STIFT
                  1   RUN
TEXT
  T E X T H           RUN    "TEXT H" ge-
TEXT                         sperrt beider-
                      RUN    seits 2 Leer-
TEXT                         tasten
                    XEQ b    Wechsel der
SCHR. NEIGG.                 Schriftform
                  0   RUN
-BREITE
                 .6   RUN
-HOEHE
                  4   RUN
STIFT
                  1   RUN
```

```
TEXT
UND                   RUN
TEXT
                    XEQ b    Wechsel der
SCHR. NEIGG.                 Schriftform
                  0   RUN
-BREITE
                 .6   RUN
-HOEHE
                  5   RUN
STIFT
                  1   RUN
TEXT
  T E X T Q           RUN    TEXT Q gesperrt
TEXT                         beiderseits 2
                    XEQ B    Leertasten,zur
                             nächsten Zeile
                    XEQ b    Wechsel der
SCHR. NEIGG.                 Schriftform
                  0   RUN
-BREITE
                 .6   RUN
-HOEHE
                  4   RUN
STIFT
                  1   RUN
TEXT
BEREITHALTEN.
                      RUN
```

BEISPIELE – QUERFORMAT

IN DIESEM *T E X T* SIND DIE MEISTEN

SCHREIBMOEGLICHKEITEN
ZUSAMMENGEFASST

DIE DIE PROGRAMME T E X T H UND T E X T Q
BEREITHALTEN.

9 Koordinatensysteme

9.1 Überblick

Die Programme dieses Kapitels ermöglichen das präzise Zeichnen beliebiger rechtwinkliger Koordinatennetze und das Eintragen von Einzelpunkten, z.B. von Meßergebnissen und von Graphen expliziter Funktionen[1]. Außerdem lassen sich einzelne Skalen herstellen, die beispielsweise für Fluchtlinientafeln verwendet werden können. Die Skalierungsfunktionen für die nichtlinearen Achsen und die darzustellende Funktion werden als Unterprogramme an dafür vorgesehenen Stellen in die Koordinatennetzprogramme eingefügt. Das Schreiben und Einfügen solcher Unterprogramme wird eingehend erläutert. Es ist einfach und erfordert keine eingehenden Programmierkenntnisse.

9.2 Die Programme

LOGLOG[2] ermöglicht doppeltlogarithmische Netze. Erforderliche Speicherkapazität:171 Register, Restspeicherkapazität 52 Register.

LOGLIN ermöglicht Netze mit logarithmischer x- und linearer y-Achse. Erforderliche Speicherkapazität: 164 Register, Restspeicherkapazität 59 Register.

LINLOG ergibt Netze mit linearer x- und logarithmischer y-Achse. Erforderliche Speicherkapazität: 164 Register, Restspeicherkapazität 59 Register.

NETZ ermöglicht ohne Skalierungsunterprogramme lineare Netze. Mit Skalierungsunterprogrammen lassen sich Netze mit beliebiger Skalierung zeichnen. Erforderliche Speicherkapazität: 183 Register, Restspeicherkapazität 40 Register.

---

1) Möglichkeiten zum Darstellen impliziter Funktionen werden im folgenden Kapitel behandelt.

2) LOG im Programmnamen bedeutet dekadisch-logarith-

Bei allen 4 Programmen können beide oder auch nur eine Achse gegenläufig skaliert werden.

Innerhalb des maximalen Arbeitsbereichs des Plotters von 190 mm x 270 mm ist jede Diagrammposition und -größe einstellbar.

9.3 Begriffe und Erläuterungen

Diagrammposition und -größe. Diagrammursprung ist der Schnittpunkt von Ordinate und Abszisse bzw. von x- und y-Achse. Durch die Abstände x und y zwischen Ursprung und der linken und der unteren Begrenzung der Arbeitsfläche kann die Diagrammposition bestimmt werden. Voreingestellt sind x = 30 mm und y = 30 mm. Der Arbeitsbereich kann durch Umrahmung gekennzeichnet werden.

Die Diagrammgröße wird durch die Länge der Achsen bestimmt. Voreingestellt ist die x-Achse mit 230 mm und die y-Achse mit 150 mm.

Aneinandergrenzende Diagramme oder Skalen, z.B. für Nomogramme, erhält man durch entsprechende Wahl der Positionswerte x und y -Beispiele 9-4 und 9-8.

Die Schriftform ist durch die Schrift- bzw. Zeichenhöhe in mm und durch die Schrift- bzw. Zeichenbreite als Bruchteil der Zeichenhöhe gegeben. Schrifthöhe 5 mm und -breite 0,4 bedeutet 5 mm hohe und 2 mm breite Buchstaben.

Diagrammposition, -größe und Schriftform werden nach Betätigung von Taste I angefragt; Voreinstellungen, wenn Taste I nicht benutzt wird.

Skalierung. Die Skalen beider Achsen werden durch die Skalenanfangs- und -endwerte x-MIN, x-MAX, y-MIN, y-MAX und durch die Markierungsabstände x-DIF und y-DIF bestimmt. Diese Größen werden im folgenden auch Netzdaten genannt.

Logarithmische Skalierung: Hierbei müssen die Skalenanfangs- und im allgemeinen auch die -endwerte ganzzahlige Potenzen von 10 sein, z.B. 0,01 oder 10 000. Unzulässig sind 0 und negative Zahlen. Markierungsabstände brauchen bei logarithmischen Skalen nicht eingegeben zu werden.

Doppeltlineare Skalen ergibt das Programm NETZ, wenn es neu mit dem Barcode-Leser oder von einer Kassette in den Rechner übernommen und nicht durch Skalierungsunterprogramme verändert wird. Lineare Skalierungen stehen außerdem mit den Programmen LINH und LINQ zur Verfügung.

Beliebige Skalierungen können durch das Einfügen von Skalierungsunterprogrammen in das Programm NETZ realisiert werden -Abschnitt 9-5. Skalierungsfunktionen müssen im ganzen durch Skalenanfangs- und -endwert abgeschlossenen Intervall definiert und monoton sein.

Gegenläufig skalierte Achsen können mit allen 4 Programmen gezeichnet werden.
Die Bezifferung der Achsen wird entsprechend den eingegebenen Netzdaten automatisch ausgeführt. Bei sehr kleinen Markierungsabständen, wie sie z.B. bei nichtlinearen Skalen vorkommen können, muß vermieden werden, daß sich benachbarte Ziffern überdecken. Wenn auch eine besonders kleine Schrift nicht ausreicht, kann die Bezifferung abgeschaltet werden (Taste L). Man kann zunächst enge Markierungsabstände ohne Bezifferung wählen und anschließend vervielfachte mit Bezifferung.

Bei logarithmischen Skalen, die über viele Zehnerpotenzen gehen, empfiehlt es sich ebenfalls, die Bezifferung abzuschalten und nur die Grenzlinien zwischen ganzen Zehnerpotenzen zu beziffern.

Einzelne Skalen erhält man mit dem Programm NETZ (Taste F). Einzugeben sind die Schriftform für die Bezifferung, die Koordinaten für den Skalenanfang und die Skalierungsdaten für eine x-Achse -Beispiel 9-8.

Vervielfältigungen von Netzen sind verwendbar, wenn der Maßstab 1:1 exakt eingehalten werden kann, was leider bei vielen Kopiergeräten nicht gewährleistet ist. Außerdem muß die Position des Netzes auf dem Blatt genau dem Original gleichen.

9.4 Eintragen von Einzelpunkten und Funktionsgraphen

Hierbei bieten die Koordinatennetzprogramme besondere Vorteile, da sich das Aufsuchen genauer Punktpositionen, das vor allem bei nichtlinearen Skalen oft Mühe macht, erübrigt. Dem mit den Fähigkeiten eines Plotters noch nicht Vertrauten mutet es anfangs sogar eigenartig an, daß der Plotter das sonst zum Auffinden von Punktpositionen erforderliche Netz gar nicht braucht. Aus diesem Grunde gibt es für das Einzeichnen von Punkten und Graphen zwei Methoden

- Eingabe von Koordinaten direkt nach dem Zeichnen des Netzes bzw. wenn die Netzdaten bereits gespeichert sind -oder
- der Computer fordert vor der Koordinateneingabe erst Netzdaten an -ohne jedoch ein Netz zu zeichnen.

Die zweite Methode eignet sich besonders bei Verwendung vervielfältigter Netze.

Einzelpunkte werden mit ihren Koordinaten x und y eingegeben. Die Punkte werden präzise positioniert und miteinander verbunden. Werden mehrere Punktserien oder Funktionsverläufe in ein Netz gezeichnet, so können sie durch verschiedene Punktzeichen und Linientypen, die durch Codeziffern eingegeben werden, unterschieden werden -Tabellen 9-1 und 9-2. Das Punktzeichen + hat z.B. die Codeziffer 43. Linientyp 2 zeichnet nur Punkte ohne sie zu verbinden und ist zu verwenden, wenn Punkte mit dem Kurvenlineal verbunden werden sollen oder wenn durch eine Punktmenge aus Meßergebnissen eine Kurve zu legen ist. (Der Plotter zeichnet nur gerade Verbindungslinien.)

Tabelle 9-1

LINIENTYPEN

Tabelle 9-2

PLOTTER-ZEICHENCODES

Code-nummer	Zeichen	Code-nummer	Zeichen	Code-nummer	Zeichen	Code-nummer	Zeichen
32	SPACE	56	8	80	P	104	h
33	!	57	9	81	Q	105	i
34	"	58	:	82	R	106	j
35	#	59	;	83	S	107	k
36	$	60	<	84	T	108	l
37	%	61	=	85	U	109	m
38	&	62	>	86	V	110	n
39	'	63	?	87	W	111	o
40	(	64	@	88	X	112	p
41	)	65	A	89	Y	113	q
42	*	66	B	90	Z	114	r
43	+	67	C	91	[	115	s
44	,	68	D	92	\	116	t
45	-	69	E	93	]	117	u
46	.	70	F	94	^	118	v
47	/	71	G	95	_	119	w
48	0	72	H	96	`	120	x
49	1	73	I	97	a	121	y
50	2	74	J	98	b	122	z
51	3	75	K	99	c	123	{
52	4	76	L	100	d	124	¦
53	5	77	M	101	e	125	}
54	6	78	N	102	f	126	~
55	7	79	O	103	g	127	⊢

Während die kleinen Punkte des Linientyps 2 sehr genau eingetragen werden, sitzen die Punktzeichen leider nicht so exakt.

Das automatische Berechnen und Zeichnen von Funktionsgraphen setzt voraus, daß die darzustellende Funktion als Unterprogramm an einer dafür vorgesehenen Stelle in eines der 4 Koordinatennetzprogramme eingefügt wird. Die dazu erforderlichen Schritte werden in den folgenden Abschnitten ausführlich beschrieben. Einzugeben sind dann der Anfangs- und der Endwert des darzustellenden Intervalls der unabhängigen Variablen x-1 und x-2 sowie das Inkrement D-X, das die Abszissenabstände zur Bestimmung von Funktionswerten festlegt. Bei Funktionen mit mehreren Variablen kann eine als Parameter bestimmt werden. Durch Eingeben verschiedener Parameterwerte lassen sich leicht Kurvenscharen zeichnen.

Digitalausgabe von Funktionswerten ist unter Umständen angebracht, um Skalierungsdaten für ein Netz, in das der Funktionsverlauf später eingetragen werden soll, vorherzubestimmen.

9.5 Schreiben und Einfügen von Unterprogrammen für Skalierung und Funktionsdarstellung

Alle Programme dieses Kapitels enthalten das Testprogramm LBL F, RCL 53, RCL 56, y^x, RTN, mit dem Graphen von Exponentialfunktionen $y = x^n$ berechnet und gezeichnet werden können. Vor dem Einfügen von Unterprogrammen anderer Funktionen muß das Testprogramm entfernt werden, so daß lediglich die Programmanweisungen LBL F, RTN übrigbleiben. Dazwischen sind die Berechnungsanweisungen der neuen Funktion einzufügen -Beispiele 9-1, 9-3, 9-6. Der unabhängigen Variablen x ist der Speicher 53 zuzuordnen. Falls noch ein Parameter berücksichtigt werden soll, wie bei der Testfunktion, so ist hierfür der Speicher 56 zu verwenden. Für Ausdrücke mit mehreren Variablen stehen darüber hinaus die Speicher 1 bis 15 zur Verfügung.

Das Programm NETZ enthält zusätzlich die Programmteile LBL X, STO 59, RTN und LBL Y, STO 60, RTN. Hier können Skalierungsfunktionen für die x- und y-Achse eingefügt werden. Für die unabhängige Variable sind die Speicher 59 bzw. 60 zu verwenden; für eventuelle weitere Größen stehen die Speicher 1-15 zur Verfügung -Beispiel 9-3.

9.6 Programmieren[1)]

Die hier vorgestellte Methode entspricht weitgehend den Manipulationen, die vom Rechnen mit HP-Taschenrechnern her bekannt sind.

Löschen der Testfunktion:

TASTEN	Anzeige	Kommentar
A	R/S OD. TASTE	
USER	R/S OD. TASTE	USER-Indikator aus
*,GTO,ALPHA, F, ALPHA	0 +)	zum Label F
PRGM	LBL F	Programm-Modus
SST	RCL 53	schrittweise bis zur
SST	RCL 56	Anweisung y^x
SST	y^x	
→	RCL 56	löschen von y^x
→	RCL 53	löschen von RCL 56

+) oder eine andere Zahl

Regeln für das Programmieren

-Rechenoperationen mit zwei Zahlen. Zuerst die Zahlen eingeben, dann den Operator; die Zahlen durch ENTER trennen, z.B. 3 · 4; 3, ENTER 4,· . Steht 3 im Speicher 07 und 4 im Speicher 08, so rechnet man RCL 07, RCL 08,

1) Vor allem für Leser, die mit dem Programmieren des HP 41 nicht vertraut sind

- Rechenoperationen mit einer Zahl. Zuerst die Zahl, dann den Operator eingeben, z.B. $\sqrt{9}$; 9, $\sqrt{x}$. Steht 9 im Speicher 05, so rechnet man RCL 05, $\sqrt{x}$.
- Kettenrechnungen. Zwischenergebnisse merkt sich der Rechner immer, wenn nach einer Ergebnisanzeige die nächste Zahl eingegeben wird. 3 · 4 - (7-5) rechnet man 3, ENTER, 4, ·, 7, ENTER 5, -, - und 3 · 4 - 7 - 5 3, ENTER 4, ., 7, -, 5, - und 3 . 4 - $\sqrt{9}$ 3, ENTER, 4, · , 9, $\sqrt{x}$, - .
- Programm. Damit eine Rechnung automatisch ausgeführt wird, muß eine solche Tastenfolge zwischen ein Label und ein RTN eingefügt werden. Um den Ausdruck $x^2 \cdot a + b/x - \sqrt{x}/(4 \cdot b \cdot x^3)$ zur Verwendung in einem der Koordinatennetz-Unterprogramme zu programmieren, müssen die vorkommenden Größen zunächst bestimmten Speichern zugeordnet werden. Mit Speicher 53 für x, 56 für den Parameter a und 01 für b und mit F als Label ergibt sich folgendes Programm:

```
♦LBL F
 RCL 53
 X↑2
 RCL 56
 *
 RCL 01
 RCL 53
 /
 +
 RCL 53
 SQRT(= √x )
 4
 /
 RCL 01
 /
 RCL 53
 3
 Y↑X
 /
 -
 STOP
```

LBL F, RCL 53 und RTN brauchen, da in den Hauptprogrammen schon vorhanden, nicht eingegeben zu werden.

Weitere derartige Programme findet man in den Beispielen 9-1, 9-3 und 9-6.

9.7 Benutzerhilfen

Die Bedienungsweise der 4 Koordinatennetzprogramme ist weitgehend gleich. In der Tabelle 9-3 sind die zum Zeichnen und in der Tabelle 9-4 die zum Beschriften verfügbaren Funktionen zusammengefaßt.

Tabelle 9-3 Zeichnen

Tasten	Funktionen	Beisp.
A	Programmstart, Eingabe Skalenbereiche, Markierungsabstände oder Zugang zu anderen Möglichkeiten. Definitionsbereiche der Skalierungsfunktionen beachten.	9-1 bis 9-7
*A	Arbeitsbereich 190 mm x 270 mm rahmen	9-1 9-3 9-8
B	Eintragen von einzelnen Punkten in ein vorhandenes Netz bzw., wenn die Netzdaten bereits gespeichert sind. Wahl von Stift, Linientyp und Punktkennzeichen (Tabellen 9-1 und 9-2)	9-4 9-7
*B	Wie B. Vor den Koordinaten der Punkte werden jedoch die Netzdaten angefordert. Es wird kein Netz gezeichnet.	--
C	Automatisches Zeichnen einer zuvor hinter Label F programmierten expliziten Funktion in ein vorhandenes Netz bzw. wenn die Netzdaten bereits gespeichert sind. Eingabe von x-Intervall und -Inkrement und eventuell eines Parameters, Linientyp, Punktkennzeichen (Tabellen 9-1 und 9-2) und Stift	9-1 9-2 9-3 9-5 9-6
*C	Wie C. Vor den Funktionsdaten werden jedoch die Netzdaten angefordert. Es wird kein Netz gezeichnet	9-2
H	Funktionswerte nur digital ausgeben. Eingabe wie bei C	9-1
I	Schriftform, Stift, Diagrammposition und Format wählbar	9-1 bis 9-3 9-5 und 9-6

Tasten	Funktionen	Beispiele
Q	Gegenläufige x-Achse	9-2 9-4
U	Gegenläufige y-Achse	9-2 9-3
J	Nachkommastellen für x- u/o y-Achsenbezifferung	9-3 9-4 9-5 9-6
L	Achsen oder Skalen nicht beziffern	9-3
M	Statt Netzlinien kurze Skalenmarkierungen	9-2
F	Einzelskala. Eingabe: Skalenanfangskoordinaten, Skalierungsdaten für eine x-Achse. Zuvor muß das Programm einer Skalierungsfunktion für die x-Achse eingegeben werden	9-8
G	Ablegen des Zeichenstiftes	-

Tabelle 9- 4 Beschriften

Tasten	Funktionen	Beispiele
D	x- und y-Achse kennzeichen	9-1 bis 9-7
*D	Unterschrift; Thema der Grafik	9-1 9-3
E	Schrift linksbündig zu einer mit den Plottertasten wählbaren Anfangsposition. Zeichenserien mit max. 24 Zeichen. Nach dem mit R/S auslösbaren Drucken fortsetzen der Zeile. Wahl von Stift und Schriftform	9-1 bis 9-7
*E	Wie E, jedoch nach dem mit R/S auslösbaren Drucken - Sprung zum nächsten Zeilenanfang	9-4
O	Wie E, jedoch beibehalten des zuletzt gewählten Stifts und der Schriftform	9-2 9-4 9-5 9-7

9.8 Beispiele

Vor dem Benutzen der Programme LOGLOG, LOGLIN, LINLOG und NETZ empfiehlt es sich je nach Vertrautheit mit den Geräten und den Programmen in den Kapiteln 2 und 3 sowie in diesem Kapitel anhand der hervorgehobenen Stichworte diejenigen Abschnitte nachzulesen, über die man noch nicht oder nicht mehr ausreichend Bescheid weiß. Die Beispiele demonstrieren die wichtigsten Anwendungsmöglichkeiten dieser Programme. Zugleich kann der Benutzer beobachten, wie sich die in den Tabellen 9-3 und 9-4 angegebenen Tastenfunktionen und seine Eingaben auswirken. Durch Nachvollziehen der Beispiele wird er am schnellsten mit dem System vertraut.

An folgende Vorbereitungen und Regeln wird erinnert:

- Geräte konfigurieren und Stromversorgung sichern
  - Kapitel 2; Bild 2-1
- Vorbereiten von Rechner und Plotter
  - Kapitel 2
- Beim Ausführen der Beispiele das in den Druckerprotokollen vor den Tastenbezeichnungen stehende XEQ weglassen: statt XEQ A also A drücken und statt XEQ b *B drücken
- Texteingaben durch Betätigen von ALPHA beenden, falls ALPHA nicht von selbst aus der Anzeige verschwindet
- Nach jeder Eingabe erst die nächste Eingabeaufforderung abwarten
- * = gelbe Taste

Beispiel 9-1. Programm NETZ

Darstellung der Funktion $y = (5-x)^n - 3$

mit n= 2 und n = 3 für $1 \leqq x \leqq 9$ und

mit n = 4 für $2 \leqq x \leqq 8$

in einem linearen Koordinatennetz mit quadratischem Format.

Lösungsweg

Aktivieren des Programms NETZ

Löschen des Unterprogramms der Funktion $y = x^n$ aus dem Programm NETZ

Einfügen des Unterprogramms der darzustellenden Funktion

Sicherstellen der linearen Skalierung

Ermitteln der Skalierungsgrößen

Zeichnen des Koordinatennetzes

Eintragen der Funktionsverläufe

Durchführung

- Aktivieren des Programms NETZ entspr. Kapitel 3
- Löschen des Unterprogramms der Funktion $y=x^n$

Tastenfolge	Anzeige	Bemerkungen
A	R/S OD. TASTE	Programmstart
USER	R/S OD. TASTE	USER-Indikator aus
GTO,ALPHA, F, ALPHA	0	
PRGM	LBL F	PRGM-Indikator an
SST	RCL 53	
SST	RCL 56	Löschen des Programms
SST	y^x	$y = x^n$
←	RCL 56	
←	RCL 53	

- Eingeben des Unterprogramms von $y = (5-x)^n - 3$
  Für x ist Speicher 53 für n Speicher 56 zu verwenden:

PRGM	PRGM-Indikator an		♦LBL F
5			5
RCL 53		Vollständiges	RCL 53
-		Unterprogramm	-
RCL 56			RCL 56
Y↑X			Y↑X
3			3
-			-
			RTN

- Die lineare Skalierung bleibt im Barcode oder auf der Kassette stets unverändert. Sie ist daher immer gewährleistet, wenn das Programm NETZ von neuem in den Computer übernommen wird.
- Zum Bestimmen der Skalenanfangs- und -endwerte der y-Achse können Funktionswerte im vorgesehenen x-Intervall berechnet werden. (Der Plotter muß dabei eingeschaltet sein.)

XEQ "NETZ"	Programmstart		
R/S OD.TASTE		4.000000	
XEQ H	Funktionsberechnung mit n=4	-2.000000	
X-1	Digitalausgabe d.Ergebnisse		
2.000000 RUN		5.000000	
X-2	x-Intervall	-3.000000	
8.000000 RUN			
D-X		6.000000	
1.000000 RUN		-2.000000	
PARAMETER			
4.000000 RUN	hier Exponent n	7.000000	
2.000000	Ergebnisse	13.000000	
78.000000			
		8.000000	
3.000000		78.000000	y-MAX
13.000000			
XEQ H	Funktionsberechnung mit n=3	4.000000	
X-1		-2.000000	
2.000000 RUN			
X-2	x-Intervall	5.000000	
8.000000 RUN		-3.000000	
D-X			
1.000000 RUN	x-Inkrement	6.000000	
PARAMETER		-4.000000	
3.000000 RUN			
2.000000	Ergebnisse	7.000000	
24.000000		-11.000000	
3.000000		8.000000	
5.000000		-30.000000	y-MIN

Zeichnen des Koordinatensystems und Eintragen der Funktionsverläufe

		XEQ "NETZ"	Programmstart
R/S OD.TASTE			
		XEQ a	umrahmen
R/S OD.TASTE			
		XEQ I	Formatwahl
SCHRIFTBREITE	.6	RUN	Schriftform
-HOEHE	3.5	RUN	
X	60	RUN	Koordinaten d. Diagramm-Ursprungs (Abstände v.der Umrahmung)
Y	30	RUN	
LG.X-ACHSE	150	RUN	Längen der Achsen
LG.Y-ACHSE	150	RUN	
R/S OD.TASTE		RUN	
X-MIN	0	RUN	Skalierung der x-Achse
X-MAX	10	RUN	
X-DIF	1	RUN	
Y-MIN	-30	RUN	Skalierung der y-Achse
Y-MAX	80	RUN	
Y-DIF	10	RUN	
		XEQ C	Funktionsverlauf zeichnen
LINIENTYP		RUN	Entscheidung für die Voreinstellungen
PKT.ZEICHEN		RUN	
STIFT?		RUN	
X-1	1	RUN	x-Intervallgrenzen
X-2	9	RUN	
D-X	.25	RUN	x-Inkrement
PARAMETER	2	RUN	n=2
		XEQ C	Funktionsverlauf zeichnen
LINIENTYP	5	RUN	entspr. Tab.9-2
PKT.ZEICHEN	42	RUN	
STIFT?	2	RUN	rechter Stift
X-1	1	RUN	x-Intervallgrenzen
X-2	8	RUN	
D-X	.25	RUN	x-Inkrement
PARAMETER	3	RUN	n=3
		XEQ C	Funktionsverlauf zeichnen
LINIENTYP	6	RUN	entspr.Tab. 9-2
PKT.ZEICHEN	43	RUN	
STIFT?	1	RUN	linker Stift
X-1	2	RUN	x-Intervallgrenzen
X-2	8	RUN	
D-X	.25	RUN	x-Inkrement
PARAMETER	4	RUN	n=4
		XEQ D	Kennzeichnung der Achsen
Y-TEXT Y		RUN	
X-TEXT X		RUN	
		XEQ d	Unterschrift
SCHRIFTBREITE	.7	RUN	Schriftform
-HOEHE	4.5	RUN	
STIFT	2	RUN	rechter Stift
TEXT Y=(5-X)↑N-3		RUN	
		XEQ E	Kennzeichnung d.3 Funktionsverläufe linker STift
STIFT	1	RUN	
SCHRIFTBREITE	.6	RUN	Schriftform
-HOEHE	3.5	RUN	1)
TEXT N=4		RUN	
TEXT			
		XEQ E	
STIFT	1	RUN	wie oben

```
SCHRIFTBREITE
                .6    RUN
-HOEHE
               3.5    RUN 1)
TEXT
N=2                   RUN
TEXT
                    XEQ E
STIFT
                 1    RUN       wie oben
SCHRIFTBREITE
                .6    RUN
-HOEHE
               3.5    RUN 1)
TEXT
N=3                   RUN
```

1) Wird ENTER POINT angezeigt -mit dem Plotter die gewünschte Stiftposition wählen und am Plotter ENTER drücken.

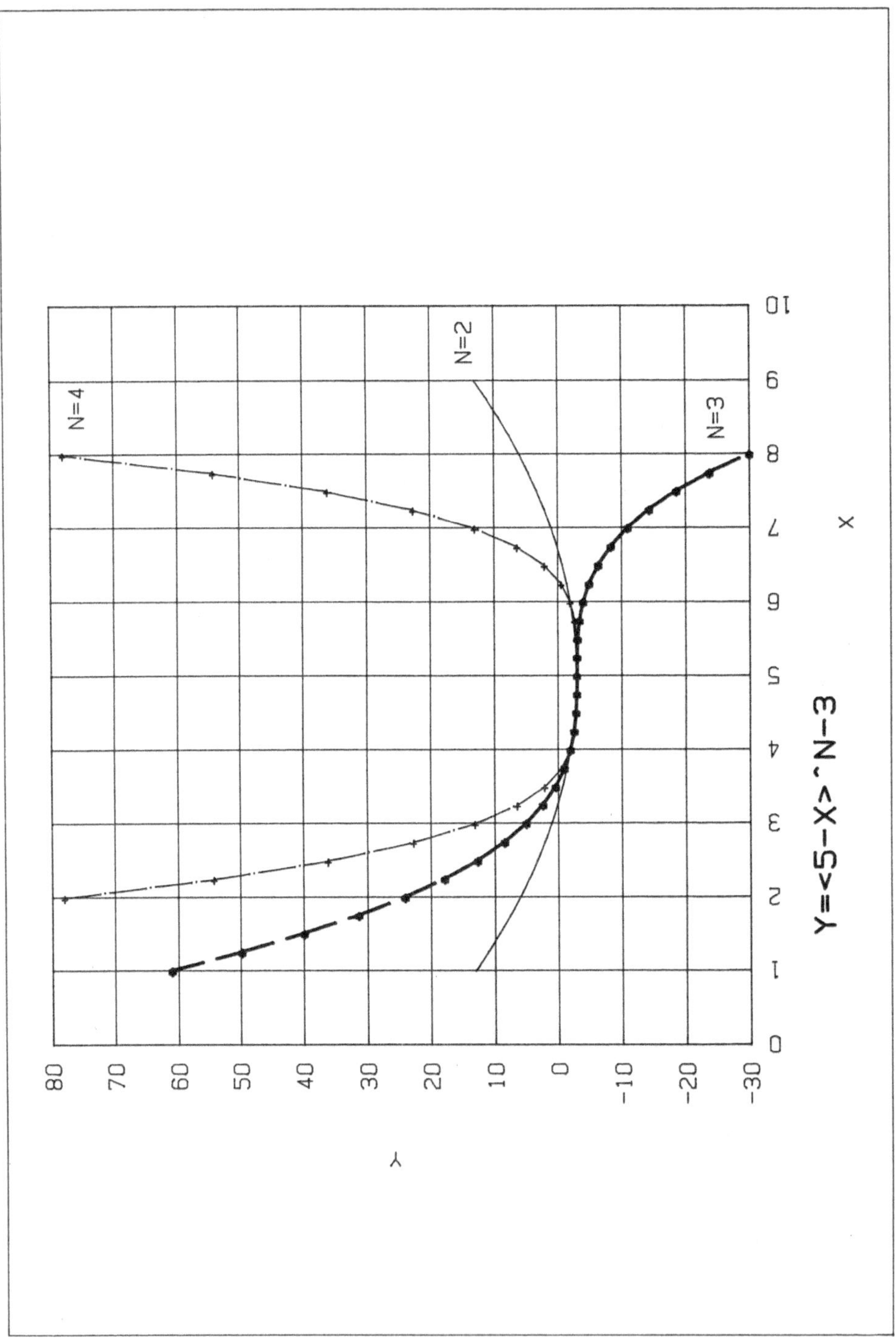
N=4
N=2
N=3
X
Y
Y=<5-X>^N-3
0
1
2
3
4
5
6
7
8
9
10
80
70
60
50
40
30
20
10
0
-10
-20
-30

Beispiel 9-2. Programm NETZ
Darstellung einer Funktion - hier $y=x^2$ -

- einmal in einem Koordinatensystem mit normal skalierten Achsen und kurzen Markierungsstrichen und
- einmal in einem gleich großen System mit gegenläufiger Skalierung beider Achsen, jedoch ohne die Achsen zu zeichnen.

Lösung: Wenn das Programm NETZ von neuem in den Computer übernommen wird, werden die Achsen linear skaliert und das Unterprogramm $y=x^n$ ist verfügbar.

Anzeige	Eingabe	Taste	Bemerkung
		XEQ "NETZ"	Programmstart f. linkes Diagramm
R/S OD.TASTE		XEQ "M"	kurze Skalenmarkierungen
R/S OD.TASTE		XEQ I	Formatwahl
SCHRIFTBREITE	.5	RUN	
-HOEHE	3	RUN	Schriftform
X	30	RUN	Koordinaten des diagramm-Ursprungs
Y	40	RUN	
LG.X-ACHSE	100	RUN	Längen der Achsen
LG.Y-ACHSE	100	RUN	
R/S OD.TASTE		RUN	
X-MIN	-6	RUN	Skalierung der Achsen
X-MAX	6	RUN	
X-DIF	2	RUN	

Anzeige	Eingabe	Taste	Bemerkung
Y-MIN	-2	RUN	Skalierung der y-Achse
Y-MAX	26	RUN	
Y-DIF	4	RUN	
		XEQ C	Funktionsverlauf zeichnen
LINIENTYP		RUN	Entscheidung f. Voreinstellungen
PKT.ZEICHEN		RUN	
STIFT?	2	RUN	rechter Stift
X-1	-5	RUN	Intervallgrenzen für x
X-2	5	RUN	
D-X	.5	RUN	x-Inkrement
PARAMETER	2	RUN	n=2

	XEQ D	
Y-TEXT		Kennzeichnung
Y	RUN	
X-TEXT		der Achsen
X	RUN	
	XEQ "NETZ" A	Programmstart
R/S OD.TASTE		f.rechtes Diagr.
	XEQ "Q"	
R/S OD.TASTE		
	XEQ "U"	gegenläuf.
R/S OD.TASTE		y-Achse
	XEQ I	Formatwahl
SCHRIFTBREITE		
	.5 RUN	
-HOEHE		Schriftform
	3 RUN	
X		
	160 RUN	Koordinaten d.
Y		Diagrammurspr.
	40 RUN	
LG.X-ACHSE		
	100 RUN	
LG.Y-ACHSE		Längen der
	100 RUN	Achsen
R/S OD.TASTE		
	XEQ c	Funktion ohne
LINIENTYP		Achsen zeichnen
	RUN	Entscheidung f.
PKT.ZEICHEN		Voreinstellungen
	RUN	
R/S OD.TASTE		
	RUN	
X-MIN		
	-6 RUN	
X-MAX		Skalierung der
	6 RUN	x-Achse
X-DIF		
	2 RUN	
Y-MIN		
	-2 RUN	
Y-MAX		Skalierung der
	26 RUN	y-Achse
Y-DIF		
	4 RUN	
STIFT?		
	2 RUN	rechter Stift

X-1		
	-5 RUN	Intervallgrenzen für x
X-2		
	5 RUN	
D-X		
	.5 RUN	x-Inkrement
PARAMETER		
	2 RUN	n=2
	XEQ D	
Y-TEXT		Kennzeichnung
Y	RUN	der Achsen
X-TEXT		
X	RUN	
	XEQ E	Unterschrift m. Wahl d.Schriftposition 1)
STIFT		
	2 RUN	rechter Stift
SCHRIFTBREITE		
	.6 RUN	
-HOEHE		Schriftform
	4 RUN	
TEXT		
Y=X↑2 NORMALE SKALIERUNG		
	RUN	
TEXT		
	XEQ "O"	neue Schriftposition ohne Stift-u.Schriftformwahl 1)
TEXT		
Y=X↑2 GEGENLAEUFIGE SKAL	RUN	
TEXT		
IERUNG	RUN	
TEXT		
	XEQ E	Unterschirft m. Wahl der Schriftposition rechter Stift 1)
STIFT		
	1 RUN	
SCHRIFTBREITE		
	.5 RUN	
-HOEHE		Schriftform
	2.5 RUN	
TEXT		
JEDOCH OHNE DIE SKALEN Z	RUN	
TEXT		
U ZEICHNEN	RUN	

1) Wird ENTER POINT angezeigt - mit dem Plotter die gewünschte Stiftposition wählen und ENTER am Plotter drücken.

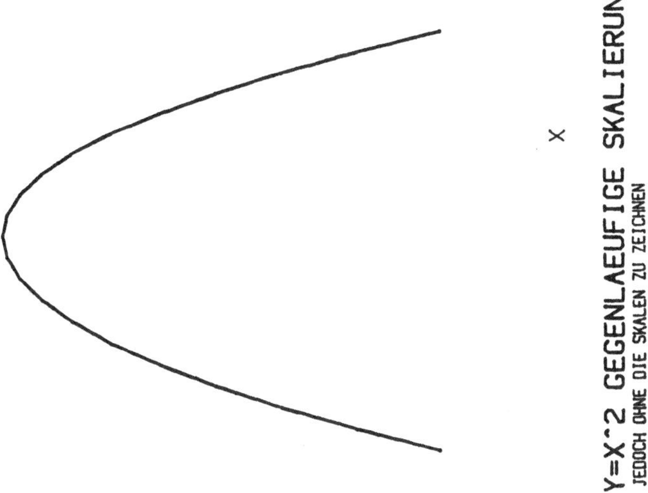
X
Y=X^2 GEGENLAEUFIGE SKALIERUNG
JEDOCH OHNE DIE SKALEN ZU ZEICHNEN

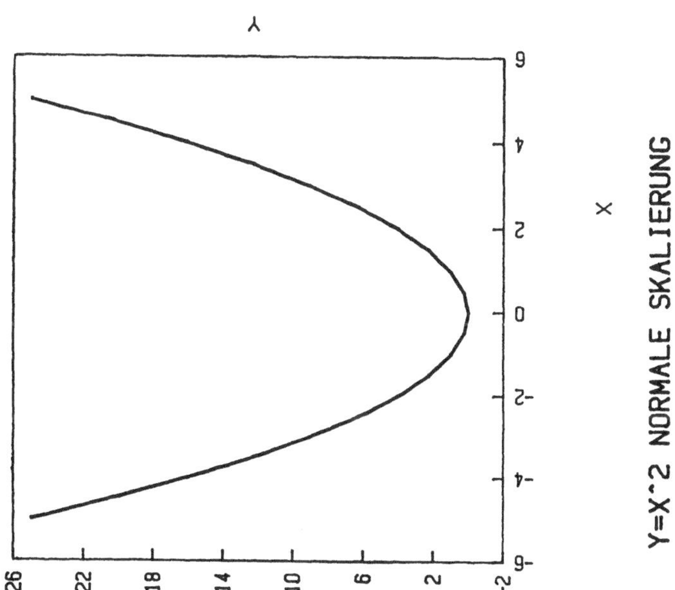
Y
26
22
18
14
10
6
2
-2
-6
-4
-2
0
2
4
6
X
Y=X^2 NORMALE SKALIERUNG

Beispiel 9-3. Programm NETZ

Eintragen zweier Funktionen - hier sin x und cos x - für $0 \leqq x \leqq 360^\circ$ in ein Koordinatensystem mit gegenläufiger y-Achse und nicht linear skalierter x-Achse. Skalierungsfunktion $t = 3x^2 + 2x + 1$. Wegen des am Anfang der x-Achse sehr engen Netzlinienabstandes soll nur jede zweite Netzlinie beziffert werden.

Lösungsweg:

- Programmieren und Eingeben der Skalierungsfunktion und der ersten darzustellenden Funktion - sin x
- Festlegen der Skalierungsgrößen
- Zeichnen des Koordinatennetzes
- Eintragen der Funktion sin x
- Programmieren und Eingeben der zweiten darzustellenden Funktion -cos x
- Eintragen der Funktion cos x

Durchführung

- Aktivierung des Programms NETZ entspr. Kapitel 3
- Löschen des Unterprogramms der Funktion $x=y^n$ wie beim Beispiel 9-1. Eingeben des Unterprogramms y = sin x. Für x ist Speicher 53 zu verwenden.

```
RCL 53
  SIN
```

```
♦LBL F
 RCL 53
 SIN
 RTN
```

vollständiges Unterprogramm

In analoger Weise ist nach dem Eintragen der Funktion y=sin x das Unterprogramm für y = cos x einzugeben.

Eingeben der Skalierungsfunktion $t = 3x^2 + 2x + 1$

Tastenfolge

GTO, ALPHA, x, ALPHA

PRGM - Anzeige LBL X

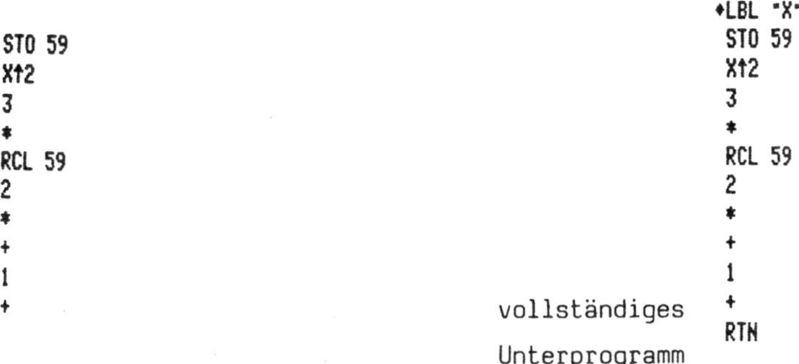

Skalierungsgrößen

x-MIN = 0; x-MAX = 360; x-DIF = 30 (für alle x-Markierungen)
x-DIF = 60 (für bezifferte x-Markierungen)

y=MIN = -1,2; y-MAX = 1,2; y-DIF = 0,2

Anzeige	Eingabe	Taste	Bemerkung
		XEQ "NETZ"	Programmstart
R/S OD.TASTE			
		XEQ a	umrahmen
R/S OD.TASTE			
		XEQ "L"	keine Achsen-bezifferung
R/S OD.TASTE			
		XEQ "U"	gegenläuf. y-Achse
R/S OD.TASTE			
		RUN	
X-MIN			
	0	RUN	1.enge Skalie-rung der x-Achse
X-MAX			
	360	RUN	
X-DIF			
	30	RUN	
Y-MIN			
	-1.2	RUN	vorläufige Skalierung der y-Achse
Y-MAX			
	1.2	RUN	
Y-DIF			
	1.2	RUN	
		XEQ "NETZ"A	Programmstart
R/S OD.TASTE			
		XEQ J	Kommastellen für Achsenbe-zifferung
X-KOMMAST.			
	0	RUN	
Y-KOMMAST.			
	1	RUN	
R/S OD.TASTE			
		XEQ "U"	gegenläuf. y-Achse
R/S OD.TASTE			
		RUN	
X-MIN			
	0	RUN	2. weite Ska-lierung der x-Achse mit Bezifferung
X-MAX			
	360	RUN	
X-DIF			
	60	RUN	
Y-MIN			
	-1.2	RUN	
Y-MAX			Skalierung der y-Achse
	1.2	RUN	
Y-DIF			
	.2	RUN	
		XEQ C	Plotten von sin x
LINIENTYP			
		RUN	Entscheidung f. Voreinstellungen
PKT.ZEICHEN			
		RUN	
STIFT?			
	2.0	RUN	rechter Stift
X-1			
	0.0	RUN	x-Intervall-grenzen
X-2			
	360.0	RUN	
D-X			
	10.0	RUN	x-Inkrement
PARAMETER			

Anzeige	Eingabe	Taste	Bemerkung
		RUN	Hier im Funkt.-Programm sin gegen cos wechseln
		XEQ C	Plotten von cos x
LINIENTYP			
	4.0	RUN	
PKT.ZEICHEN			
		RUN	
STIFT?			
	2.0	RUN	rechter Stift
X-1			
	0.0	RUN	x-Intervall-grenzen
X-2			
	360.0	RUN	
D-X			
	10.0	RUN	x-Inkrement
PARAMETER			
		RUN	
		XEQ D	Achsen kenn-zeichnen
Y-TEXT			
Y		RUN	
X-TEXT			
GRAD		RUN	
		XEQ d	Unterschrift
SCHRIFTBREITE			
	.7	RUN	Schriftform
-HOEHE			
	3.5	RUN	
STIFT			
	2.0	RUN	rechter Stift
TEXT			
SIN- U.COS- FUNKTION		RUN	
TEXT			
IN NICHTLINEAREN NETZ			
IN NICHTLINEAREM NETZ		RUN	
TEXT			
		XEQ E	Schriftposition durch Plotter wählen
STIFT			
	1.0	RUN	linker Stift
SCHRIFTBREITE			
	.6	RUN	Schriftform
-HOEHE			
	3.0	RUN	
TEXT			
Y=SIN X		RUN	
TEXT			
		XEQ E	Schriftposition durch Plotter wählen
STIFT			
	1.0	RUN	linker Stift
SCHRIFTBREITE			
	.6	RUN	Schriftform
-HOEHE			
	3.0	RUN	
TEXT			
Y=COS X		RUN	

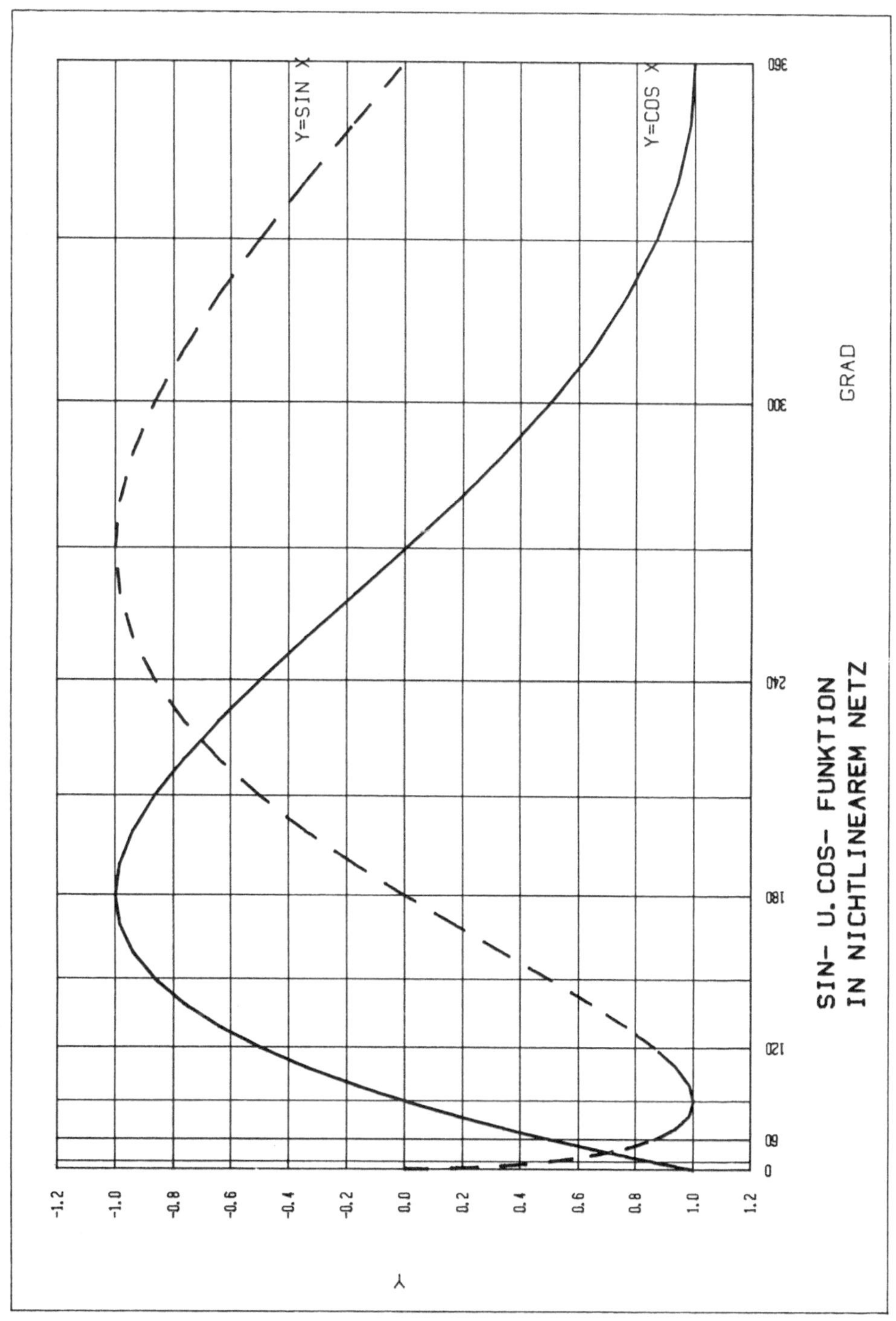
SIN- U.COS- FUNKTION
IN NICHTLINEAREM NETZ
Y=SIN X
Y=COS X
GRAD
Y
-1.2 -1.0 -0.8 -0.6 -0.4 -0.2 0.0 0.2 0.4 0.6 0.8 1.0 1.2
0 60 120 180 240 300 360

Beispiel 9-4. Programm NETZ

Anfertigen eines Nomogramms bestehend aus zwei benachbarten Diagrammen, eins davon mit gegenläufiger x-Achse. Eintragen von Geraden zwischen Diagrammursprung und Punkten, die durch ihre Koordinaten bestimmt sind. Verschiedene Beschriftungen.

Bemerkungen zur Durchfürhung

Wenn das Programm NETZ neu in den Computer übernommen wird, braucht es für dieses Beispiel nicht verändert zu werden. Andernfalls müssen die Skalierungsunterprogramme auf die Formen LBL X, STO 59, RTN und LBL Y, STO 60, RTN gebracht werden. Das Programm für darzustellende Funktionen wird nicht benötigt.

Im Druckerprotokoll ist für jedes Diagramm nur die Eingabe zum Zeichnen und Beschriften von zwei der Parametergeraden wiedergegeben.

Ausdruck	Eingabe	Bemerkung
	XEQ "NETZ" A	Programmstart für das linke Diagramm
R/S OD.TASTE		
	XEQ J	
X-KOMMAST.		
	1 RUN	Wahl der Kommastellen
Y-KOMMAST.		
	0 RUN	
R/S OD.TASTE		
	XEQ "Q"	gegenl.x-Achse
R/S OD.TASTE		
	XEQ I	Formatwahl
SCHRIFTBREITE		
	.4 RUN	
-HOEHE		Schriftform
	3.2 RUN	
X		
	25 RUN	Koordinaten d. Diagramm-Ursprungs
Y		
	40 RUN	

Ausdruck	Eingabe	Bemerkung
LG.X-ACHSE		
	120 RUN	Längen der Achsen
LG.Y-ACHSE		
	120 RUN	
R/S OD.TASTE		
	RUN	
X-MIN		
	0 RUN	
X-MAX		Skalierung der x-Achse
	20 RUN	
X-DIF		
	2.5 RUN	
Y-MIN		
	0 RUN	
Y-MAX		Skalierung der y-Achse
	1600 RUN	
Y-DIF		
	200 RUN	

		XEQ D	Kennzeichnung der Achsen
Y-TEXT			
DURCHSATZ IN M↑3/H		RUN	
X-TEXT			
DAMPFGESCHW.IN M/S		RUN	
		XEQ B	Eintragen von Einzelpunkten
LINIENTYP		RUN	_____
PKT.ZEICHEN		RUN	_____
STIFT?		RUN	
X?	0	RUN	
Y?	0	RUN	Anfangs- und Endpunkt der 1. Parametergeraden
X?	20	RUN	
Y?	140	RUN	
X?	0	RUN	
Y?	0	RUN	dto. für die 2. Gerade
X?	20	RUN	
Y?	230	RUN	
usw.			
		XEQ E	Schriftposition mit Plotter wählen
STIFT	1	RUN	linker Stift
SCHRIFTBREITE	.4	RUN	
-HOEHE	2.8	RUN	Schriftform
TEXT 200		RUN	
TEXT		XEQ "O"	Schrift mit obiger Schriftform, Position mit Plotter wählen
TEXT 250		RUN	
usw.		XEQ "O"	Schrift mit obiger Schriftform
TEXT DURCHMESSER IN MM			
		XEQ "METZ"	Programmstart f. rechtes Diagr.
R/S OD.TASTE		XEQ I	Formatwahl
SCHRIFTBREITE	.4	RUN	
-HOEHE	3.2	RUN	Schriftform

X	145	RUN	Koordinaten des Diagramm-Ursprungs
Y	40	RUN	
LG.X-ACHSE	120	RUN	Längen der Achsen
LG.Y-ACHSE	120	RUN	
R/S OD.TASTE		RUN	
X-MIN	0	RUN	Skalierung der x-Achse
X-MAX	5000	RUN	
X-DIF	500	RUN	
Y-MIN	0	RUN	
Y-MAX	1600	RUN	Skalierung der y-Achse
Y-DIF	200	RUN	
		XEQ D	Kennzeichnung d. Achsen
Y-TEXT		RUN	SPACE drücken: Keine Beschriftung der x-Achse!
X-TEXT DAMPFDURCHSATZ			
		XEQ E	Schriftposition m.Plotter wählen
STIFT	1	RUN	
SCHRIFTBREITE	.4	RUN	
-HOEHE	3.2	RUN	Schriftform
TEXT IN KG/H		RUN	
TEXT		XEQ B	Eintragen von Einzelpunkten
LINIENTYP		RUN	
PKT.ZEICHEN		RUN	Voreinstellungen
STIFT?		RUN	
X?	0	RUN	Anfangs- u.Endpunkt der 1. Parametergeraden
Y?	0	RUN	
X?	5000	RUN	
Y?	400	RUN	
X?	0	RUN	
Y?	0	RUN	dto. für die 2. Gerade
X?	5000	RUN	
Y?			

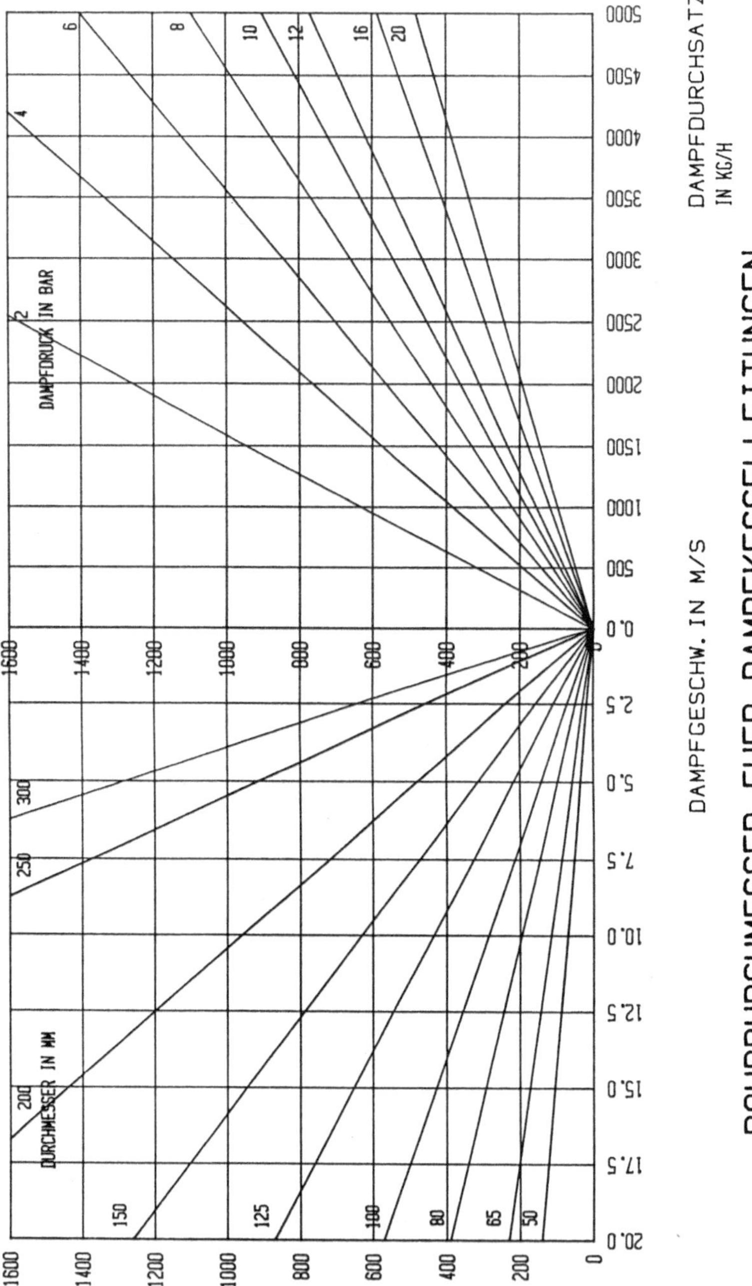
ROHRDURCHMESSER FUER DAMPFKESSELLEITUNGEN
DAMPFDURCHSATZ IN KG/H
DAMPFGESCHW. IN M/S
DURCHSATZ IN M^3/H
DAMPFDRUCK IN BAR
DURCHMESSER IN MM
0 500 1000 1500 2000 2500 3000 3500 4000 4500 5000
0.0 2.5 5.0 7.5 10.0 12.5 15.0 17.5 20.0
0 200 400 600 800 1000 1200 1400 1600
2 4 6 8 10 12 16 20
50 65 80 100 125 150 200 250 300

Beispiel 9-5. Programm LOGLOG

Zeichnen eines doppeltlogarithmischen Netzes und Eintragen von Graphen der Funktion $y=x^n$ für verschiedene n im Bereich $0,1 \leqq x \leqq 10$

Bemerkungen zur Durchführung

Das Unterprogramm von $y = x^n$ ist bereits im Programm LOGLOG enthalten. Das Beschriften der y-Achse bedingt besonders kleine Schrift und eine möglichst lange y-Achse. Beides ermöglicht der mit Taste J abrufbare Eingabedialog. Da $y = x^n$ im doppeltlogarithmischen Netz Geraden ergibt, wäre es prinzipiell möglich, die Geraden wie im Beispiel 9-4 durch die Koordinaten zweier ihrer Punkte einzugeben. In diesem Beispiel soll jedoch das automatische Zeichnen von Funktionsgraphen veranschaulicht werden.

Da das x-Inkrement von Dekade zu Dekade verzehnfacht werden muß, werden x-Intervallgrenzen und x-Inkrement für jede der beiden Dekaden, die die einzelnen Graphen durchlaufen, gesondert eingegeben.

Es sind nur Eingabeprotokolle für 2 der Funktionsverläufe angegeben.

```
               XEQ "LOGLOG" A    Programmstart
R/S OD.TASTE
                      XEQ a      umrahmen
R/S OD.TASTE
                      XEQ J      Kommastellen
X-KOMMAST.
              1       RUN
Y-KOMMAST.
              2       RUN
R/S OD.TASTE
                      XEQ I      Formatwahl
SCHRIFTBREITE
             .8       RUN
-HOEHE                           Schriftform
            1.5       RUN
 X
             30       RUN        Koordinaten
 Y                               d.Diagramm-
             20       RUN        ursprungs
LG.X-ACHSE
            230       RUN        Länge der
LG.Y-ACHSE                       Achsen
            160       RUN
R/S OD.TASTE
                      RUN
X-MIN
             .1       RUN        Skalierung d.
X-MAX                            x-Achse
             10       RUN
Y-MIN
            .01       RUN        Skalierung d.
Y-MAX                            y-Achse
            100       RUN
                      XEQ C      Funktionsver-
LINIENTYP                       ┐lauf zeichnen
                      RUN       │1.Intervall
PKT.ZEICHEN                     └Voreinstellung
          43.00       RUN        +
STIFT?
                      RUN        Voreinstellung
X-1
            .10       RUN
X-2                              x-Intervall-
           1.00       RUN        grenzen
D-X
            .10       RUN        x-Inkrement
PARAMETER
            .50       RUN        n=0,5
                      XEQ C      Funktionsverlauf
LINIENTYP                        zeichnen
                      RUN        2.Intervall
PKT.ZEICHEN
          43.00       RUN        wie oben
STIFT?
                      RUN
```

```
X-1
              1.00    RUN
X-2                              x-Intervall-
             10.00    RUN        grenzen
D-X
              1.00    RUN        x-Inkrement
PARAMETER
               .50    RUN        n=0,5
                      XEQ C      Funktionsverlauf
LINIENTYP                        zeichnen
                      RUN
PKT.ZEICHEN
                      RUN
STIFT?
                      RUN
X-1
               .10    RUN
X-2
              1.00    RUN
D-X
               .90    RUN
PARAMETER
              1.00    RUN        wie oben
                      XEQ C
LINIENTYP
                      RUN
PKT.ZEICHEN
                      RUN
STIFT?
                      RUN
X-1
              1.00    RUN
X-2
             10.00    RUN
D-X
              9.00    RUN
PARAMETER
              1.00    RUN
                      XEQ D      Kennzeichnung d.
Y-TEXT                           Achsen
Y                     RUN
X-TEXT
X                     RUN
                      XEQ E      Schriftposition
STIFT                            durch Plotter
              1.00    RUN        bestimmen
SCHRIFTBREITE                    rechter Stift
               .50    RUN
-HOEHE                           Schriftform
              2.20    RUN
TEXT
N=3                   RUN
TEXT
                      XEQ "O"    Mit obiger
                                 Schriftform
TEXT                             Schriftposition
2.5                   RUN        durch Plotter
TEXT                             bestimmen
```

usw

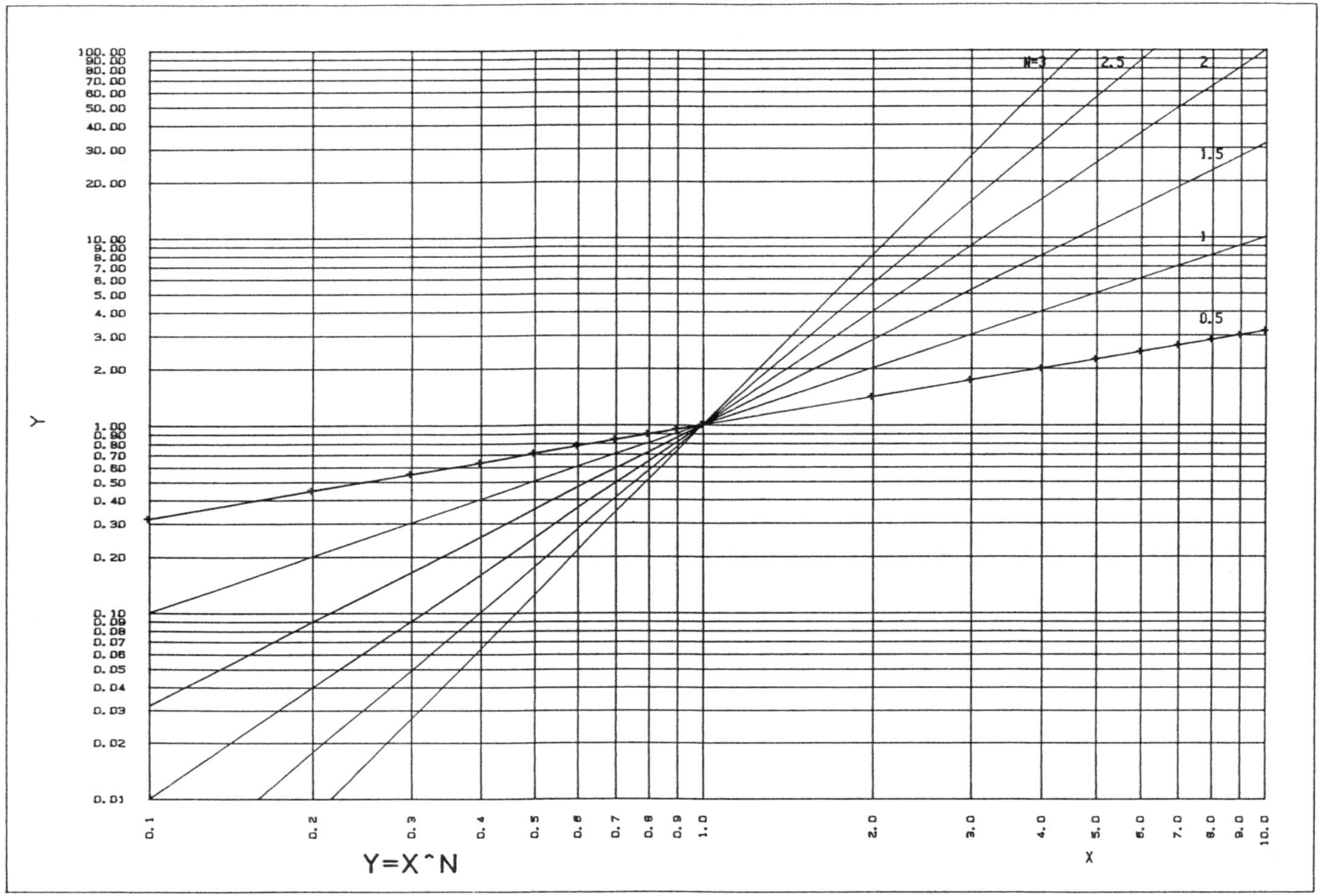
100.00
90.00
80.00
70.00
60.00
50.00
40.00
30.00
20.00
10.00
9.00
8.00
7.00
6.00
5.00
4.00
3.00
2.00
1.00
0.90
0.80
0.70
0.60
0.50
0.40
0.30
0.20
0.10
0.09
0.08
0.07
0.06
0.05
0.04
0.03
0.02
0.01
Y
N=3
2.5
2
1.5
1
0.5
0.1
0.2
0.3
0.4
0.5
0.6
0.7
0.8
0.9
1.0
2.0
3.0
4.0
5.0
6.0
7.0
8.0
9.0
10.0
X
Y=X^N

Beispiel 9-6. Programm LINLOG

Zeichnen des Funktionsverlaufs von tan x für $1 \leq x < 90$ (x in Grad) in einem Koordinatennetz mit linearer x- und logarithmischer y-Achse.

Bemerkungen zur Durchführung

Da tan x zu Anfang des Intervalls wenig, am Ende jedoch stark steigt, ergeben sich im linear-logarithmischen Netz nahe der beiden Intervallgrenzen relativ starke Kurvenkrümmungen. Deshalb wird der Funktionsverlauf für vier benachbarte Teilintervalle mit verschiedenen x-Inkrementen gezeichnet.

Eingeben von tan x

Tastenfolge	Anzeige	Bemerkungen
A	R/S OD.TASTE	
GTO,ALPHA, F, ALPHA	0[1]	
USER	0	USER-Indikator aus
PRGM	LBL F	PRGM-Indikator an
SST	RCL 53	
SST	RCL 56	
SST	y^x	Programm $y=x^n$ wird gelöscht
←	RCL 56	
←	RCL 53	
TAN	TAN	
SST	RTN	Kontrolle: keine falsche Anweisungen im Programm
PRGM	0[1]	RGM-Indikator aus
USER	0[1]	USER-Indikator an

[1] 0 oder irgendeine Zahl aus einer früheren Operation; Zeilenziffern weggelassen.

		XEQ "LINLOG" A	Programmstart
R/S OD.TASTE			
		XEQ J	Kommastellen
X-KOMMAST.			
	0	RUN	
Y-KOMMAST.			
	2	RUN	
R/S OD.TASTE			
		XEQ I	Formatwahl
SCHRIFTBREITE			
	.8	RUN	
-HOEHE			Schriftform
	1.5	RUN	
X			
	30	RUN	Koordinaten d. Diagrammursprungs
Y			
	25	RUN	
LG.X-ACHSE			
	230	RUN	
LG.Y-ACHSE			Länge der Achsen
	160	RUN	
R/S OD.TASTE			
		RUN	
X-MIN			
	0	RUN	
X-MAX			Skalierung d. x-Achse
	90	RUN	
X-DIF			
	10	RUN	
Y-MIN			
	.01	RUN	
Y-MAX			Skalierung d. y-Achse
	100	RUN	
		XEQ C	Funktionsverlauf zeichnen
LINIENTYP			
		RUN	
PKT.ZEICHEN			Voreinstellung
		RUN	
STIFT?			
	2.00	RUN	rechter Stift
X-1			
	.10	RUN	
X-2			1.Teilintervall
	11.00	RUN	
D-X			
	.50	RUN	x-Inkremant
PARAMETER			——
		RUN	
		XEQ C	Funktionsverlauf zeichnen
LINIENTYP			
		RUN	
PKT.ZEICHEN			Voreinstellungen
		RUN	

STIFT?			
	2.00	RUN	rechter Stift
X-1			
	10.00	RUN	
X-2			2.Teilintervall
	80.00	RUN	
D-X			
	5.00	RUN	x-Inkrement
PARAMETER			——
		RUN	
		XEQ C	Funktionsverlauf zeichnen
LINIENTYP			
		RUN	
PKT.ZEICHEN			Voreinstellungen
		RUN	
STIFT?			
	2.00	RUN	rechter Stift
X-1			
	80.00	RUN	
X-2			3. Teilintervall
	85.00	RUN	
D-X			
	1.00	RUN	x-Inkrement
PARAMETER			——
		RUN	
		XEQ C	Funktionsverlauf zeichnen
LINIENTYP			
		RUN	
PKT.ZEICHEN			Voreinstellungen
		RUN	
STIFT?			
	2.00	RUN	rechter Stift
X-1			
	85.00	RUN	
X-2			4. Teilintervall
	90.00	RUN	
D-X			
	.50	RUN	x-Inkrement
PARAMETER			——
		RUN	
		XEQ D	Kennzeichnung der Achsen
Y-TEXT			
TAN X		RUN	
X-TEXT			
		XEQ E	Wahl der Schriftposit. mit Plotter
STIFT			
	1.00	RUN	rechter Stift
SCHRIFTBREITE			
	.60	RUN	
-HOEHE			Schriftform
	3.50	RUN	
TEXT			
X IN GRAD		RUN	
TEXT			

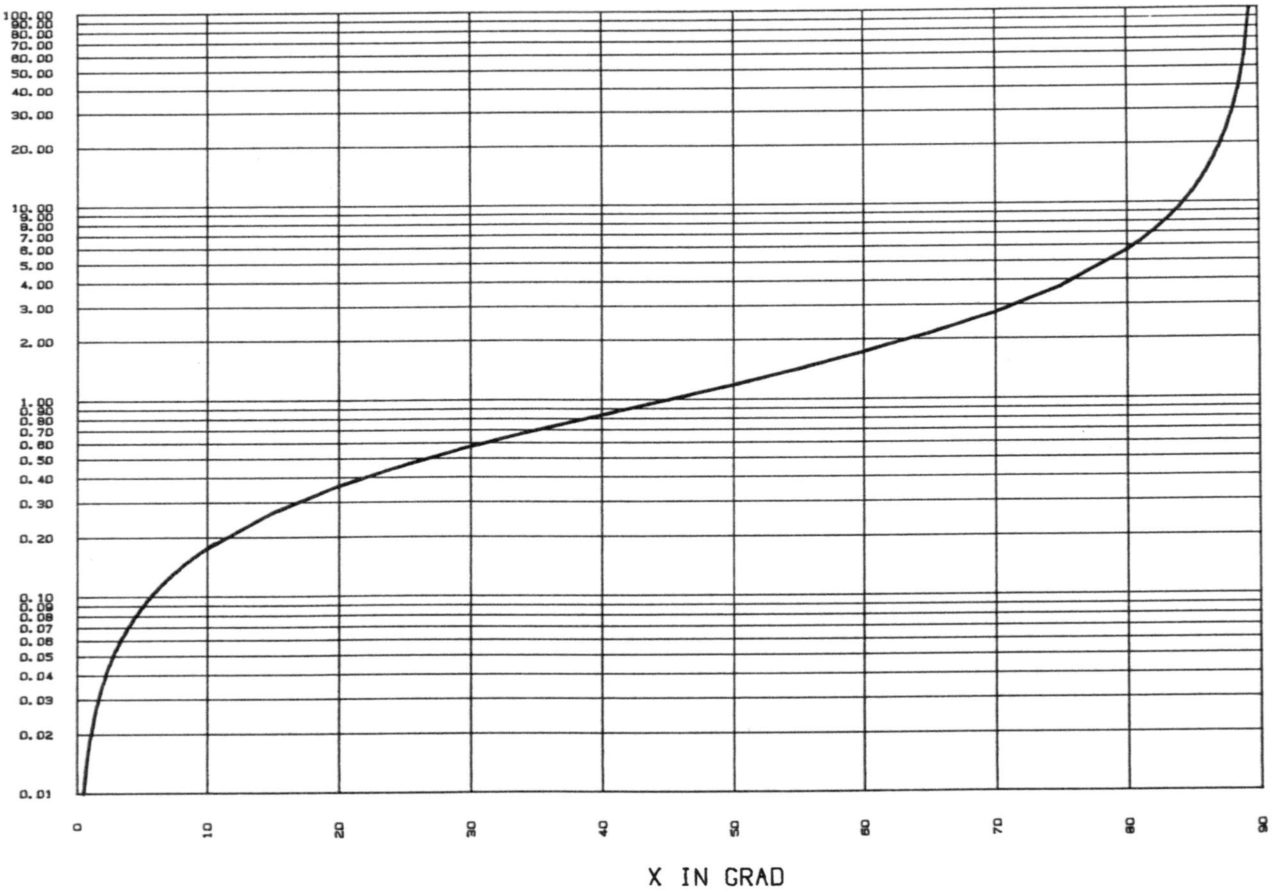
TAN X
100.00
90.00
80.00
70.00
60.00
50.00
40.00
30.00
20.00
10.00
9.00
8.00
7.00
6.00
5.00
4.00
3.00
2.00
1.00
0.90
0.80
0.70
0.60
0.50
0.40
0.30
0.20
0.10
0.09
0.08
0.07
0.06
0.05
0.04
0.03
0.02
0.01
0
10
20
30
40
50
60
70
80
90
X IN GRAD

Beispiel 9-7. Programm LOGLIN

Eintragen von 4 Meßreihen in ein Koordinatennetz mit logarithmischer x- und linearer y-Achse. Die Meßpunkte der 4 Reihen sind unterschiedlich gekennzeichnet und sollen nicht vom Plotter, sondern mittels Kurvenlineal verbunden werden, da sich sonst ein eckiger Linienzug ergeben würde.

Bermerkungen zur Durchführung

Die Skalierung wird durch die Extremwerte für x und y -hier Belastungszeit und Druckspannung- bestimmt. Linientyp 2 gewährleistet, daß die einzelnen Punkte einer Meßreihe nicht miteinander verbunden werden. Aus Tabelle 9-2 können verschiedene Zeichen zur Kennzeichnung von Punkten gewählt werden. Die zugehörige Codenummer ist auf die Dialogfrage PKT.ZEICHEN einzugeben.

Das Eingabeprotokoll gibt von jeder Meßreihe nur 3 Punkteingaben wieder.

```
          XEQ "LOGLIN" A   Programmstart
R/S OD.TASTE
               RUN
X-MIN
        1      RUN
X-MAX                      Skalierung
    10000      RUN         d.x-Achse
Y-MIN
        0      RUN
Y-MAX                      Skalierung
       20      RUN         d.y-Achse
Y-DIF
        1      RUN         Einzelpunkt-
               XEQ B       Eingabe
LINIENTYP                  1.Meßreihe
        2      RUN         Punkte nicht
                           verbinden
```

```
PKT.ZEICHEN
        43   RUN
STIFT?
         1   RUN   rechter Stift
X?
         1   RUN
Y?
        .5   RUN
X?
        10   RUN
Y?
        .7   RUN   Koordinaten
X?
       100   RUN
Y?
         1   RUN
```

```
        usw
                 XEQ B    Einzelpunkt-
LINIENTYP                 Eingabe
             2   RUN      2.Meßreihe
PKT.ZEICHEN
            42   RUN      *
STIFT?
             1   RUN      rechter Stift
X?
             1   RUN
Y?
           1.7   RUN
X?
             5   RUN      Koordinaten
Y?
             2   RUN
X?
            10   RUN
Y?
           2.2   RUN
        usw
                 XEQ B    Einzelpunkt-
LINIENTYP                 Eingabe
             2   RUN      3.Meßreihe
PKT.ZEICHEN
           111   RUN      o
STIFT?
             1   RUN      rechter Stift
X?
             1   RUN
Y?
          2.95   RUN
X?                        Koordinaten
             5   RUN
Y?
           3.7   RUN
X?
            10   RUN
Y?
           4.3   RUN
        usw
                 XEQ B    Einzelpunkt-
LINIENTYP                 Eingabe
             2   RUN      4.Meßreihe
PKT.ZEICHEN
           120   RUN      x
STIFT?
             1   RUN      rechter Stift
X?
             1   RUN
Y?
           5.2   RUN
```

```
X?
                     2    RUN
Y?
                     6    RUN    Koordinaten
X?
                     3    RUN
Y?
                   6.8    RUN
X?
           usw
                        XEQ D    Kennzeichnung
Y-TEXT                           der Achsen
DURCHBIEGUNG IN MM
                          RUN
X-TEXT
BELASTUNGSZEIT IN H
                          RUN    Schriftposit.
                        XEQ E    m.Plotter wählen
STIFT
                     1    RUN    linker Stift
SCHRIFTBREITE
                    .5    RUN    Schriftform
-HOEHE
                   3.5    RUN
TEXT
DURCHBIEGUNG VON KUNSTST
                          RUN
TEXT
OFF-NORMSTAEBEN ABHAENGI
                          RUN
TEXT
G                         RUN
                                 Schriftposit.
                      XEQ "O"    m.Plotter wählen
TEXT                             obige Schrift-
VON ZEIT UND BIEGESPANNU         form
                          RUN
TEXT
NG                        RUN
TEXT
                                 Schriftposit.
                        XEQ E    m.Plotter wählen
STIFT
                     1    RUN    linker Stift
SCHRIFTBREITE
                    .5    RUN
-HOEHE                           Schriftform
                   2.8    RUN
TEXT
70 N/MM↑2                 RUN
```

```
                            Schriftposit.
              XEQ "0"       m.Plotter wählen
TEXT                        obige Schriftform
52                RUN
TEXT
                            Schriftposit.
              XEQ e         m.Plotter wählen
STIFT
          1       RUN       rechter Stift
SCHRIFTBREITE
         .5       RUN
-HOEHE                      Schriftform
        2.8       RUN
TEXT
31                RUN
TEXT
              XEQ "0"       obige Schrift-
TEXT                        form
11                RUN
```

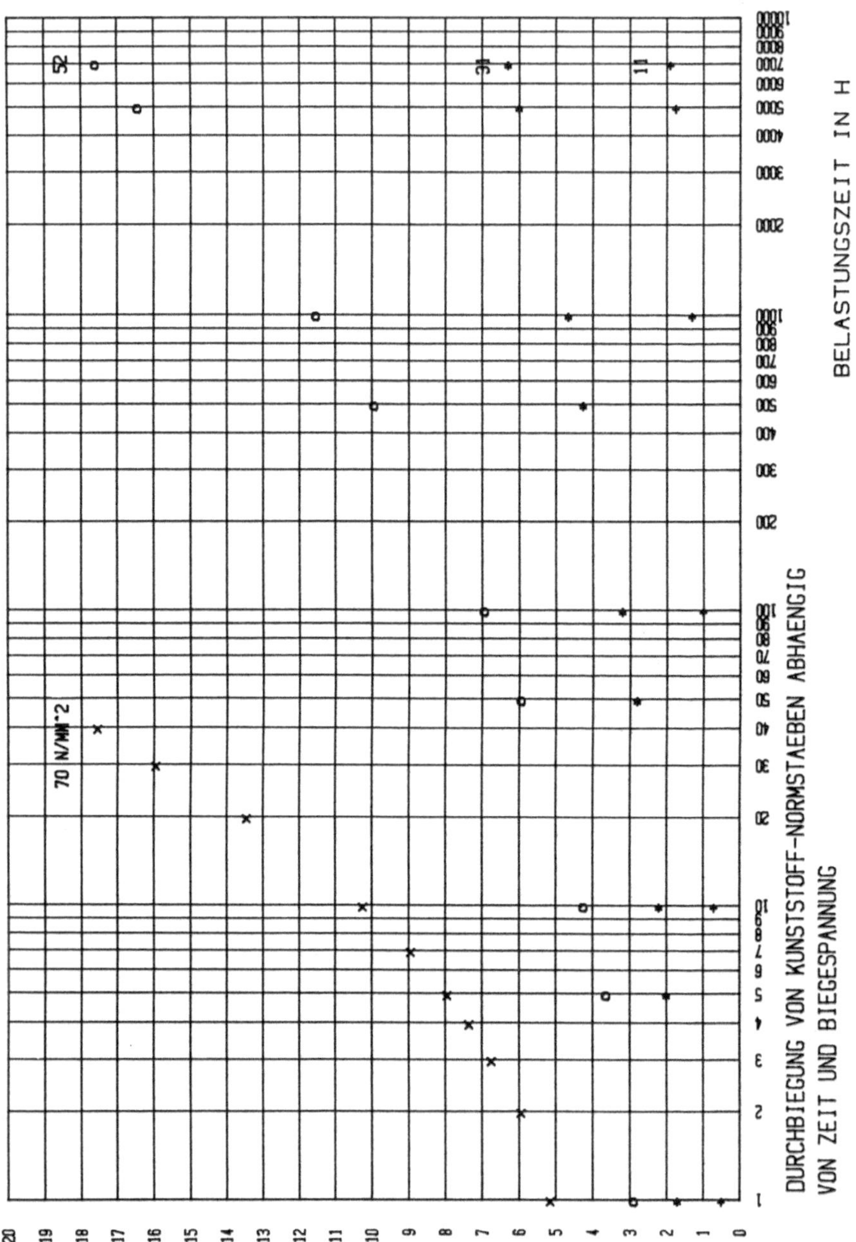
DURCHBIEGUNG VON KUNSTSTOFF-NORMSTAEBEN ABHAENGIG
VON ZEIT UND BIEGESPANNUNG
BELASTUNGSZEIT IN H
DURCHBIEGUNG IN MM
70 N/MM^2
52
31
11

Beispiel 9-8. Programm NETZ

Skalierung mit einer im Skalierungsintervall nicht monotonen Funktion- sin x; Intervall $0° \leq x \leq 180°$. Beschriftete und unbeschriftete Teilstriche .

Bemerkungen zur Durchführung
Einfügen von sin als Skalierungsfunktion für die x-Achse in das Programm NETZ. Es werden zwei aneinander anschließende Intervalle -$0 \leq x \leq 90° \leq x \leq 180°$- gezeichnet und zwar je einmal mit beschrifteten Markierungen und anschließend mit kleineren Markierungsabständen, mit unbeschrifteten Markierungen.

Eingeben der Skalierungsfunktion sin x

Tastenfolge	Anzeige
A	R/S OD. TASTE
USER	USER-Indikator aus
GTO,ALPHA,X, ALPHA	0 oder eine andere Zahl
PRGM	LBL X
SST	STO 59
SIN	SIN
PRGM	0 oder eine andere Zahl
USER	USER-Indikator aus

```
                XEQ "NETZ"A  Programmstart
R/S OD.TASTE
                XEQ a        umrahmen
R/S OD.TASTE
                XEQ F        Skala.1.Ab-
SCHRIFTBREITE                schnitt be-
                .5  RUN      ziffern
-HOEHE                       Schriftform
                3   RUN
X
                30  RUN      Position des
Y                            Skalenanfangs
                75  RUN
LG.X-ACHSE
                100 RUN      Skalenlänge
R/S OD.TASTE
                    RUN
X-MIN
                0   RUN
X-MAX                        Intervall
                90  RUN
X-DIF                        weite Mark.-
                30  RUN      Abstände
                XEQ F        Skala.2.Ab-
SCHRIFTBREITE                schnitt
                .5  RUN
-HOEHE                       Schriftform
                3   RUN
X
                130 RUN      Position des
Y                            Skalenanfangs
                75  RUN
LG.X-ACHSE
                100 RUN      Skalenlänge
R/S OD.TASTE
                    RUN
X-MIN
                90  RUN
X-MAX                        Intervall
                180 RUN
X-DIF
                30  RUN      weite Mark.-
                XEQ "L"      Abstände
                             Bezifferung aus
R/S OD.TASTE
                XEQ F        Skala.1. Ab-
SCHRIFTBREITE                schnitt
                    RUN
-HOEHE                       keine Eingabe
                    RUN
X
                30  RUN      Position des
Y                            Skalenanfangs
                75  RUN
```

```
LG.X-ACHSE
                100 RUN      Skalenlänge
R/S OD.TASTE
                    RUN
X-MIN
                0   RUN
X-MAX                        Intervall
                90  RUN
X-DIF                        kleine Mark.-
                5   RUN      Abstände
                XEQ F        Skala.2.Ab-
SCHRIFTBREITE                schnitt
                    RUN
-HOEHE                       keine Eingabe
                    RUN
X
                130 RUN      Position des
Y                            Skalenanfangs
                75  RUN
LG.X-ACHSE
                100 RUN      Skalenlänge
R/S OD.TASTE
                    RUN
X-MIN
                90  RUN
X-MAX                        Intervall
                180 RUN
X-DIF                        kleine Mark.-
                5   RUN      Abstände
                XEQ E        Unterschrift
STIFT
                2   RUN      rechter Stift
SCHRIFTBREITE                Schriftform.M.
                .6  RUN      Plotter Posi-
-HOEHE                       tion wählen u.
                6   RUN      ENTER drücken
TEXT
SKALENEINTEILUNG SIN X
                    RUN
TEXT
                XEQ E        Skala beschrif-
STIFT                        ten
                1   RUN
SCHRIFTBREITE
                .5  RUN      wie oben
-HOEHE
                3   RUN
TEXT
X IN GRAD           RUN
```

usw

	XEQ E	Schriftposition mit Plotter wählen
STIFT		
1	RUN	linker Stift
SCHRIFTBREITE		
.4	RUN	
-HOEHE		Schriftform
2.8	RUN	
TEXT		
DAMPFDRUCK IN BAR		
	RUN	
TEXT		Schrift mit obiger Schriftform;Position mit Plotter wählen
	XEQ "0"	
TEXT		
2	RUN	
TEXT		
	XEQ "0"	
TEXT		
4	RUN	wie oben
TEXT		
	XEQ e	Schrift mehrzeilig,
STIFT		
	RUN	Position mit Plotter wählen

SCHRIFTBREITE		
.4	RUN	Schriftform
-HOEHE		
2.8	RUN	
TEXT		
20	RUN	
TEXT		Schrift mit obiger Schriftform
	XEQ "0"	
TEXT		
16	RUN	Schriftposit.m. Plotter wählen
	XEQ E	
STIFT		
2	RUN	linker Stift
SCHRIFTBREITE		
.6	RUN	Schriftform
-HOEHE		
5	RUN	
TEXT		
ROHRDURCHMESSER FUER DAM		
	RUN	
TEXT		
PFKESSELLEITUNGEN		
	RUN	

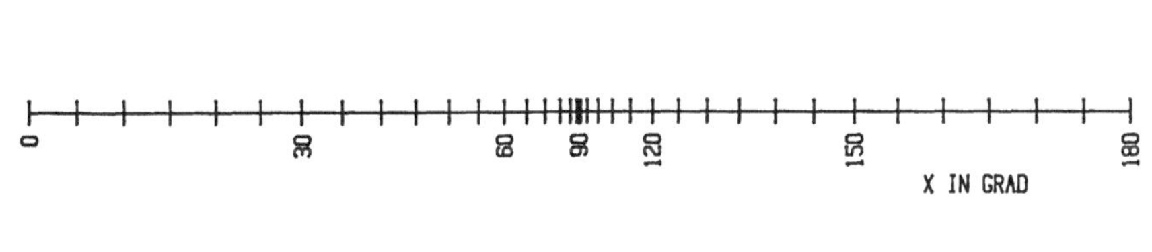

SKALENEINTEILUNG SIN X

10 Berechnungsverfahren mit besonderer Eignung für implizite Formeln und für Formeln komplexer Vorgänge zur Untersuchung der Auswirkungen der verschiedenen Einflußgrößen. Digitale und grafische Ausgabe der Ergebnisse

10.1 Überblick

10.1.1 Speicherbedarf

Das Programm XY benötigt 182 Register; Restspeicherkapazität: 42 Register

10.1.2 Programmstruktur und Möglichkeiten

XY beinhaltet ein Iterationsverfahren mit wählbarer Ergebnisgenauigkeit. Unabhängig von einem Startwert $y_o(x)$, von dem aus die iterative Annäherung an eine Lösung y(x) beginnt, wird ein Ergebnis gefunden. Einzige Voraussetzung ist Eindeutigkeit der der Rechnung zugrunde liegenden Relation an der Stelle x bzw. im Berechnungsintervall x_1, x_2.

Markant ist außerdem, daß das Iterationsverfahren bei Formeln mit mehr als zwei variierbaren Größen auf beliebige zwei dieser Größen angewendet werden kann. Heißen die Größen z.B. a, b, c, d, so können Zusammenhänge zwischen a und b, b und c, d und a usw. berechnet werden. Folgende Rechenarten sind durchführbar

- Bestimmung von Einzelwerten y(x) und von Funktionsverläufen
- Nullstellenberechnung
- Differentiation
- Integration

Zur grafischen Darstellung von Ergebnissen beinhaltet das Programm einen Eingabedialog für Position und Größe von Diagrammen und für die erforderlichen Skalierungsdaten sowie eine Routine zum Zeichnen entsprechender linearer Koordinatennetze und zum Eintragen von Rechenergebnissen.

Das Programm XY ist problemneutral. Es wird durch Ankoppelung eines Unterprogramms, das das anstehende Problem enthält, spezialisiert.

10.1.3 Vorteile

- Das sonst zum Berechnen der verschiedenen Größen eines Ausdruckes erforderliche Formelumstellen unter Berücksichtigung zahlreicher Regeln der Algebra entfällt. Es genügt, wenn das anstehende Problem in irgendeiner Form mathematisch formuliert vorliegt [1]. Programme mit einzelnen Routinen zum Berechnen der verschiedenen Größen einer Formel liefern Ergebnisse ohne Iterationsverfahren und sind dadurch schneller als XY. Dafür braucht man erheblich mehr Zeit für die verschiedenen Formelumstellungen und die Programmierung. Das lohnt sich meist nur, wenn die Berechnungen oft und in unveränderter Weise durchgeführt werden müssen.
- Vor dem Abrufen eines von mehreren möglichen funktionalen Zusammenhängen eines komplexen Vorgangs, z.B. von d(a) entsprechend dem obigen Beispiel, braucht der zu erwartende Funktionsverlauf nicht bekannt zu sein, abgesehen von eventuellen Mehrdeutigkeiten.
- Enthält der Computer mehrere zu einem Problemkreis gehörende Unterprogramme, so kann man mit XY durch entsprechende Kopplungen sofort alle gewünschten Berechnungen ausführen.
- Vor einer grafischen Darstellung von Ergebnissen kann der zu erwartende Wertebereich zunächst durch digitale Ergebnisausgabe erfaßt werden. Die extremen Werte können dann zur Skalierung eines passenden Koordinatennetzes verwendet werden.

---

[1] Keine Differential- und Integralgleichungen

10.2 Grundlagen

10.2.1 Iterationsverfahren und Genauigkeit

Das Näherungsverfahren (Bild 10-1) beruht darauf, daß sich jede Gleichung y=f(x) auf die Form y-f(x)=0 bringen läßt. Ist y kein Funktionswert von x, so ist y-f(x) ≠ 0 bzw. y-f(x) = q ; q kann kleiner oder größer als 0 sein. Um eine angenäherte Lösung y(x) zu finden, gibt man einen Startwert y_0 möglichst nahe der erwarteten Lösung, eine erste Iterationsschrittweite Δy_1 und einen Genauigkeitskoeffizienten p ein (p = Zahl aufeinanderfolgender iterativer Annäherungen an y(x) mit jeweils zunehmender Rechengenauigkeit)[2]. Δy_1 wird nun so oft zu y_0 addiert oder subtrahiert[3] bis das Vorzeichen von q wechselt. Der Vorzeichenwechsel von q bedeutet, daß das gesuchte y(x) beim letzten Iterationsschritt über- bzw. unterschritten wurde. Vom beim Vorzeichenwechsel erreichten Wert wird nun ein Iterationsschritt subtrahiert bzw. addiert. Das ergibt einen verbesserten Startwert y_{01} ; Δy_1 wird mit 0,1 multipliziert. Von y_{01} ausgehend beginnt nun eine weitere, 10-fach genauere Annäherung an y(x). Die Annäherung wird insgesamt p mal mit jeweils 10-facher Genauigkeit wiederholt. Damit kann die Genauigkeit bis zur Grenze der Rechengenauigkeit des Computers gesteigert werden. Der maximale Fehler ist

$$|F| = \Delta y_1 \cdot 0{,}1^p$$

---

2) Ist das Ergebnis y(x) nicht annähernd abschätzbar, so gibt man irgendeinen Startwert und eine große anfängliche Iterationsschrittweite Δy_1 ein.

3) Abhängig vom Vorzeichen des ersten Wertes von q = y_0-f(x) werden die Iterationsschritte Δ y addiert oder subtrahiert. Daher spielt es keine Rolle, ob der Startwert größer oder kleiner ist als das gesuchte Ergebnis y(x).

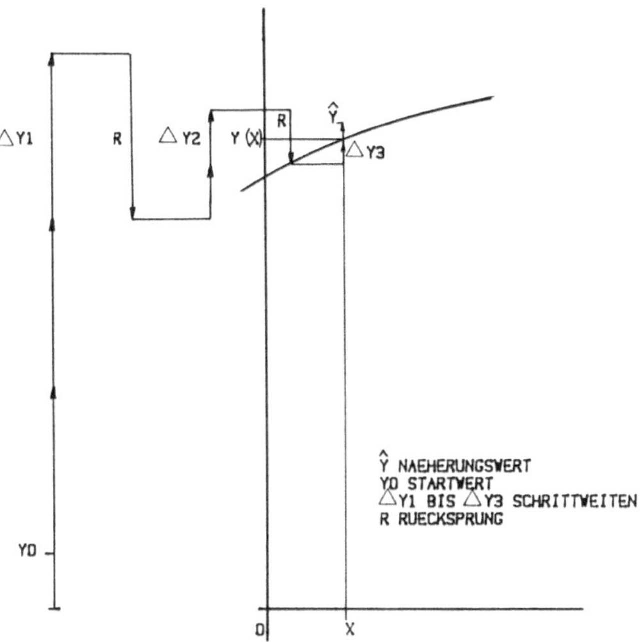

Bild 10-1. Veranschaulichung des Iterationsverfahrens

10.2.2 Spezifisches Unterprogramm

Um die von XY gebotenen Möglichkeiten auf eine Formel anwenden zu können, muß ein entsprechendes "Spezifisches Unterprogramm" erstellt werden. Man verwendet hierzu am besten Formulare wie in den Beispielen. Die Formel wird zunächst auf die Form y-f(x) = 0 gebracht. Beispielsweise lautet das Ohm'sche Gesetz I = U/R dann I-U/R = 0[4]. Den in der Formel vorkommenden Größen werden Speicheradressen bzw. -nummern zugeordnet. Hierfür stehen die Nummern 10 bis 25 zur Verfügung. I, U und R könnten die Speicher 10, 11 und 12 zugeordnet werden. Die Formel kann nun in Speichernummern geschrieben werden: (10)-(11)/(12) = 0.

---

4) Die Formel I = U/R ist an sich nicht typisch für eine Anwendung von XY. Sie dient hier lediglich als Beispiel für das Schreiben derartiger Unterprogramme. Weitere Erklärungen finden sich in den Beispielen 10-1 und 10-2.

Das Unterprogramm lautet dann

```
LBL  OHM                      Programmname als Anfangslabel

RCL 10   I      ┐
RCL 11┐   U/R   │
RCL 12│         ├ I-U/R
  /   ┘         │
-               ┘

RTN                           Endzeichen
```

Wie man sieht, werden die Operatoren den zu verknüpfenden Größen bzw. den ihnen zugeordneten Speichern nachgestellt.

("RCL"= rufe den Inhalt des Speichers für Berechnungen.)

10.2.3 Kopplung

Zur Kopplung von XY mit einem spezifischen Unterprogramm ist die Dialogfrage FUNKTIONSNAME durch Eingabe des Namens -hier OHM- zu beantworten und die Taste R/S zu drücken.

10.2.4 Wahl eines der möglichen funktionalen Zusammenhänge

Im Eingabedialog für "RECHNEN" erscheinen die Fragen R-y und R-x (R steht für Speicher-Register). Soll in obigem Beispiel die Stromstärke I für verschiedene Widerstandswerte R dargestellt werden, so ist I das "y" und R das "x". Für R-y ist daher 10 und für R-x 12 einzugeben.

Die verbalen Erklärungen zur Programmierung, Kopplung und Wahl eines funktionalen Zusammenhangs sind von der Natur der Sache her etwas unanschaulich. Es empfiehlt sich daher, eines der Beispiele anhand der beigefügten Eingabeprotokolle nachzuvollziehen, was sofort Klarheit bringen dürfte.

10.3 Berechnungen und grafische Darstellungen

Die oben angegebenen Rechenarten werden entsprechend Tabelle 10-2 in Beantwortung der Dialogfrage RECHENART durch Eingabe bestimmter Ziffern gewählt. Entsprechend Tabelle 10-1 können entweder Berechnungen mit Digitalausgabe allein oder mit zusätzlicher grafischer Ergebnisausgabe abgerufen werden. Bild 10-2 gibt die zum Zeichnen von Graphen verfügbaren Linientypen an.

LINIENTYPEN

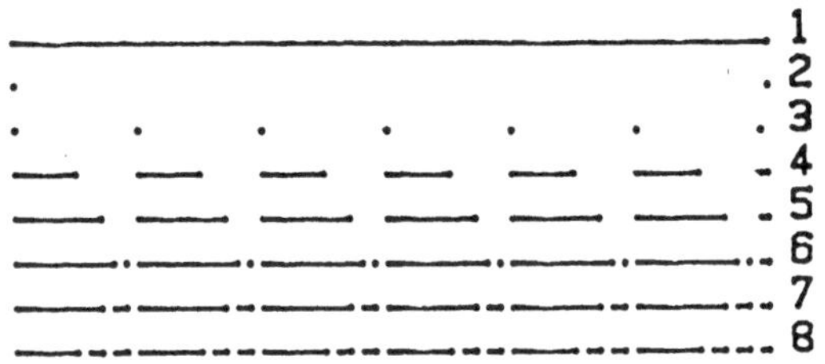

1
2
3
4
5
6
7
8

Bild 10-2

10.3.1 Einzelwerte, Funktionsverläufe

Rechenartziffer 24, Beispiele 10-1 a und 10-2
dx ist das Inkrement bzw. der Betrag, um den x beim Berechnen von Funktionsverläufen zunimmt. dx darf nur positiv sein. Sind nur Einzelwerte y(x) zu berechnen, können die Dialogfragen x-2 und dx durch Betätigen der R/S-Taste übergangen werden.

10.3.2 Nullstellen

Rechenartziffer 26, Beispiel 10-1 b
Bei der Bestimmung von Nullstellen verläuft die iterative Annäherung statt in y- in x-Richtung (statt dx lautet die Dialogfrage nach der ersten Intervallschrittweite dy). Die ungefähre Lage einer Nullstelle kann man dem Funktionsverlauf entnehmen. Durch Wahl geeigneter Werte für das Rechenintervall x-1, x-2 kann man die Umgebung der Nullstelle spreizen, um deren Lage genauer ablesen zu können. Um eine Nullstelle rechnerisch sehr genau zu bestimmen, wählt man x-Start nahe am Schnittpunkt des Funktionsgraphen mit der x-Achse und verwendet eine hohe Iterationszahl, z.B. 6.

10.3.3 Differentiation, Differentialfunktion

Rechenartziffer 27, Beispiel 10-1 c
Differentialquotienten und Werte für den Verlauf von Differentialfunktionen werden näherungsweise als Differenzenquotienten bestimmt nach der Formel

$$dy/dx \approx \frac{\Delta y}{\Delta x} = \frac{f(x+\Delta x/2) - f(x-\Delta x/2)}{\Delta x}$$

$\Delta x = 0{,}1 \,.\, x$; für $x = 0$ wird automatisch $\Delta x = 0{,}1$ eingesetzt.

10.3.4 Integration, Integralfunktion

Rechenartziffer 25, Beispiel 10-1 d
Die Werte der Integralfunktion und das bestimmte Integral werden näherungsweise als Summen von unter dem Funktionsgraphen liegenden Flächenstreifen bestimmt. Die Streifenbreite wird entsprechend der gewählten Anzahl von Flächenstreifen z und der Integrationsgrenzen automatisch berechnet: $h = (x_1 - x_2)/z$. Die im Programm XY verwendete Näherungsformel für Integration lautet

$$\int_{x1}^{x2} f(x) \,.\, dx \approx \frac{h}{2} \sum_{1}^{z} \left[f(x_z + h/2) + f(x_z - h/2) \right]$$

10.4 Benutzerhilfen

Tabelle 10-1 enthält die Bedienungsanweisungen für das Programm XY, Tabelle 10-2 die Ziffern zur Wahl der gewünschten Rechenarten. Tabelle 10-3 zeigt die verschiedenen Beschriftungsmöglichkeiten für Diagramme.

Wird eine Berechnung mit der Taste R/S abgebrochen, so kann es vorkommen, daß die in den Tabellen angegebenen Tastenfunktionen nicht mehr ausgelöst werden können. In einem solchen Fall ist der Computer im spezifischen Unterprogramm angehalten worden. Mit Taste A ist Rückkehr ins Hauptprogramm möglich, und die Tastenfunktionen sind wieder vorhanden.

Zum Vorbereiten von Berechnungen empfiehlt es sich, Formulare zu benutzen, die den bei den beiden Beispielen verwendeten Tabellen 10-5 bis 10-8 entsprechen.

Tabelle 10-1 . Berechnen und Zeichnen

Tasten	Funktionen
A	Programmstart; vom speziellen Unterprogramm zurück ins Hauptprogramm ohne die Speicher zu löschen
A; R/S	Programmstart, löschen aller Speicher, Kopplung von XY mit den speziellen Unterprogrammen
B	Eingabe der Netzdaten, anschließend Eingabe der Berechnungsdaten, rechnen und plotten
C	Rechnen und plotten ohne ein Netz zu zeichnen
F	Übernahme des speziellen Unterprogramms von einer Kassette nach Eingabe seines Namens
Ġ	Statt durchgehender Netzlinien kurze Skalenmarkierungen
I	Wahl von Diagrammposition und -größe; Wahl der Schriftform
J	Durch 0 gehende Achsen verstärken (Stift 2)
*A	Die iterative Annäherung ist beobachtbar: Ausgabe von Zwischenwerten
*A; R/S	Ausschalten der Beobachtbarkeit der iterativen Annäherung
*B	Eingabe der Berechnungsdaten; nur rechnen
*C	Eingabe von Zahlenwerten für die in dem zu berechnenden Ausdruck vorkommenden Größen

Tabelle 10-2 . Ziffern für Rechenarten

Ziffern	Rechenart
24	Funktionswerte, Funktionsgraph
25	Integration
26	Berechnung von Nullstellen
27	Differentiation, Differentialfunktion

Tabelle 10-3 . Beschriften

Tasten	Funktionen
D	x- und y-Achse kennzeichnen
*D	Unterschrift; Thema der Grafik
E	Schrift linksbündig zu einer mit den Plottertasten wählbaren Anfangsposition. Zeichenserien mit max. 24 Zeichen. Nach dem mit R/S auslösbaren Drucken Fortsetzen der Zeile. Wahl von Stift und Schriftform.
*E	Wie E, jedoch nach dem mit R/S auslösbaren Drucken Sprung zum nächsten Zeilenanfang.
H	Textfortsetzung; die mit den Tasten E oder *E gewählte Schriftform und Schreibweise beibehalten.

10.5 Beispiele

Vor dem Benutzen des Programms XY bzw. vor dem Nachvollziehen der Beispiele empfiehlt es sich, je nach Vertrautheit mit den Geräten und der Software, in den Kapiteln 2 und 3 sowie in diesem Kapitel anhand der hervorgehobenen Stichworte diejenigen Abschnitte nachzulesen, über die man noch nicht oder nicht mehr ausreichend Bescheid weiß.

Die Beispiele demonstrieren die wichtigsten Möglichkeiten von XY und ermöglichen es dem Benutzer, seine Bedienungsweise zu kontrollieren. An folgende Vorbereitungen und Regeln wird erinnert:

. Geräte konfigurieren und Stromversorgung sichern
  - Kapitel 2; Bild 2-1
. Vorbereiten von Rechner und Plotter
  - Kapitel 2
. Beim Ausführen der Beispiele das in den Druckerprotokollen vor den Tastenbezeichnungen stehende XEQ weglassen: statt XEQ A also A drücken und statt XEQ b *B drücken.
. Texteingaben durch Betätigen von ALPHA beenden, sofern der ALPHA-Indikator in der Anzeige steht.
. Nach jeder Eingabe erst die nächste Eingabeaufforderung abwarten.
. Wo im Eingabeprotokoll RUN steht, die Taste R/S drücken.
. * = gelbe Taste.

Beispiel 10-1 . Funktion $y = 3x^2 - x^3 - x - 1$

Zu berechnen und grafisch darzustellen sind

a) der Funktionsverlauf im Intervall $-2 \leqq x \leqq 4$
b) die Nullstellen (nur Berechnung)
c) die Differentialfunktion $y'(3x^2 - x^3 - y-1)$ im Intervall $-2 \leqq x \leqq 4$
d) die Integralfunktion und das Integral $\int_{-2}^{-0,5} (3x^2-x^3-y-1) \cdot dx$

Dieses Beispiel ist an sich nicht typisch für die Verwendung von XY. Es wurde jedoch gewählt, weil die Berechnungen bei einer derartigen Funktion auch auf konventionelle Weise bzw. ohne ein Iterationsverfahren durchgeführt werden können. Das Beispiel ermöglicht daher dem Benutzer
- seine Arbeitsweise mit dem Programm XY zu kontrollieren
- die Rechenergebnisse zu überprüfen -Tabelle 10-6
- die verschiedenen Möglichkeiten von XY auszuprobieren.

Vorbereitungen mit Verwendung der Tabellen 10-1 und 10-2
- Die Funktion wird auf die Form $y-f(x) = 0$ gebracht
- In der Formel werden die Variablen durch ihre Speicheradressen ersetzt
- Die Funktion wird programmiert. Das spezielle Unterprogramm erhält den Namen XXX. Das Programm beginnt mit LBL XXX und wird mit RTN abgeschlossen. Für die Programmschrittfolge gilt generell:

  Auf zwei miteinander über einen Operator zu verknüpfende Zahlen oder Speicher, die die Zahlen enthalten, folgt der Operator: RCL 10; RCL 11, *

  In analoger Weise werden Zwischenergebnisse verknüpft:
  RCL 10 + $(\text{RCL } 11)^3$;
  Programmschritte: RCL 10, RCL 11, 3, y^x, +

Mit Berücksichtigung dieser Regeln ist leicht zu erkennen, daß das Programm XXX auf der Tabelle 10-1 die Beispielfunktion "abbildet" [1].

- Das Programm XY mit dem Barcode-Lesestift eingeben oder von einer Kassette übernehmen. Das spezielle Unterprogramm XXX befindet sich ebenfalls im Anhang und kann mit dem Lesestift übernommen werden. Zuvor ist jedoch die Tastenfolge GTO, ., . auszuführen, damit XY beim Eingeben des Unterprogramms nicht gelöscht wird. Mit Taste F kann XXX von einer Kassette übernommen werden. (Der Taste F ist die Anweisung READSUB zugeordnet).

Die Teilaufgaben a bis d sind anhand der Tabelle 10-5 und der Eingabeprotokolle nachvollziehbar.

Die Nullstelle x(o) = 1 läßt sich wegen der Mehrdeutigkeit, die die Umkehrfunktion im Bereich der 0-Stelle hat, mit XY nicht berechnen.

---

1) Ausführlichere Beschreibung solcher einfachen Programmierungen -Kapitel 9, Absatz 6

Tabelle 10-4 XY Speicherzuordnung und Programm

Formel $y + x^3 - 3\,x^2 + x + 1 = 0$

Formel in Speicheradressen: $(10) + (11)^3 - 3\cdot(11)^2 + (11) + 1 = 0$

Größen		y	x										
Speicheradressen		10	11	12	13	14	15	16	17	18	19	20	21
Einheiten													
01♦LBL "XXX" 02 RCL 10 03 RCL 11 04 3 05 Y↑X 06 + 07 RCL 11 08 X↑2 09 3 10 * 11 - 12 RCL 11 13 + 14 1 15 + 16 RTN	1												
	2												
	3												
	4												
	5												
	6												
	7												

Tabelle 10-5 XY-Eingabe

Formel $y = 3x^2 - x^3 - x - 1$

	Aufgabe	x (y)	x (o)	x (o)	f'(x)	$\int y \cdot dx$		
Daten für Koordinatennetz – Nur für Sonderformat erforderlich	Schriftbreite							
	Schrifthöhe							
	x-Ursprung							
	y-Ursprung							
	Lg.d.x-Achse							
	Lg.d.y-Achse							
Daten für Koordinatennetz	x-MIN	- 2,5			- 2,5	-2,25		
	x-MAX	4,5			4,5	-0,25		
	x-DIFF	0,5			0,5	0,25		
	y-MIN	- 25			- 30	0		
	y-MAX	25			5	13		
	y-DIFF	5			5	1		
	x-Kommastellen	1			1	2		
	y-Kommastellen	-			-	-		
Daten für Berechnung	Stift	2	-	-	2	2		
	Linientyp	1	-	-	1	1		
	Kommastellen	3	5	5	4	4		
	R-y[1]	10	10	10	10	10		
	R-x[1]	11	11	11	11	11		
	x-1	- 2	-	-	- 2	-2		
	x-2	4	-	-	4	0,5		
	Δx	0,25	-	-	0,25	-		
	Δy	5	1	1	1	1		
	Iterationen	3	6	6	4	4		
	Rechenart [2]	24	26	26	27	25		
	Intervalle f. $\int$	-	-	-	-	10		
	(x-Start)y-Start	20	4	2,5	19	20		

[1] 24 Funktionsverlauf, 25 integrieren, 26 Nullstellen, 27 differenzieren

[2] Speicheradressen entsprechend gewählter Relation und Speicherzuordnung

Beispiel 10-1 a -Funktionsverlauf

Anzeige	Eingabe	Taste	Bemerkung
		XEQ "XY" A	Programmstart
R/S OD. TASTE		RUN	Kopplung mit
FUNKTIONSNAME			
XXX		RUN	xxx
NETZ		XEQ b	Berechnung von
RECHNEN		RUN	y max u. y min für Skalierung der y-Achse
KOMMAST.		RUN	
R-Y	10	RUN	für y
R-X	11	RUN	Speicheradressen für x
X-1	-2	RUN	untere u.obere Intervall-
X-2	4	RUN	grenze
dX	6	RUN	Inkrement
dY	10	RUN	1.Iterations-schrittweite
ITERATIONEN?	2	RUN	2 Annäherungen
RECHENART	24	RUN	Funktionswerte bestimmen
Y-START	1	RUN	Startwert
Y=20			
X=4			Ergebnisse
Y=-20			
NETZ		XEQ B	
		RUN	
X-MIN	-2.5	RUN	
X-MAX	4.5	RUN	Skalierungs-
X-DIFF	.5	RUN	daten
Y-MIN	-25	RUN	
Y-MAX	25	RUN	
Y-DIFF	5	RUN	
X-KOMMAST.	1	RUN	Kommastellen für Achsen-
Y-KOMMAST.		RUN	bezifferung

Anzeige	Eingabe	Taste	Bemerkung
STIFT	2	RUN	rechter Stift
LNIEN1YP		RUN	Linientyp 1(Vor-einstellung)
RECHNEN		RUN	
KOMMAST.	3	RUN	
R-Y	10.000	RUN	für y
R-X	11.000	RUN	Speicheradresse für x
X-1	-2.000	RUN	untere u.obere Intervallgrenze
X-2	4.000	RUN	
dX	.250	RUN	Inkrement
dY	1.000	RUN	1.Iterations-schrittweite
ITERATIONEN?	3.000	RUN	3 Annäherungen
RECHENART	24.000	RUN	Funktionswerte bestimmen
Y-START	20.000	RUN	Startwert
Y=20.991			
X=-1.750			Ergebnisse(ge-kürzt)
Y=15.300			-s.Diagramm u.Tabelle 10-6
X=-1.500			
Y=10.629			
.			
.			
.			
X=3.750			
Y=-15.290			
X=4.000			
Y=-20.991			
		XEQ D	Kennzeichnung der Achsen
Y-TEXT			
Y		RUN	
X-TEXT			
X		RUN	
		XEQ d	Unterschrift
SCHRIFTBREITE	.600	RUN	
-HOEHE	4.000	RUN	Schriftform
THEMA			
Y=3X↑2-X↑3-X-1			

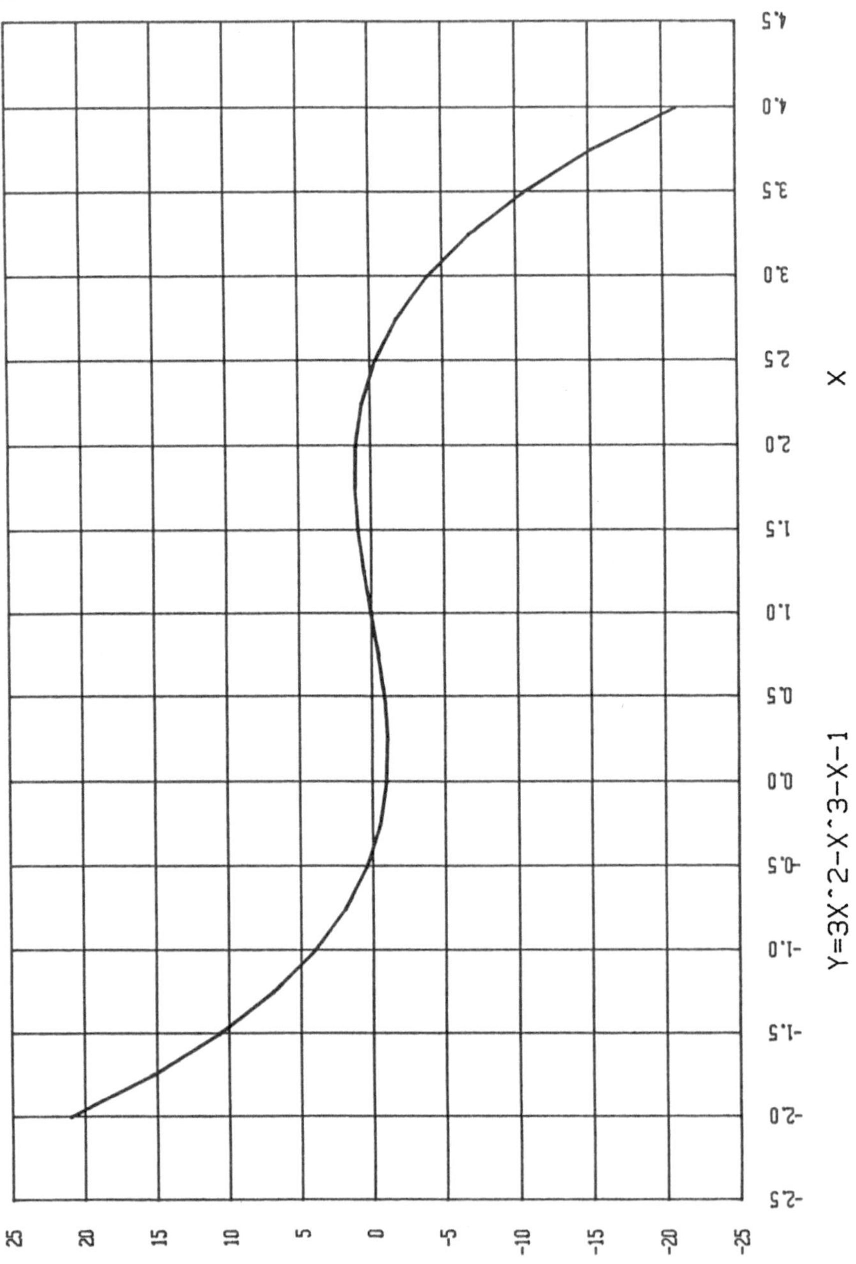
Y=3X^2-X^3-X-1
X
Y
-2.5
-2.0
-1.5
-1.0
-0.5
0.0
0.5
1.0
1.5
2.0
2.5
3.0
3.5
4.0
4.5
25
20
15
10
5
0
-5
-10
-15
-20
-25

Beispiel 10-1 b

Bestimmung der Nullstellen. x(o) = 0,41421 wurde je einmal mit x-Start = -0,3 und -0,5 berechnet. Bei der 2. Berechnung war die iterative Annäherung beobachtbar.

Ausdruck	Eingabe	Erläuterung
	XEQ "XY" A	Programmstart
R/S OD. TASTE	RUN	
FUNKTIONSNAME		
XXX	RUN	Kopplung mit xxx
NETZ	XEQ b	nur berechnen-nicht zeichnen
RECHNEN	RUN	
KOMMAST.	5 RUN	
R-Y	10.00000 RUN	für y Speicheradressen
R-X	11.00000 RUN	für x
X-1	RUN	keine Eingabe erforderlich
X-2	RUN	
dX	RUN	
dY	.10000 RUN	1. Iterationsschrittweite
ITERATIONEN?	5.00000 RUN	
RECHENART	26.00000 RUN	Nullstellenrechung
X-START	-.30000 RUN	Startwert
X(0)=-0.41421		Ergebnis
	XEQ a	Annäherung beobachten, nur rechnen
	XEQ b	
RECHNEN	RUN	wie oben
KOMMAST.	5.00000 RUN	
R-Y	10.00000 RUN	
R-X	11.00000 RUN	
X-1	RUN	
X-2	RUN	
dX	RUN	
dY	.10000 RUN	
ITERATIONEN?	5.00000 RUN	

Ausdruck	Erläuterung
RECHENART	
26.000000 RUN	
X-START	
-.500000 RUN	Berechnung v.q
-0.375000	
0.056000	1.Vorzeichenwechsel von q
-0.375000	
-0.327949	
-0.281792	
-0.236523	
-0.192136	
-0.148625	
-0.105984	
-0.064207	
-0.023288	
0.016779	2.Vorzeichenwechsel von q
-0.023288	
-0.019243	
-0.015207	
-0.011179	
-0.007159	
-0.003148	
0.000854	3.Vorzeichenwechsel von q
-0.003148	
-0.002748	
-0.002347	
-0.001947	
-0.001546	
-0.001146	
-0.000746	
-0.000346	
0.000054	4.Vorzeichenwechsel von q
-0.000346	
-0.000306	
-0.000266	
-0.000226	
-0.000186	
-0.000146	
-0.000106	
-0.000066	
-0.000026	
0.000014	5.Vorzeichenwechsel von q
X(0)=-0.414220	Ergebnis

```
                    XEQ b    2. Nullstelle
RECHNEN
                      RUN
KOMMAST.
          5.00000     RUN
R-Y
         10.00000     RUN
R-X
         11.00000     RUN
X-1
                      RUN
X-2                          wie oben
                      RUN
dX
                      RUN
dY
           .10000     RUN
ITERATIONEN?
          5.00000     RUN
RECHENART
         26.00000     RUN
X-START
          2.30000     RUN    Startwert
X(0)=2.41421
```

Beispiel 10-1 c - Differentialfunktion

```
              XEQ "XY" A   Programmstart
R/S OD. TASTE
                     RUN
FUNKTIONSNAME
XXX                  RUN   Kopplung mit
NETZ                       xxx
                     RUN
X-MIN
            -2.5     RUN
X-MAX
             4.5     RUN
X-DIFF
              .5     RUN
Y-MIN                      Skalierungs-
             -30     RUN   daten
Y-MAX
               5     RUN
Y-DIFF
               5     RUN
X-KOMMAST.                 Kommastellen
               1     RUN   für Achsen-
Y-KOMMAST.                 bezifferung
               0     RUN
                     RUN
STIFT
               2     RUN   rechter Stift
LNIENTYP
                     RUN   Linientyp 1
RECHNEN                    (Voreinstellung)
                     RUN
KOMMAST.
               4     RUN
R-Y
         10.0000     RUN          für y
R-X                        Speicheradresse
         11.0000     RUN          für x
X-1
         -2.0000     RUN   untere u.obere
X-2                        Intervall-
          4.0000     RUN   grenze
dX
           .2500     RUN   Inkrement
dY
          1.0000     RUN   1. Iterations-
ITERATIONEN?               schrittweite
          4.0000     RUN   4 Annäherungen
RECHENART
         27.0000     RUN   Differenzieren
Y-START
         19.0000     RUN   Startwert
dY/dX=-25.0124
                           Ergebnisse (ge-
X=-1.7500                  kürzt). S.Dia-
dY/dX=-20.7004             gramm und Ta-
                           belle 10-6
```

```
X=3.2500
dY/dX=-13.2004

X=3.5000
dY/dX=-16.7604

X=3.7500
dY/dX=-20.7004

X=4.0000
dY/dX=-25.0124
                          XEQ D   Kennzeichnung
Y-TEXT                            der Achsen
dX/dY                     RUN
X-TEXT
X                         RUN
                          XEQ d   Unterschrift
SCHRIFTBREITE
                .5000     RUN
-HOEHE                            Schriftform
               3.5000     RUN
THEMA
DIFFERENTIALFUNKTION VON
                          RUN
                          XEQ H   2.Teil d.Unter-
DIFFERENTIALFUNKTION VON          schrift. Schrift-
Y=3X↑2-X↑3-X-1                    form w.oben
                          RUN     Stiftposition
                                  mit Plotter ge-
                                  wählt
```

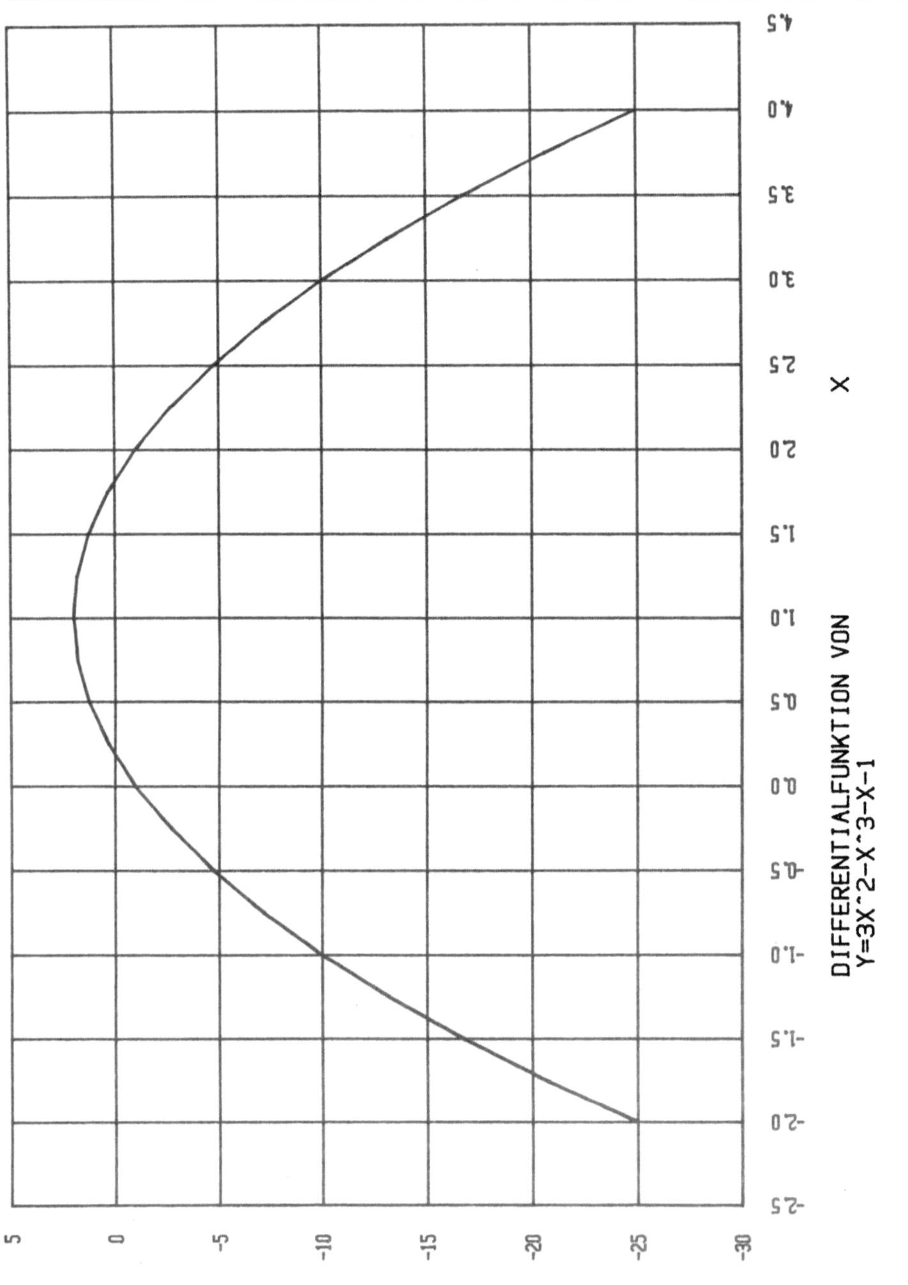
DIFFERENTIALFUNKTION VON
Y=3X^2-X^3-X-1
X
dY/dX
-2.5
-2.0
-1.5
-1.0
-0.5
0.0
0.5
1.0
1.5
2.0
2.5
3.0
3.5
4.0
4.5
5
0
-5
-10
-15
-20
-25
-30

Beispiel 10-1 d - Integralfunktion und Integral

```
                         XEQ "XY" A   Programmstart
R/S OD. TASTE
                         RUN
FUNKTIONSNAME                         Kopplung mit
XXX                      RUN          xxx
NETZ                                  Netz zeichnen
                         RUN
X-MIN
               -2.25     RUN
X-MAX
               -.25      RUN
X-DIFF
               .25       RUN          Skalierungs-
Y-MIN                                 daten
               0         RUN
Y-MAX
               13        RUN
Y-DIFF
               1         RUN          Kommastellen
X-KOMMAST.                            f.Achsen-
               2         RUN          bezifferung
Y-KOMMAST.
                         RUN
                         RUN
STIFT
               2         RUN          rechter Stift
LNIENTYP                              Linientyp 1
                         RUN          (Voreinstellung)
RECHNEN
                         RUN
KOMMAST.
               4         RUN
R-Y
          10.0000        RUN                 für y
R-X                                   Speicheradr.
          11.0000        RUN                 für x
X-1
          -2.0000        RUN          untere u.obere
X-2                                   Integralgrenze
          -.5000         RUN
dX
                         RUN          keine Eingabe
dY                                    1.Iterations-
           1.0000        RUN          schrittweite
ITERATIONEN?
           4.0000        RUN          4 Annäherungen
RECHENART
          25.0000        RUN          Integration
INTERVALLE?                           Integrations-
          10.0000        RUN          intervalle
DX=0.1500                             Ausgabe:Inter-
Y-START                               vallbreite
          20.0000        RUN          Startwert
X+ΣdX=-1.8500                         x-Position der Obergrenze des ersten Integrations-
ΣYdX=2.8837                           streifens] Summe der Streifenflächen.
```

```
X+ΣdX=-1.7000
ΣYdX=5.2637

X+ΣdX=-1.5500
ΣYdX=7.1962

X+ΣdX=-1.4000
ΣYdX=8.7342

X+ΣdX=-1.2500
ΣYdX=9.9279                         Ergebnisse

X+ΣdX=-1.1000
ΣYdX=10.8244

X+ΣdX=-0.9500
ΣYdX=11.4677

X+ΣdX=-0.8000
ΣYdX=11.8988

X+ΣdX=-0.6500
ΣYdX=12.1557

X+ΣdX=-0.5000
ΣYdX=12.2734
INTEGRAL=12.2734                    Wert des Inte-
                                    grals
                         XEQ D      Kennzeichnung
Y-TEXT                              d. Achsen
Y*dX                     RUN
X-TEXT
X                        RUN
                         XEQ d      Unterschrift
SCHRIFTBREITE
               .5000     RUN
-HOEHE                              Schriftform
              3.5000     RUN
THEMA
INTEGRALFUNKTION VON
                         RUN
                         XEQ H      2.Zeile d.Unter-
INTEGRALFUNKTION VON                schrift
Y=3X↑2-X↑3-X-1                      Schriftform w.o.
                                    Schriftposition
                                    mit Plotter
                                    gewählt
```

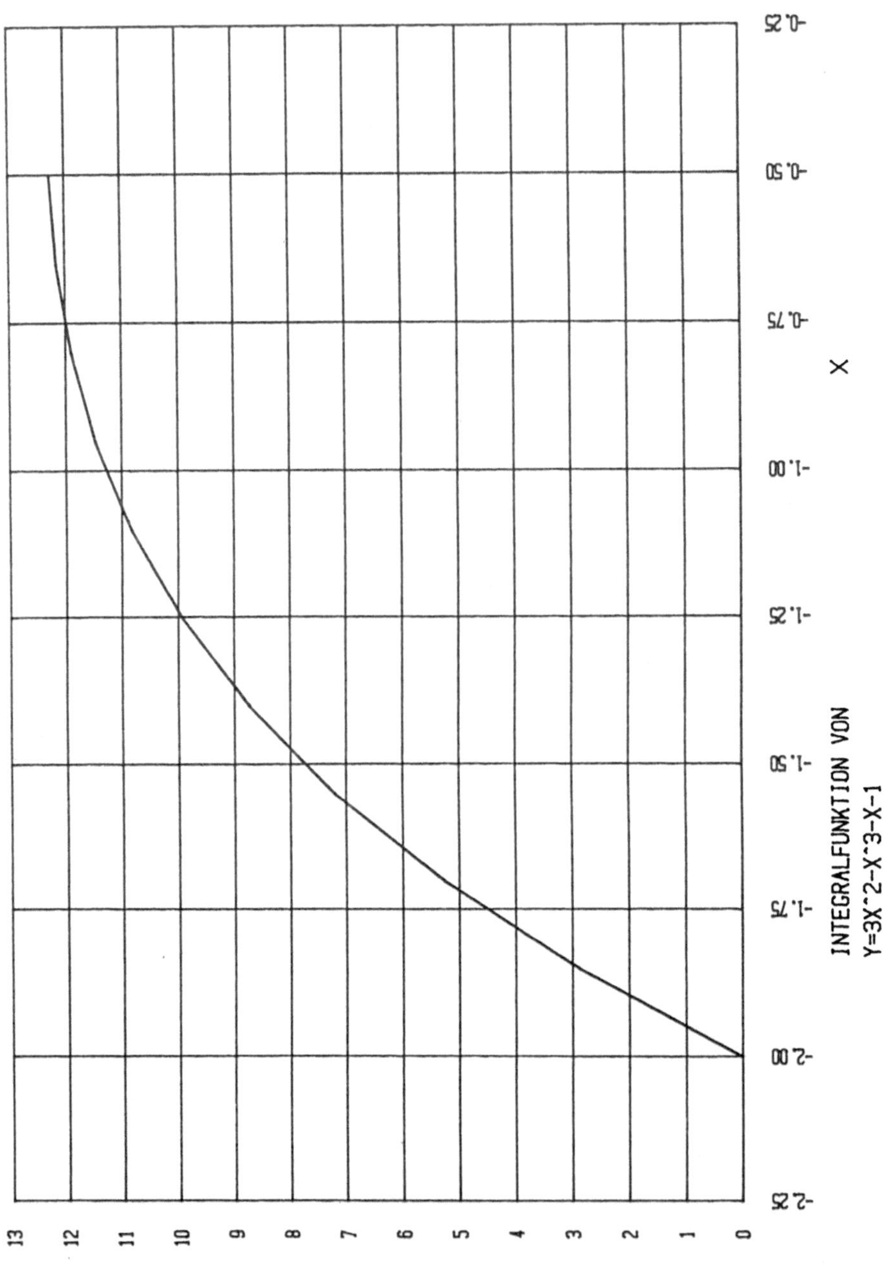
INTEGRALFUNKTION VON
Y=3X^2-X^3-X-1
X
SUMME Y*dX
-2.25
-2.00
-1.75
-1.50
-1.25
-1.00
-0.75
-0.50
-0.25
0
1
2
3
4
5
6
7
8
9
10
11
12
13

Tabelle 10-6 Exakte und Näherungswerte

x	y = f (x) △ y1 = 1; 3 Iterationen		dy/dx △ y1 = 1; 4 Iterationen	
	angenähert	genau	angenähert	genau
-2	20,991	21,000	- 25,012	- 25,000
-1,5	10,629	10,625	- 16,764	- 16,75
-1	4,007	4,000	- 10,012	- 10,000
-0,5	0,375	0,375	- 4,76	- 4,750
0	- 0,997	- 1,000	- 1,012	- 1,000
0,5	- 0,877	- 0,875	1,232	1,250
1	- 0,005	0,000	1,980	2,000
1,5	0,867	0,875	1,232	1,250
2	1,007	1,000	- 1,012	- 1,000
2,5	- 0,375	- 0,375	- 4,760	- 4,750
3	- 3,997	- 4,000	- 10,016	- 10,000
3,5	-10,619	-10,625	- 16,760	- 16,750
4	-20,991	-21,000	- 25,0124	- 25

	Nullstellen △ y1;= 1; 5 Iterationen	
	angenähert	genau
x(0)1	- 0,41421	- 0,414214..
x(0)2	-	1,000000
x(0)3	2,41420	2,414214

∫ f(x)dx; 10 Teilintervalle △ y1 = 1 4 Iterationen	
angenähert	genau
12,2729	12,2343

Beispiel 10-2 . Luftpolsterformel

$$\frac{p_a}{p_o\,(k-1)} \cdot \left[\left(\frac{G.\sigma + p_o}{p_a} \right)^{(k-1/k)} - 1 \right] + \left(\frac{G.\sigma + p_o}{p_a} \right)^{1/k} - \frac{\sigma \cdot h}{d \cdot p_o} - 1 = 0$$

σ Statische Flächenbelastung; $\sigma = m.g/A$

m Fallkörpermasse

g Fallbeschleunigung

A Auftreff- bzw. Polsterfläche

d Polsterdicke

h Fallhöhe

p_o Umgebungsdruck

p_a Druck im Luftpolster vor dem Auftreffen der Masse m

k Adiabatenexponent der Luft; k = 1,4

G Polsterfaktor

In der Luftpolsterformel sind mehrere Einflußgrößen so miteinander verknüpft, daß sie sich, wie man sieht, nicht wie bei einfacheren Formeln isolieren lassen. Es werden zunächst rein formal verschiedene funktionale Zusammenhänge zwischen je zwei dieser Größen berechnet und grafisch dargestellt. Eine kurze Darstellung des Polstermodells mit Interpretation der Rechenergebnisse wird am Schluß dieses Beispiels gegeben. Berechnet werden

a) G (σ) für 3 Werte von d

b) G (d)

c) G (h)

d) G (p_a)

Vorbereitungen mit Verwendung der Tabellen 10-7 und 10-8

Die Formel hat bereits die Form $f(p_a, p_o, G, \sigma, d, h) = 0$. Mit k =1,4 ergeben sich die Zahlenwerte entsprechend Tabelle 10-7.

- den Variablen werden Speicheradressen bzw. -ziffern zugeordnet

- In der Formel werden die Variablen durch die Speicherziffern ersetzt
- Die Formel wird programmiert. Das Programm erhält den Namen LUFT, beginnt mit LBL LUFT und endet mit RTN. Das Programmieren wurde bereits im Beispiel 10-1 beschrieben, ebenso das Übernehmen des Programms XY und des speziellen Unterprogramms in den Rechner.
- Zahlenwerte können den verschiedenen Größen nach Betätigung der Tasten *, C zugeordnet werden. Zunächst wird die Anzahl der Größen -hier 6- abgerufen, dann werden die Speicherziffern der Größen angezeigt, worauf die Zahlenwerte einzugeben sind. Sind nur einzelne Werte zu ändern bzw. einzugeben, z.B. d=4, so genügt die Tastenfolge 4; STO 15 (Speicheradresse von d). Die Eingabe der Zahlenwerte wird vorteilhaft mit Tabelle 10-8 vorbereitet.
- Die Größen, deren Zusammenhang berechnet und grafisch dargestellt werden soll, werden durch ihre Speicheradresse berücksichtigt. Die Anzeige R-y wird durch Eingabe der Speicheradresse der gewünschten Variablen (des "y") und die Anzeige R-x durch die Speicheradresse der unabhängigen Variablen (des "x") beantwortet. Ist z.B. h (G) zu berechnen, so ist entsprechend Tabelle 10-8 für R-y 14 und für R-x 12 einzugeben.

Die Eingabe für Berechnung und grafische Darstellung bereitet man am besten mit der Tabelle 10-8 vor.

Anhand der Tabellen und Eingabeprotokolle lassen sich die Berechnungen leicht nachvollziehen.

Beispiel 10-7 . XY Speicherzuordnung und Programm

Formel :

$$\frac{p_a}{p_o\,(k-1)} \cdot \left[\left(\frac{G \cdot \sigma + p_o}{p_a} \right)^{(k-1/k)} - 1 \right] + \left(\frac{G \cdot \sigma + p_o}{p_a} \right)^{1/k} - \frac{\sigma \cdot h}{d \cdot p_o} - 1 = 0$$

Formel in Speicheradressen :

$$\frac{(10)}{(11)\,.\,0{,}4} \cdot \left[\left(\frac{(12)\,.\,(13) + (11)}{(10)} \right)^{0{,}2875} - 1 \right] + \left(\frac{(12)\,.\,(13) + (11)}{(10)} \right)^{-0{,}7143} - \frac{(13)\,.\,(14)}{(15)\,.\,(11)} - 1 = 0$$

Größen	p_a	p_o	G	σ	h	d						
Speicheradressen	10	11	12	13	14	15	16	17	18	19	20	21
Einheiten	cN/cm2	cN/cm2	-	cN/cm2	cm	cm						
1	1000	1000	-	-	100	6						
2	1000	1000	-	-	100	4						
3	1000	1000	-	-	100	8						
4	1000	1000	-	50	100	-						
5	1000	1000	-	50	-	6						
6	-	1000	-	50	100	6						
7												

```
01♦LBL "LUFT"  17 -          33 /
 02 RCL 10     18 *          34 RCL 11
 03 RCL 11     19 RCL 12     35 /
 04 /          20 RCL 13     36 -
 05 .4         21 *          37 1
 06 /          22 RCL 11     38 -
 07 RCL 12     23 +          39 RTN
 08 RCL 13     24 RCL 10
 09 *          25 /
 10 RCL 11     26 -.7143
 11 +          27 Y↑X
 12 RCL 10     28 +
 13 /          29 RCL 13
 14 .2857      30 RCL 14
 15 Y↑X        31 *
 16 1          32 RCL 15
```

Tabelle 10-8 XY Eingabe

Relation: Polstergleichung von Luft

		Aufgabe	G(σ)	G (d)	G (h)	G(p_a)			
Daten für Koordinatennetz	Nur für Sonderformat erforderlich	Schriftbreite				0,4			
		Schrifthöhe				3			
		x-Ursprung				55			
		y-Ursprung				30			
		Lg.d. x-Achse				150			
		Lg.d. y-Achse				150			
		x-MIN	0	1	0	1000			
		x-MAX	250	11	200	1000			
		x-DIF	25	1	10	1000			
		y-MIN	60	50	0	0			
		y-MAX	200	400	210	250			
		y-DIF	20	25	30	50			
		x-Kommastellen	-	-	-	-			
		y-Kommastellen	-	-	-	-			
Daten für Berechnung		Stift	2	2	2	2			
		Linientyp	1	1	6	1			
		Kommastellen	2	2		2			
		R-y1)	12	12	12	12			
		R-x1)	13	15	14	10			
		x-1	10	2	0	1000			
		x-2	250	10	200	1000			
		dx	10	0,5	10	500			
		dy	1	10	1	10			
		Iterationen	2	3	3	3			
		Rechenart2)	24	24	24	24			
		Intervalle f.∫	-	-	-	-			
		y-Start	100	350	1	50			

1) Speicheradressen entsprechend gewählter Relation und Speicherzuordnung

2) 24 Relationsgraph; 25 integrieren; 26 Nullstellen;

Beispiel 10-2 a G (𝔊), d

```
                 XEQ "XY" A   Programmstart
R/S OD. TASTE
                 RUN
FUNKTIONSNAME                 „Kopplung mit
LUFT             RUN           "LUFT"
NETZ
                 XEQ c
ZAHL d.GROESSEN
           6     RUN
SPEICHER 10
        1000     RUN          Eingabe d.
SPEICHER 11                   Werte für
        1000     RUN          die Größen
SPEICHER 12
                 RUN
SPEICHER 13
                 RUN
SPEICHER 14
         100     RUN
SPEICHER 15
           6     RUN

                 XEQ B        Netz zeichnen
NETZ
                 RUN
X-MIN
           0     RUN
X-MAX
         250     RUN
X-DIFF                        Skalierungs-
          25     RUN          daten
Y-MIN
          60     RUN
Y-MAX
         200     RUN
Y-DIFF
          20     RUN
X-KOMMAST.
                 RUN          Kommastellen
Y-KOMMAST.                    für Achsen-
                 RUN          bezifferung

STIFT
           2     RUN          rechter Stift
LNIENTYP
                 RUN          Linientyp 1
RECHNEN                       (Voreinstel-
                 RUN          lung)
KOMMAST.
           2     RUN
```

```
R-Y
               12.00   RUN    von G
R-X                           Speicheradressen
               13.00   RUN    von 𝔊
X-1
               10.00   RUN    untere u. obere
X-2                           Intervallgrenze
              250.00   RUN    von 𝔊
dX
               10.00   RUN    Inkrement
dY
                1.00   RUN    1.Iterations-
ITERATIONEN?                    intervall
                2.00   RUN    2 Näherungen
RECHENART
               24.00   RUN    Funktionswerte
Y-START                       bestimmen
              100.00   RUN    Startwert
Y=104.41

X=20.00
Y=89.80                       Ergebnisse (ge-
                              kürzt)
X=30.00
Y=85.89                       siehe Diagramm
   .
   .
   .
X=240.00
Y=184.78

X=250.00
Y=192.39

              8 STO 15        Eingabe d=8
                 XEQ C
STIFT
                   2   RUN
LNIENTYP
                       RUN
RECHNEN
                       RUN
KOMMAST.
                   2   RUN    wie oben
R-Y
               12.00   RUN
R-X
               13.00   RUN
X-1
               10.00   RUN
```

```
X-2
          250.00    RUN
dX
           10.00    RUN
dY
            1.00    RUN
ITERATIONEN?
            2.00    RUN
RECHENART
           24.00    RUN
Y-START
           90.00    RUN
Y=85.19

X=20.00                   Ergebnisse
Y=71.08                   (gekürzt)

X=30.00                   siehe Diagramm
Y=66.27
   .
   .
   .
X=240.00
Y=107.94

X=250.00
Y=111.45
         4 STO 15         Eingabe d=4
            XEQ C
STIFT
            2.00    RUN
LNIENTYP
                    RUN
RECHNEN
                    RUN
KOMMAST.
            2.00    RUN
R-Y
           12.00    RUN
R-X
           13.00    RUN   wie oben
X-1
           10.00    RUN
X-2
          250.00    RUN
dX
           10.00    RUN
dY
            1.00    RUN
ITERATIONEN?
            2.00    RUN
RECHENART
           24.00    RUN
Y-START
          135.00    RUN
Y=142.01
```

```
X=20.00
Y=128.80

X=30.00
Y=128.59
   .                          Ergebnisse
   .                          (gekürzt)
   .                          siehe Diagramm
X=110.00
Y=202.47

X=120.00

                      XEQ D   Kennzeichnung
Y-TEXT                        der Achsen
POLSTERFAKTOR G
                        RUN
X-TEXT
STAT.DRUCK P IN CN/CM↑2
                        RUN
                      XEQ d   Unterschrift
SCHRIFTBREITE
                .50     RUN
-HOEHE                        Schriftform
               3.50     RUN
THEMA
POLSTERDIAGRAMM VON LUFT
                        RUN
                      XEQ E   Beschriftung
STIFT                         der Kurven 1)
               1.00     RUN   linker Stift
SCHRIFTBREITE
                .50     RUN
-HOEHE                        Schriftform
               3.00     RUN
TEXT
d=4 CM                  RUN
TEXT
                      XEQ H   Schriftform
TEXT                          wie oben
6                       RUN
TEXT
                      XEQ H   Schriftform
TEXT                          wie oben
8                       RUN
TEXT
```

1) Bei Anzeige ENTER POINT Stift mit Plottertasten in Schriftanfangsposition bringen und am Plotter ENTER drücken.

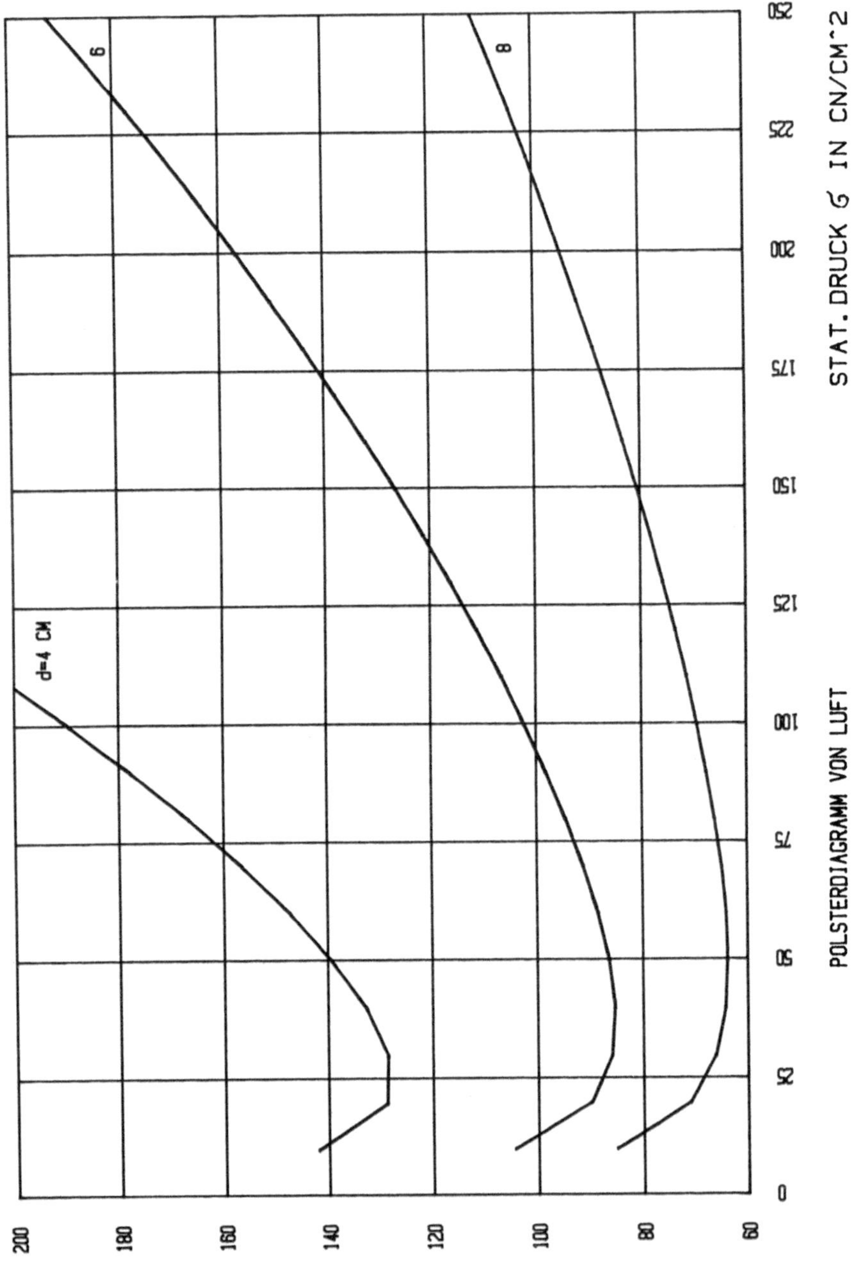

POLSTERDIAGRAMM VON LUFT
STAT. DRUCK σ IN CN/CM^2
POLSTERFAKTOR G
d=4 CM
6
8
0
25
50
75
100
125
150
175
200
225
250
60
80
100
120
140
160
180
200

Beispiel 10-2 b G (d)

```
                      XEQ "XY" A  Programmstart
R/S OD. TASTE
                      RUN
FUNKTIONSNAME                     Kopplung mit
LUFT                  RUN         "LUFT"
                      XEQ c
ZAHL d.GROESSEN                   Eingabe der
          6.00        RUN         Werte für
SPEICHER 10                       die Größen
          1000        RUN
SPEICHER 11
          1000        RUN
SPEICHER 12
                      RUN
SPEICHER 13
          50          RUN
SPEICHER 14
          100         RUN
SPEICHER 15
                      RUN
                      XEQ B       Netz zeichnen
NETZ
                      RUN
X-MIN
          1           RUN
X-MAX                             Skalierungs-
          11          RUN         daten
X-DIFF
          1           RUN
Y-MIN
          50          RUN
Y-MAX
          400         RUN
Y-DIFF
          25          RUN
X-KOMMAST.
                      RUN         Kommastellen
Y-KOMMAST.                        für Achsen-
                      RUN         bezifferung
                      XEQ C
STIFT
          2           RUN         rechter Stift
LNIENTYP
                      RUN         Linientyp 1
RECHNEN                           (Voreinstel-
                      RUN         lung)
KOMMAST.
          2           RUN
R-Y
          12.00       RUN                  von G
R-X                               Speicheradresse
          15.00       RUN                  von d
X-1

                   2.00   RUN     untere u. obere
X-2                               Intervallgrenze
                  10.00   RUN     von d
dX
                    .50   RUN     Inkrement
dY
                  10.00   RUN     1.Iterations-
ITERATIONEN?                        intervall
                   3.00   RUN     3 Annäherungen
RECHENART
                  24.00   RUN     Funktionswerte
Y-START                           bestimmen
                 350.00   RUN     Startwert
Y=379.61

X=2.50
Y=267.00
                                  Ergebnisse ge-
  .                               kürzt,
  .
  .                               siehe Diagramm

X=9.50
Y=54.06

X=10.00
Y=51.55

X=10.50
                          XEQ D   Kennzeichnung
Y-TEXT                            der Achsen
POLSTERFAKTOR G
                          RUN
X-TEXT
POLSTERDICKE D
POLSTERDICKE D IN CM
                          RUN
                          XEQ d   Unterschrift
SCHRIFTBREITE
                    .60   RUN
-HOEHE                            Schriftform
                   4.00   RUN
THEMA
LUFTPOLSTER
```

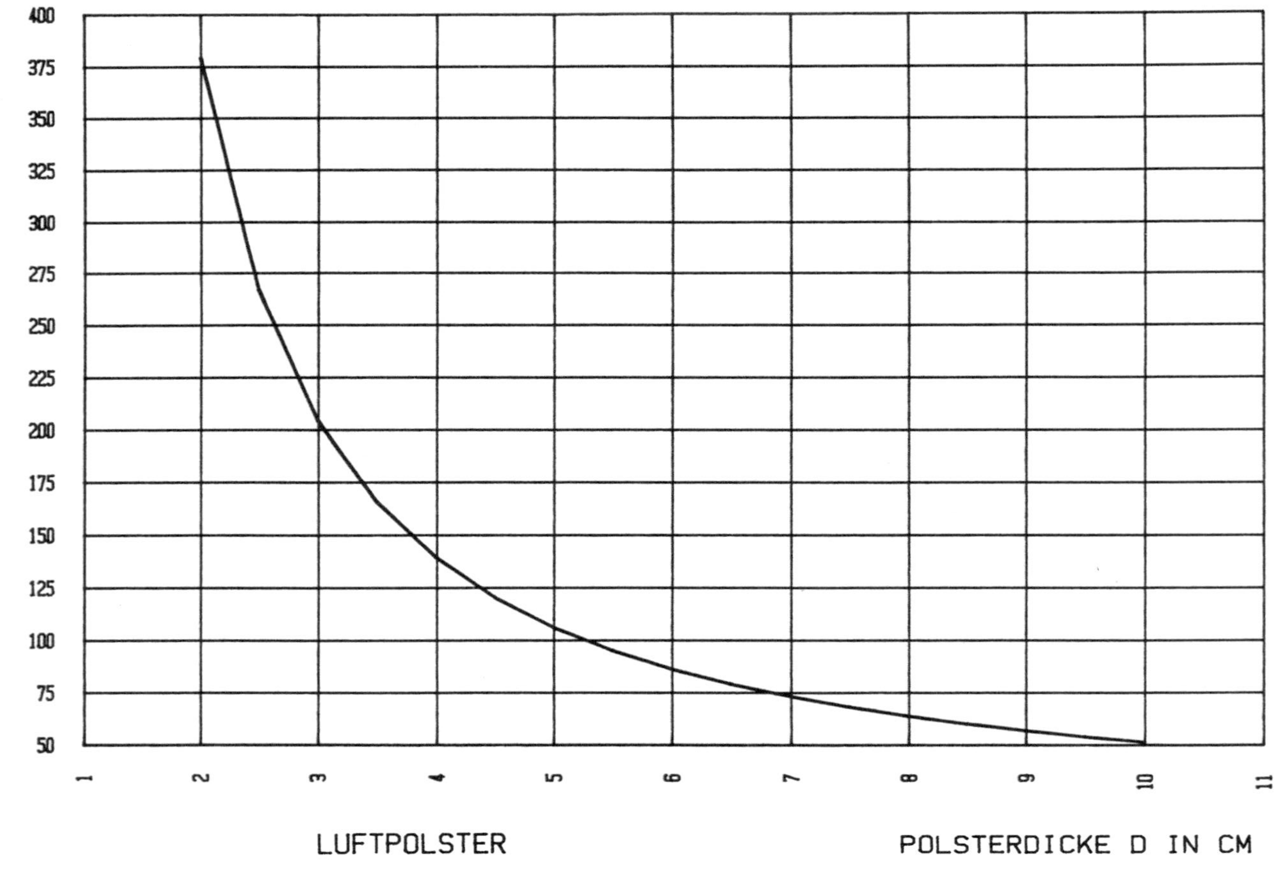

POLSTERFAKTOR G
400 375 350 325 300 275 250 225 200 175 150 125 100 75 50
1 2 3 4 5 6 7 8 9 10 11
LUFTPOLSTER
POLSTERDICKE D IN CM

Beispiel 10-2 c G (h)

Anzeige	Eingabe	Bemerkung
	XEQ "XY" A	Programmstart[1)]
R/S OD. TASTE		
	XEQ G XEQ c	kurze Skalenstriche
ZAHL d.GROESSEN		
	6 RUN	
SPEICHER 10		
	1000 RUN	Eingabe der Werte für die Größen
SPEICHER 11		
	1000 RUN	
SPEICHER 12		
	RUN	
SPEICHER 13		
	50 RUN	
SPEICHER 14		
	RUN	
SPEICHER 15		
	6 RUN	
	XEQ B	
NETZ		
	RUN	
X-MIN		
	0 RUN	
X-MAX		
	200 RUN	
X-DIFF		
	10 RUN	Skalierungsdaten
Y-MIN		
	0 RUN	
Y-MAX		
	210 RUN	
Y-DIFF		
	30 RUN	
X-KOMMAST.		
	RUN	Kommastellen für die Achsenbezifferung
Y-KOMMAST.		
	RUN	
STIFT		
	2 RUN	rechter Stift
LNIENTYP		
	6 RUN	entspr. Bild 10-2
RECHNEN		
	RUN	
KOMMAST.		
	RUN	
R-Y		
	12 RUN	Speicheradresse von G
R-X		
	14 RUN	Speicheradresse von h
X-1		
	0 RUN	untere und obere Intervallgrenze von h
X-2		
	200 RUN	

Anzeige	Eingabe	Bemerkung
dX		
	10 RUN	Inkrement
dY		
	1 RUN	1.Iterationsschrittweite
ITERATIONEN?		
	3 RUN	3 Annäherungen
RECHENART		
	24 RUN	Funktionswerte bestimmen
Y-START		
	1 RUN	
Y=9.E-3		
X=10 Y=13		
X=20 Y=21		Ergebnisse (gekürzt)
.		
.		siehe Diagramm
.		
X=190 Y=190		
X=200 Y=205		
X=210		
	XEQ D	
Y-TEXT POLSTERFAKTOR G		Kennzeichnung der Achsen
	RUN	
X-TEXT FALLHOEHE H IN CM		
	RUN	
	XEQ d	Unterschrift
SCHRIFTBREITE		
	.6 RUN	
-HOEHE		Schriftform
	5 RUN	
THEMA LUFTPOLSTER		

1) Bei mehreren Berechnungen mit dem gleichen Unterprogramm ist die Kopplung mit dem Unterprogramm nur einmal erforderlich.

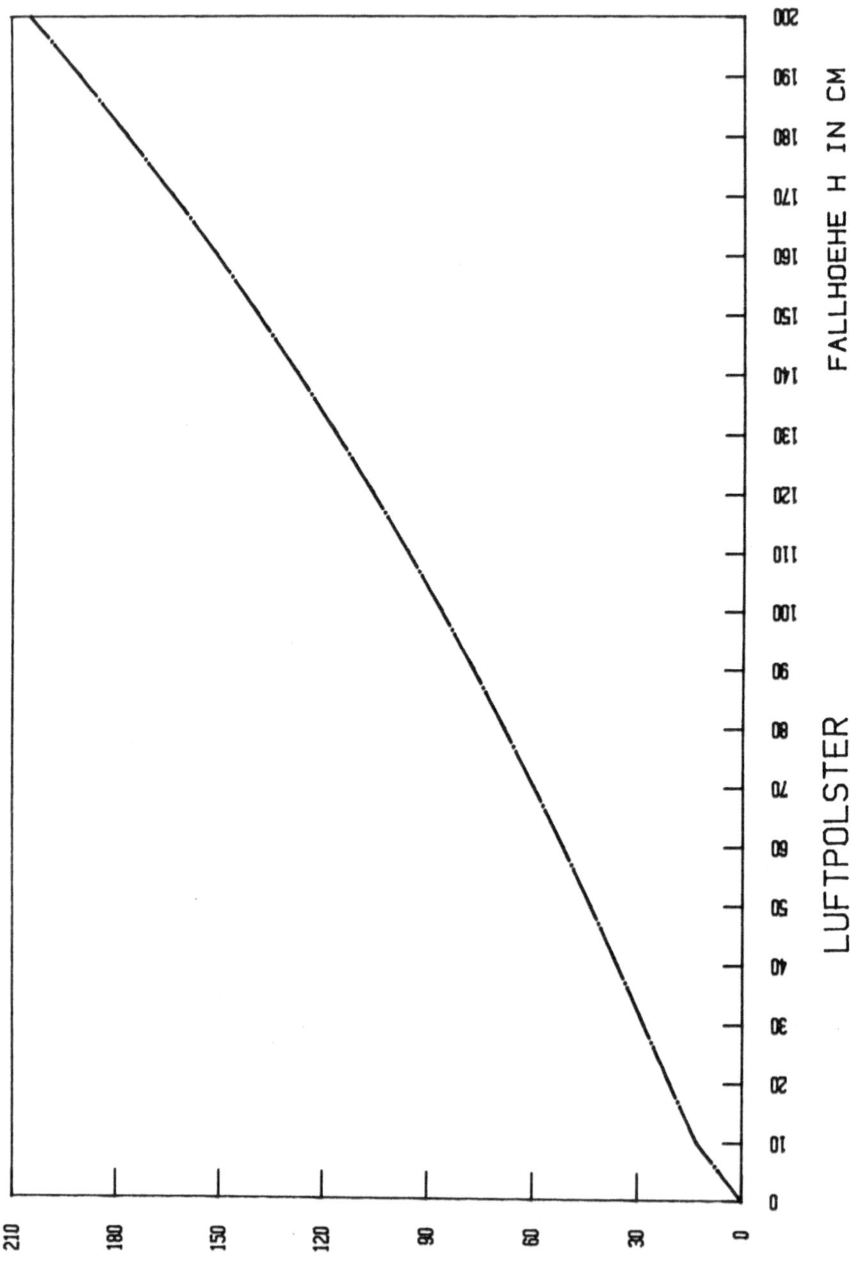
LUFTPOLSTER
FALLHOEHE H IN CM
POLSTERFAKTOR G
0
10
20
30
40
50
60
70
80
90
100
110
120
130
140
150
160
170
180
190
200
0
30
60
90
120
150
180
210

Beispiel 10-2 d G (p_a)

		XEQ "XY" A	Programmstart
R/S OD. TASTE			
		RUN	
FUNKTIONSNAME			„Koppelung mit "LUFT"
LUFT		RUN	
NETZ			
		XEQ c	
ZAHL d.GROESSEN			
	6	RUN	
SPEICHER 10			Eingabe der Werte für die Größen
		RUN	
SPEICHER 11			
	1000	RUN	
SPEICHER 12			
		RUN	
SPEICHER 13			
	50	RUN	
SPEICHER 14			
	100	RUN	
SPEICHER 15			
	6	RUN	
		XEQ I	
NETZ-WAHL			Sonderformat
		RUN	
SCHRIFTBREITE			
	.4	RUN	
-HOEHE			Schriftform
	2.7	RUN	
X			
	55	RUN	Plotterkoordinaten des Diagrammursprungs
Y			
	30	RUN	
LG.X-ACHSE			
	150	RUN	Längen der Achsen
LG.Y-ACHSE			
	150	RUN	
X-MIN			
	1000	RUN	
X-MAX			
	10000	RUN	Skalierungsdaten
X-DIFF			
	1000	RUN	
Y-MIN			
	0	RUN	
Y-MAX			
	250	RUN	
Y-DIFF			
	50	RUN	
X-KOMMAST.			
		RUN	
Y-KOMMAST.			
		RUN	

STIFT			
	2	RUN	rechter Stift
LNIENTYP			
		RUN	Linientyp 1
RECHNEN			
		RUN	
KOMMAST.			
	1	RUN	
R-Y			
	12.0	RUN	Speicheradressen von G
R-X			
	10.0	RUN	von p_a
X-1			
	1000.0	RUN	untere u. obere Intervallgrenze von p_a
X-2			
	10000.0	RUN	
dX			
	250.0	RUN	Inkrement
dY			
	10.0	RUN	1.Iterationsschrittweite
ITERATIONEN?			
	3.0	RUN	3 Annäherungen
RECHENART			
	24.0	RUN	Funktionswerte bestimmen
Y-START			
	50.0	RUN	Startwert
Y=86.4			
X=1250.0			
Y=74.8			Ergebnisse gekürzt
.			
.			
.			
X=9750.0			
Y=202.0			
X=10000.0			
Y=206.9			
		XEQ D	Kennzeichnung der Achsen
Y-TEXT			
POLSTEFAKTOR G		RUN	
X-TEXT			
ANFANGSDRUCK PA IN			
		RUN	
		XEQ H	Fortsetzung des Textes für die x-Achse
CH/CM↑2		RUN	
		XEQ d	Unterschrift
SCHRIFTBREITE			
	.5	RUN	
-HOEHE			Schriftform
	4.5	RUN	
THEMA			
LUFTPOLSTER		RUN	

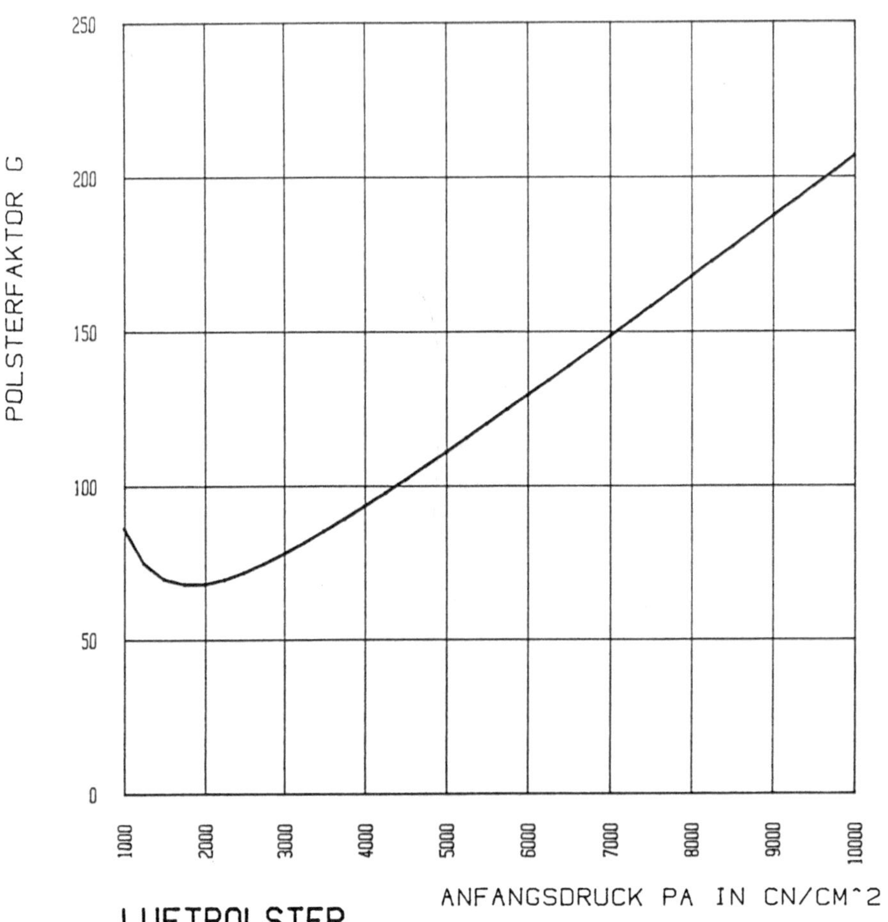
POLSTERFAKTOR G
250
200
150
100
50
0
1000
2000
3000
4000
5000
6000
7000
8000
9000
10000
ANFANGSDRUCK PA IN CN/CM^2
LUFTPOLSTER

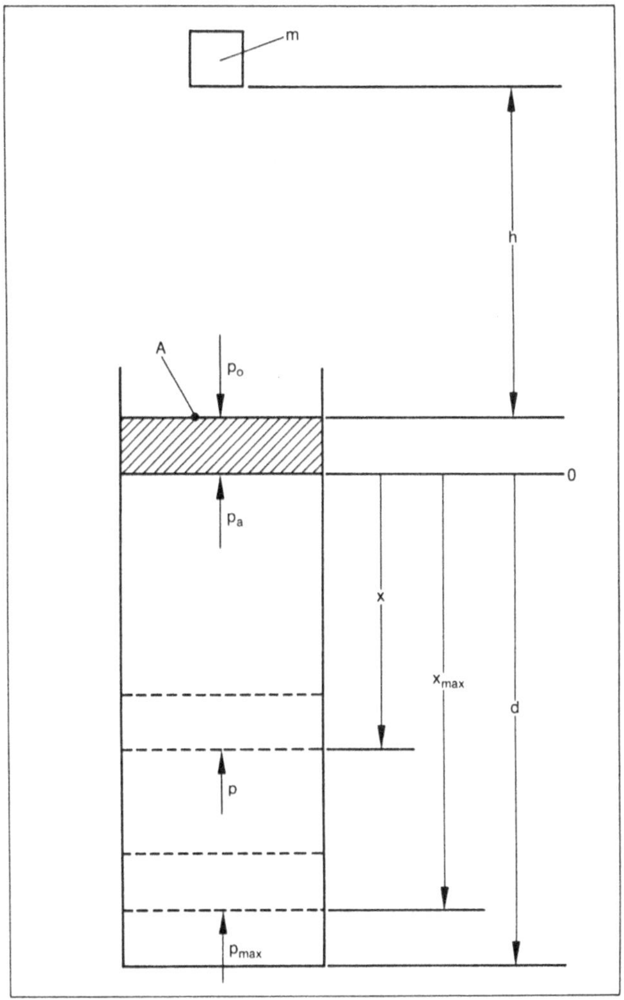

Bild 10-3 Luftpolstermodell

Luftpolstermodell: Die Polstermechanik im einzelnen darzulegen gehört nicht zum Thema dieses Buches[1]. Zum Verständnis der errechneten Diagramme ist jedoch eine Kurzbeschreibung angebracht -Bild 10-3.

---

[1] Prankel, W.: Die Polstereigenschaften von Luft und von geschlossenzelligem Polystyrol-Schaumstoff. Verpackungs-rundschau 6/1978

In einem vertikalen, oben offenen Zylinder ruht ein masseloser Kolben (Kolbenfläche A) auf einer Luftsäule mit der Dicke d. Der Kolben kann reibungsfrei gleiten und dichtet ideal ab.

Aus der Höhe h fällt die Masse m auf den Kolben, der sich daraufhin abwärts bewegt und die Luft unter sich so weit komprimiert, bis die Fallenergie vollständig in Kompressionsenergie umgewandelt ist. In diesem Moment erreicht die Stoßverzögerung ihr Maximum, und Kolben und Masse federn zurück.[2] Der Polsterfaktor G gibt nun an, wieviel mal größer die maximale Stoßverzögerung ist als die Fallbeschleunigung g bzw. wieviel größer die maximale Stoßkraft ist als das Gewicht der Masse m.

Mit zunehmender Dicke wird das Polster weicher (man denke an Kissen), und der Polsterfaktor nimmt ab -Diagramm G (d).

Bei sehr großer Kolben- bzw. Polsterfläche A (kleines σ) wird die Stoß- bzw. Bremskraft groß, weil der Kompressionsdruck auf eine große Fläche wirkt. Bei sehr kleiner Kolbenfläche (großes σ) steigt der Kompressionsdruck am Ende des Stoßvorgangs nach längerem Kolbenweg ebenfalls stark an, wodurch auch eine hohe Stoßkraft hervorgerufen wird. Demnach gibt es eine Kolbenfläche, bei der unter sonst gleichen Bedingungen eine optimal niedrige Stoßkraft (G-Wert) erreicht wird. Das erklärt die Kurvenminima auf Diagramm G (σ), d.

Steigender Anfangsdruck im Zylinder bewirkt härteren Stoß bzw. Anstieg des Polsterfaktors G; Diagramm G (p_a), und auch zunehmende Fallhöhe führt zur Steigerung von G; Diagramm G (h).

2) Die Rückfederung bleibt außer Betracht.

11 Listings aller Programme

Ein Benutzerhandbuch hat nicht die Aufgabe, Programmiertechniken zu vermitteln. Deswegen, und auch wegen der Länge der meisten Programme, sind die Listings nicht Zeile für Zeile, sondern in der akkumulierten Form angegeben und relativ knapp kommentiert. Von den zusammengehörigen und daher ähnlich aufgebauten Programmen jedes Kapitels wurde jeweils nur das erste ausführlicher dargestellt. Zur besseren Orientierung gehören zu jeder Programmgruppe Tabellen, die über die Speicher- und Flag-Verwendung Aufschluß geben.

11.1 Liniendiagramme, Hochformat

```
01♦LBL "LINH"
AUTOIO  CF 00  CF 01
CF 02  CF 03  SF 05
CF 06  CF 07  CF 17
CLRG  1  STO 25  STO 46
STO 28  2.5  STO 47  100
STO 35  PINIT  90  LDIR
```

Initialisierung u.Voreinstellungen

Schrift horizontal bei Hochformat

```
23♦LBL 30
"POSITION/TASTE"  PROMPT
STO 57  30  STO 43  150
STO 26  GTO IND 57
```

Diagrammpositionen

```
32♦LBL 01
RCL 43  50  STO 50  180
STO 33  GTO 37

39♦LBL 02
140  STO 50  70  STO 33
GTO 37

45♦LBL 03
30  STO 50  70  STO 33
GTO 37
```

Positionen 1 bis 3

```
51♦LBL 04
SF 07  XEQ 39  "X"
PROMPT  STO 43  "Y"
PROMPT  STO 50
"LG.X-ACHSE?"  PROMPT
STO 26  "LG.Y-ACHSE?"
PROMPT  STO 33  GTO 37
```

Benutzerwahl-Position 4

```
67♦LBL C
SF 01  GTO I
```

x-Achsen-Beschriften durch Benutzer

```
70♦LBL D
0  STO 40  CF 03  RCL 25
STO 46  RCL 30  STO 00
XEQ 33  SF 00  "STIFT"
PROMPT  PEN  2.5
"LINIENTYP"  PROMPT
LTYPEO
```

weitere Datenserien eingeben, Wahl von Stift und Linientyp

```
87♦LBL 37
FS? 03  GTO 31
"DATENZAHL"  PROMPT
FC? 00  STO 45  1000  /
1  +  FIX 0  STO 00
STO 30
```

Datenzahl eingeben;formieren einer entspr. Schleifensteuerungszahl

```
101♦LBL 31
FIX 0  "WERT-"  RCL 00
INT  ARCL X  "⊢"  PROMPT
STO IND 00
```

Eingabe der Zahlenwerte

```
110♦LBL 41
ISG 00  GTO 31  RCL 30
STO 00  FS? 00  GTO 22
FS? 03  GTO 35
RCL IND 00  ISG 00
```

bei weiteren Datenserien u.bei Benutzerskalierung die Autoskalierung umgehen

```
121♦LBL 32
RCL IND 00  X<=Y?  X<>Y
ISG 00  GTO 32  LOG
ENTER↑  INT  10↑X
STO 31  RDN  FRC  10↑X
STO 32  RCL 47  STO 51
```

den Größtwert die Stellenzahl u.die Ziffernfolge speichern

```
138♦LBL 13
1  RCL 32  X=Y?  GTO 20
RCL 51  RCL 32  1 E-4  -
X<Y?  GTO 14  RCL 47
ST+ 51  GTO 13

152♦LBL 20
1  STO 51
```

falls Höchstwert nahe 10 ,100 ,... Skalierungsbasis 1 einsetzen. Skalierungsbasis zu sich selbst addieren bis Summe größer als Einerwert des Größtwertes

```
155♦LBL 14
RCL 51  RCL 31  *
STO 29  .1  *  STO 44
RCL 30  STO 00
```

Ergebnis mit Stellenzahl des Größtwertes versehen

```
165♦LBL 35
RCL 43  RCL 26  +
STO 37  RCL 50  RCL 33
+  STO 38  XEQ 50
FS? 07  XEQ 17  XEQ 51
XEQ 33  RCL 35  TICLEN
RCL 34  X<0?  0  STO 52
RCL 45  RCL 25  RCL 28
RCL 52  YAXISO
FIX IND 54  XEQ 26
FIX IND 55  XEQ 33
RCL 29  RCL 34  RCL 44
RCL 25  LXAXIS  RCL 30
STO 00  FS? 03  GTO 42
GTO 19
```

Arbeitsfläche u. Diagrammfläche definieren und skalieren

x-Achse (Hochformat) zeichnen u. beschriften

y-Achse zeichnen u. beschriften

```
204♦LBL 42
RCL 25  STO 46  GTO 22
```

Schleifensteuerungszahl regenerieren

```
208♦LBL 26
5  LORG  XEQ 34  -5
STO 41
```

Beschriften der x-Achse

```
214♦LBL 21
RCL 46  RCL 41  MOVE
CLA  ARCL Y  FS? 01
XEQ 23  LABEL  RCL 28
ST+ 46  RCL 45  RCL 46
```

```
X<=Y? GTO 21 CF 02
AOFF 90 LDIR RTN
```
vertikale Schrift horizontal drehen

```
234♦LBL 22
FS? 05 GTO 19 RCL 46
RCL IND 00 ST+ 40 PLOT
RCL 28 ST+ 46 ISG 00
GTO 22 FS? 00 GTO 09
RCL 30 STO 00 RCL 25
STO 46 GTO 16
```
Plotten d.Linienzuges bei Benutzerskalierung u. summieren der Zahlenwerte

```
252♦LBL 23
90 FS? 02 180 LDIR 5
FS? 02 8 LORG
"X-SKAL.TEXT" AON
PROMPT RTN
```
Richtung der x-Achsen-Beschriftung

```
265♦LBL 19
RCL 00 INT RCL IND 00
ST+ 40 PLOT ISG 00
GTO 19 GTO 16
```
Plotten d.Linienzuges bei Autoskalierung

```
274♦LBL H
SF 02 GTO C
```
Schrift vertikal

```
277♦LBL a
SF 08 GTO 30
```
Arbeitsbereich umrahmen

```
280♦LBL B
"Y-DIF?" PROMPT STO 47
GTO 30
```
Skalierungsbasis wählen

```
285♦LBL I
CF 05 FIX 0 SF 03
"Y-MIN" PROMPT STO 34
STO 52 "Y-MAX" PROMPT
STO 29 "Y-DIF" PROMPT
STO 44 "X-MIN" PROMPT
STO 25 STO 46 "X-MAX"
PROMPT STO 45 STO 36
"X-DIF" PROMPT STO 28
```
Eingaben für Benutzerskalierung

```
RDN - R↑ / CHS 1 +
FIX 1 CLA "DATEN "
ARCL X AVIEW INT
1 E-3 * 1 + STO 00
STO 30 GTO 30
```
errechnen u.ausgeben der Datenzahl entspr. den x-Eingaben

```
330♦LBL E
"STIFT" PROMPT PEN
CF 17 XEQ 24 4 LORG
RCL 33 7.5 +
"ABSTD.MM?" PROMPT
RCL 26 2 / X<>Y MOVE
```
Überschrift

```
XEQ 39 XEQ 17 GTO 25
```
Schrift entspr. gewählter Form

```
351♦LBL "Q"
SF 17 GTO 43
```
ab gewählter Schriftposition einzeilig schreiben

```
354♦LBL F
SF 06 XEQ 50 XEQ 47
-30 RCL 33 0 RCL 26
SCALE -15 STO 48 0
STO 39 GTO 44
```
Linientypen erklären und Datensumme angeben

```
368♦LBL b
CF 06 SF 17 XEQ 50
FS? 03 XEQ 17 DGTIZE
STO 48 RDN STO 39
```
nur Linientypen erklären

```
378♦LBL 44
4 FC? 03 STO 42 CLX
SF 17 3 "LINIENTYP"
PROMPT LTYPEO "STIFT"
PROMPT PEN RCL 39
RCL 48 MOVE RCL 42
ST- 48 15 0 IDRAW
" " FS? 06 " SUMME "
LABEL "TEXT" AON
PROMPT LABEL AOFF
GTO 44
```

```
409♦LBL e
CF 17
```
ab gewählter Stiftposition mehrzeilig schreiben

```
411♦LBL 43
XEQ 50 1 LORG XEQ 39
XEQ 17 DGTIZE MOVE

419♦LBL 25
"TEXT?" AON PROMPT
LABEL AOFF GTO 25
```
Unterprogramme für Beschriftung

```
426♦LBL 16
FS? 00 GTO 09 XEQ 24
-19 RCL 33 .4 * MOVE
180 CLA "Y-TEXT"
XEQ 28 RCL 26 .65 *
-12 MOVE 90 CLA
"X-TEXT" XEQ 28 GTO 09
```
x- und y-Achse kennzeichnen

```
449♦LBL 28
AON PROMPT LDIR LABEL
AOFF RTN
```

```
456♦LBL 09
PENUP CF 02 90 LDIR
0 PEN CLA "Σ= "
ARCL 40 AVIEW RTN
```
Endroutine Wertesumme ausgeben

```
468♦LBL 50
0 270 0 190 LIMIT
FS?C 08 FRAME 270 0
0 190 SCALE 90 LDIR
RTN
```
Arbeitsbereich definieren u. für Hochformat in mm skalieren

```
484♦LBL 47
30 ST- 50
```

Zeichenbereich f. Linientyperklärung erweitern

```
487♦LBL 51
RCL 50 RCL 38 RCL 43
RCL 37 CLIPUU RTN
```

Diagrammfläche definieren

```
494♦LBL 33
RCL 34 RCL 29 RCL 25
RCL 45 SCALE RTN
```

Diagrammbereiche in x-und y-Einheiten skalieren

```
501♦LBL 34
0 RCL 33 RCL 25
RCL 45 SCALE RTN
```

Diagrammbereich y in mm x in x-Einheiten skalieren

```
508♦LBL 24
0 RCL 33 0 RCL 26
SCALE RTN
```

x- und y-Achse in mm skalieren

```
515♦LBL 39
"SCHRIFTBREITE" PROMPT
STO 58 "-HOEHE" PROMPT
STO 59 1.5 * STO 42
RTN
```

Unterprogramme

Schriftform und Zeilenabstand

```
526♦LBL 17
90 LDIR 0 RCL 58
RCL 59 CSIZEO RTN
```

```
534♦LBL J
"X-KOMMAST." PROMPT
STO 54 "Y-KOMMAST."
PROMPT STO 55 GTO 30
```

Nachkommastellen eingeben

```
542♦LBL c
"TEILSTRICH-LG." PROMPT
STO 35 GTO 30 .END.
```

Länge der Skalenteilstriche eingeben.

11.2 Liniendiagramm Querformat

```
 01♦LBL "LINQ"
AUTOIO  CF 00  CF 01
CF 02  CF 03  CF 04
SF 05  CF 06  CF 07
CF 17  CLRG  1  STO 25
STO 46  STO 28  2.5
STO 47  100  STO 35
PINIT

 22♦LBL 30
"POSITION/TASTE"  PROMPT
STO 57  105  STO 26  60
STO 33  GTO IND 57

 31♦LBL 01
25  STO 43  115  STO 50
GTO 37

 37♦LBL 02
160  STO 43  115  STO 50
GTO 37

 43♦LBL 03
25  STO 43  30  STO 50
GTO 37

 49♦LBL 04
160  STO 43  30  STO 50
GTO 37

 55♦LBL 05
SF 04  30  STO 43  230
STO 26  40  STO 50  120
STO 33  GTO 37

 66♦LBL 06
SF 07  SF 04  XEQ 39
"X"  PROMPT  STO 43  "Y"
PROMPT  STO 50
"LG.X-ACHSE?"  PROMPT
STO 26  "LG.Y-ACHSE?"
PROMPT  STO 33  GTO 37

 83♦LBL C
SF 01  GTO I

 86♦LBL D
0  STO 40  CF 03  RCL 25
STO 46  RCL 30  STO 00
XEQ 33  SF 00  "STIFT"
PROMPT  PEN  2.5
"LINIENTYP"  PROMPT
LTYPEO

103♦LBL 37
FS? 03  GTO 31
"DATENZAHL"  PROMPT
FC? 00  STO 45  1000  /
1  +  FIX 0  STO 00
STO 30

117♦LBL 31
FIX 0  "WERT-"  RCL 00
INT  ARCL X  "⊢"  PROMPT
STO IND 00

126♦LBL 41
ISG 00  GTO 31  RCL 30
STO 00  FS? 00  GTO 22
FS? 03  GTO 35
RCL IND 00  ISG 00

137♦LBL 32
RCL IND 00  X<=Y?  X<>Y
ISG 00  GTO 32  LOG
ENTER↑  INT  10↑X
STO 31  RDN  FRC  10↑X
STO 32  RCL 47  STO 51

154♦LBL 13
1  RCL 32  X=Y?  GTO 20
RCL 51  RCL 32  .0001  -
X<Y?  GTO 14  RCL 47
ST+ 51  GTO 13

168♦LBL 20
1  STO 51

171♦LBL 14
RCL 51  RCL 31  *
STO 29  .1  *  STO 44
RCL 30  STO 00

181♦LBL 35
RCL 43  RCL 26  +
STO 37  RCL 50  RCL 33
+  STO 38  XEQ 50
FS? 07  XEQ 17  XEQ 51
XEQ 33  RCL 35  TICLEN
RCL 34  X<0?  0  STO 52
RCL 45  RCL 25  RCL 28
CHS  RCL 52  FC? 03
GTO 18  XAXISO
FIX IND 54  XEQ 26

211♦LBL 27
FIX IND 55  XEQ 33
RCL 29  RCL 34  RCL 44
RCL 25  LYAXIS  RCL 30
STO 00  FS? 03  GTO 42
GTO 19

224♦LBL 18
FIX IND 54  LXAXIS
GTO 27

228♦LBL 42
RCL 25  STO 46  GTO 22

232♦LBL 26
5  LORG  XEQ 34  -3
FS? 04  -5  STO 41

240♦LBL 21
RCL 41  RCL 46  MOVE
CLA  ARCL X  FS? 01
XEQ 23  LABEL  RCL 28
ST+ 46  RCL 45  RCL 46
X<=Y?  GTO 21  CF 02
AOFF  0  LDIR  RTN

260♦LBL 22
FS? 05  GTO 19
RCL IND 00  ST+ 40
RCL 46  PLOT  RCL 28
ST+ 46  ISG 00  GTO 22
FS? 00  GTO 09  RCL 30
STO 00  RCL 25  STO 46
GTO 16

278♦LBL 23
0  FS? 02  90  LDIR  5
FS? 02  8  LORG
"X-SKAL.TEXT"  AON
PROMPT  RTN

291♦LBL 19
RCL IND 00  ST+ 40
RCL 00  INT  PLOT
ISG 00  GTO 19  GTO 16

300♦LBL H
SF 02  GTO C

303♦LBL a
SF 08  GTO 30
```

```
306♦LBL B
"Y-DIF?" PROMPT STO 47
GTO 30

311♦LBL I
CF 05 FIX 0 SF 03
"Y-MIN" PROMPT STO 34
STO 52 "Y-MAX" PROMPT
STO 29 "Y-DIF" PROMPT
STO 44 "X-MIN" PROMPT
STO 25 STO 46 "X-MAX"
PROMPT STO 45 STO 36
"X-DIF" PROMPT STO 28
RDN - R↑ / CHS 1 +
FIX 1 CLA "DATEN "
ARCL X AVIEW INT
1 E-3 * 1 + STO 00
STO 30 GTO 30

356♦LBL E
XEQ 24 "STIFT" PROMPT
PEN FC? 04 GTO 36
CF 17 4 LORG RCL 33
20 + "ABSTD.MM?"
PROMPT RCL 26 2 /
MOVE XEQ 39 XEQ 17
GTO 25

378♦LBL 36
.5 STO 58 4 STO 59 4
LORG 65 52.5 MOVE
XEQ 17 GTO 25

390♦LBL "Q"
SF 17 GTO 43

393♦LBL F
CF 04 SF 06 XEQ 50
XEQ 47 0 RCL 26 -30
RCL 33 SCALE -9
FS? 07 -15 STO 48 0
STO 39 GTO 44

410♦LBL b
CF 04 CF 06 XEQ 50
FS? 03 XEQ 17 DGTIZE
STO 39 RDN STO 48

420♦LBL 44
SF 17 3 "LINIENTYP"
PROMPT LTYPEO "STIFT"
PROMPT PEN RCL 48
RCL 39 MOVE RCL 42
ST- 48 0 15 IDRAW
" " FS? 06 " SUMME
LABEL "TEXT" AON
PROMPT LABEL AOFF
GTO 44
```

```
447♦LBL e
CF 17

449♦LBL 43
XEQ 50 1 LORG XEQ 39
XEQ 17 DGTIZE MOVE

457♦LBL 25
"TEXT?" AON PROMPT
LABEL AOFF GTO 25

464♦LBL 16
FS? 00 GTO 09 XEQ 24
RCL 33 .4 * -19 MOVE
90 CLA "Y-TEXT"
XEQ 28 -12 FS? 04 -19
RCL 26 .65 * MOVE 0
CLA "X-TEXT" XEQ 28
GTO 09

489♦LBL 28
AON PROMPT LDIR LABEL
AOFF RTN

496♦LBL 09
PENUP CF 02 0 LDIR 0
PEN CLA "Σ=" ARCL 40
AVIEW RTN

508♦LBL 50
0 270 0 190 LIMIT
FS?C 08 FRAME SCALE
FC? 04 GTO 38 RTN

520♦LBL 38
0 .35 3 CSIZEO 1.3
* STO 42 RTN

529♦LBL 47
30 ST- 50

532♦LBL 51
RCL 43 RCL 37 RCL 50
RCL 38 CLIPUU RTN

539♦LBL 33
RCL 25 RCL 45 RCL 34
RCL 29 SCALE RTN

546♦LBL 34
RCL 25 RCL 45 0
RCL 33 SCALE RTN

553♦LBL 24
0 RCL 26 0 RCL 33
SCALE RTN
```

```
560♦LBL 39
"SCHRIFTBREITE" PROMPT
STO 58 "-HOEHE" PROMPT
STO 59 1.3 * STO 42
RTN

571♦LBL 17
0 LDIR RCL 58 RCL 59
CSIZEO RTN

578♦LBL J
"X-KOMMAST." PROMPT
STO 54 "Y-KOMMAST."
PROMPT STO 55 GTO 30

586♦LBL c
"TEILSTRICH-LG." PROMPT
STO 35 GTO 30

591♦LBL d
CF 17 XEQ 50 8.5 145
MOVE XEQ 39 XEQ 17 4
LORG XEQ 25 STOP
.END.
```

Tabelle 11-1 Programme LINH und LINQ;
Liste der Speicher

Speicher-nummer	Speicherinhalt	Speicher-nummer	Speicherinhalt
00;30	Schleifensteuerung	41	Abstand d.Skalenbeschriftung von x-Achse
1 bis 24	darzustellende Zahlenwerte	42	Zeilenabstand
25	x min (konstant)	43	x-Koordinate; Diagrammursprung
26	Länge der x-Achse;lx	44	Markierungsabstand y-Achse
28	Markierungsabstand x-Achse	45	x max;Datenzahl
29	y max	46	x min
30;00	Schleifensteuerung	47	Skalierungsbasis
31	log y max;Kennziffer	48	y-Koordinate d.Schriftposition
32	log y max;Mantisse	50	y-Koordinate;Diagrammursprung
33	Länge der y-Achse; ly	51	Summe der Skalierungsbasis
34, 52	y min	52, 34	y min
35	Skalenteilstrichlänge	54	x-Kommastellen
37	x + lx	55	y-Kommastellen
38	y + ly	57	Positionsziffer
39	x-Koordinate d. Schriftposition	58	Buchstabenbreite
40	Summe der eingegebenen Zahlen	59	Buchstabenhöhe

Tabelle 11-2 Programme LINH und LINQ, Liste der Flags

Flag-nummer	Thema	gesetzt	gelöscht
00	Linienzüge zeichnen	weitere	den ersten
01	Skalenbeschriftung x-Achse	Benutzer	automatisch
02	Schrift	vertikal	horizontal
03	Skalierung	Benutzer	automatisch
04	Diagramm-Position (LINQ)	5 und 6	1 bis 4
05	Skalierung	automatisch	Benutzer
06	Linientyp-Interpretation	mit Wertesumme	ohne Wertesumme
07	Wahl der Schriftform	möglich	nicht möglich
08	Arbeitsbereich	rahmen	nicht rahmen
17	Zeichenserien	einzeilig	mehrzeilig

11.3 Stabdiagramme, Hochformat

```
 01•LBL "STABH"
AUTOIO  CF 00  CF 01
CF 02  CF 03  SF 04
SF 05  SF 06  CF 09
CF 17  CLRG  2.5  STO 44
1  STO 61  STO 62  PINIT
```
Initialisierung und Voreinstellungen

```
 19•LBL 30
"POSITION/TASTE"  PROMPT
STO 57  30  STO 43  150
STO 26  GTO IND 57
```
Diagramm-positionen

```
 28•LBL 01
RCL 43  50  STO 50  180
STO 33  GTO 37

 35•LBL 02
130  STO 50  70  STO 33
GTO 37

 41•LBL 03
30  STO 50  70  STO 33
GTO 37
```
Positionen 1 bis 4

```
 47•LBL 04
"X"  PROMPT  STO 43  "Y"
PROMPT  STO 50
"LG.X-ACHSE?"  PROMPT
STO 26  "LG.Y-ACHSE?"
PROMPT  STO 33

 60•LBL 37
"STAB-BREITE?"  PROMPT
STO 25  RCL 26  ENTER↑
"DATENZAHL"  PROMPT
ENTER↑  RDN  /  STO 27
STO 56  RDN  RDN  1000
/  1  +  FIX 0  STO 00
```
Schleifensteuerungszahl entspr. Datenzahl

```
STO 30  RCL 25  RCL 28
*  ST- 56  STO 28
```
Abstand zur Mitte des 1. Stabbündels

```
 87•LBL 31
"WERT-"  RCL 00  INT
ARCL X  "⊢"  PROMPT
FS? 09  GTO 40
STO IND 00
```
Dateneingabe zum Summieren von Stabteilen

```
 97•LBL 41
ISG 00  GTO 31  RCL 30
STO 00  FS? 03  GTO 35
RCL IND 00  ISG 00
```
umgehen der Autoskalierung

```
106•LBL 32
RCL IND 00  X<=Y?  X<>Y
```
Größtwert ermitteln

```
ISG 00  GTO 32  LOG
ENTER↑  INT  10↑X
STO 31  RDN  FRC  10↑X
STO 32  RCL 44  STO 51
```
Stellenzahl und Ziffernfolge ermitteln

```
123•LBL 13
1  RCL 32  X=Y?  GTO 20
RCL 51  RCL 32  .0001  -
X<Y?  GTO 14  RCL 44
ST+ 51  GTO 13
```
falls Höchstwert nahe 10,100,1000, ...1 einsetzen. Skalierungsbasis zu sich selbst addieren bis Summe größer als Einerwert des Größtwertes

```
137•LBL 40
ST+ IND 00  GTO 41

140•LBL 20
1  STO 51

143•LBL 14
RCL 51  RCL 31  *
STO 29  RCL 30  STO 00
```
Ergebnis mit Stellenzahl des Größtwertes versehen

```
150•LBL 35
FIX IND 54  RCL 43
RCL 26  +  STO 37
RCL 50  RCL 33  +
STO 38  XEQ 06  RCL 61
```
Berechnen der Achsenparameter u.Zeichnen der Achsen

```
PEN  RCL 34  X<0?  0
FS? 06  YAXIS  RCL 29  0
RCL 29  .1  *  0  FS? 03
GTO 23  FS? 06  LXAXIS
GTO 07
```
x-Achse (Hochformat!) 10 Teilstriche y-Achse

```
179•LBL 23
RCL 29  RCL 34  RCL 44
0  FS? 06  LXAXIS
```
bei Benutzerskalierung y-Achse zeichnen

```
186•LBL 07
RCL 56  2  /  RCL 63  +
RCL 41  +  ST+ 35
STO 40  FS? 00  XEQ 18
```
Vorbereitung zum Zeichnen der Stäbe

```
198•LBL 10
1  PEN  RCL 35  RCL 25
2  /  -  STO 46  RCL 25
+  STO 48  RCL 34  X<0?
0  RCL IND 00  RCL 46
RCL 48  CLIPUU  FRAME
```
"Abbildungsbereich" Stab formieren u.zeichnen

```
FC? 00  GTO 26  FS? 01
XEQ 21  FC? 01  XEQ 17
```
Schraffur?

```
224•LBL 26
RCL 27  ST+ 35  ISG 00
GTO 10  FS? 06  GTO 16
CF 00  CF 01  GTO 09
```
wenn Stäbe fertig- zur Bezeichnung der y-Achse

```
234♦LBL 18
RCL 29  RCL 34  -
RCL 33  /  STO 36
RCL 39  *  STO 39
RCL 34  RCL 25  RCL 36
*  -  STO 45  STO 52
RCL 25  1.5  *  RCL 36
*  STO 47  RTN
```

Vorbereitungen zum Schraffieren

```
258♦LBL 21
RCL 52  STO 45  135
PDIR  RCL 47  CHS
STO 53  RCL 46  STO 48
GTO 33
```

Daten für / -Schraffur

```
269♦LBL 17
RCL 52  STO 45  RCL 47
STO 53  45  PDIR  XEQ 33
RTN
```

Daten für \ -Schraffur

```
278♦LBL 33
RCL 62  PEN
```

```
281♦LBL 19
RCL 48  RCL 45  MOVE  0
RCL 53  IDRAW  RCL 39
ST+ 45  RCL 45  X<0?
GTO 28  RCL IND 00  X<Y?
RTN  GTO 19
```

Schraffur-Schleife

```
297♦LBL 28
0  X<Y?  RTN  GTO 19
```

0=Stabobergrenze bei Werten < 0

```
302♦LBL C
CF 04  XEQ 06  XEQ 39
RCL 30  STO 00  RCL 40
STO 35  5  LORG  FS? 02
XEQ 27  GTO 08
```

Texte nahe den Wertgrenzen der Stäbe

```
315♦LBL c
XEQ 24  XEQ 39  5  LORG
GTO 15
```

Texte in beliebigem Abstand

```
321♦LBL 27
180  LDIR  RCL 39  X>0?
GTO 38  8  LORG  RTN
```

Steuerung des Textbeginns abhängig vom Wertvorzeichen

```
330♦LBL 38
2  LORG  RTN
```

```
334♦LBL b
XEQ 24  RCL 27  2  /
STO 40  STO 35  XEQ 39
GTO 15
```

Texte für Stabbündel

```
343♦LBL G
0  STO 35  RCL 30
STO 00  FS?C 05  GTO 36
CF 06  RCL 25  ST+ 41
GTO 31
```

Stabbündel

Vollständ.Eingabedialog u.Achsen nur bei erster Datenserie

```
354♦LBL 36
SF 06  "STABZAHL?"
PROMPT  2  /  STO 28
GTO I
```

zur Benutzerskalierung

```
362♦LBL H
SF 02  STOP
```

Arbeitsbereich rahmen

```
365♦LBL a
SF 08  GTO 30
```

```
368♦LBL B
"Y-DIF?"  PROMPT  STO 44
GTO 30
```

Wahl der Skalierungsbasis

```
373♦LBL I
XEQ 39  SF 03  "Y-MIN"
PROMPT  STO 34  "Y-MAX"
PROMPT  STO 29  "Y-DIF"
PROMPT  STO 44  GTO 30
```

Benutzerskalierung mit Wahl d. Schriftform

```
386♦LBL d
CF 01  "\-ABSTAND"
XEQ 22
```

Schraffur \

```
390♦LBL D
SF 01  "/-ABSTAND"
```

Schraffur /

```
393♦LBL 22
PROMPT  STO 39  "STIFT?"
PROMPT  STO 62  SF 00
GTO 30
```

Schraffur -Unterprogramm

```
401♦LBL E
CF 17  XEQ 24  4  LORG
RCL 33  7.5  +
"ABSTD.MM?"  PROMPT
RCL 26  2  /  X<>Y  MOVE
XEQ 39  GTO 25
```

Überschrift

Voreinstellung-Schriftabstand

Wahl der Schriftform

```
418♦LBL "Q"
SF 17  GTO 43
```

ab gewählter Schriftpos.einzeilig schreiben

```
421♦LBL e
CF 17
```

ab gewählter Schriftp.mehrzeilig schreiben

```
423♦LBL 43
XEQ 24  1  LORG  XEQ 39
DGTIZE  MOVE

430♦LBL 25
"TEXT?"  AON  PROMPT
LABEL  AOFF  GTO 25
```

Unterprogramme zur Texteingabe

```
437♦LBL 16
CF 00  CF 01  XEQ 24
-19  RCL 33  .7  *  MOVE
180  LDIR  CLA  "Y-TEXT"
AON  PROMPT  LABEL  AOFF
GTO 09
```

Kennzeichnen der y-Achse

```
455♦LBL 15
RCL 30  STO 00  SF 04
RCL 40  STO 35
"TEXT-ABSTD.MM"  PROMPT
STO 39  FS? 02  XEQ 27
GTO 50

467♦LBL 08
RCL IND 00  CHS  STO 39

471♦LBL 50
FS? 02  XEQ 27  FS? 04
GTO 34  CF 07
RCL IND 00  X<0?  SF 07
RCL 29  RCL 34  -
RCL 33  /  2  *  FC? 07
-  FS? 07  +  RCL 35
X<>Y  MOVE  XEQ 51
ISG 00  GTO 08  RCL 30
STO 00  GTO 09

500♦LBL 34
RCL 35  RCL 39  MOVE
XEQ 51  ISG 00  GTO 34
0  STO 35  GTO 09

510♦LBL 51
CLA  "TEXT"  AON  PROMPT
LABEL  AOFF  RCL 27
ST+ 35  RTN
```

Unterprogramme zu Texten in den Stäben

```
520♦LBL 24
XEQ 00  RCL 50  RCL 38
RCL 43  RCL 37  CLIPUU
0  RCL 33  0  RCL 26
SCALE  RTN
```

Diagramm in mm skalieren

```
533♦LBL 06
XEQ 00  0  RCL 58
RCL 59  CSIZEO  RCL 50
RCL 38  RCL 43  RCL 37
CLIPUU  RCL 34  RCL 29
0  RCL 26  SCALE  RTN

550♦LBL 09
90  LDIR  0  PEN  CF 02
STOP

557♦LBL 39
0  "SCHRIFTBREITE?"
PROMPT  STO 58  "-HOEHE"
PROMPT  STO 59  CSIZEO
"STIFT?"  PROMPT  STO 61
PEN  RTN

571♦LBL 00
0  270  0  190  LIMIT
FS?C 08  FRAME  270  0
0  190  SCALE  90  LDIR
RTN
```

Arbeitsbereich definieren und in mm skalieren

```
587♦LBL J
"KOMMASTELEN"  PROMPT
STO 54  GTO 30

592♦LBL F
CF 06  GTO 30
```

keine Achsen zeichnen

```
595♦LBL "M"
SF 09  GTO 29
```

Stäbe übereinander

```
598♦LBL "U"
"VERSETZG.?"  PROMPT
STO 63
```

Stab-Versetzung

```
602♦LBL 29
CF 06  0  STO 35  RCL 30
STO 00  GTO 31  .END.
```

11.4 Stabdiagramm Querformat

```
 01♦LBL "STABQ"
AUTOIO  CF 00  CF 01
CF 02  CF 03  SF 04
SF 05  SF 06  CF 09
CF 17  CLRG  2.5  STO 44
1  STO 61  STO 62  PINIT

 19♦LBL 30
"POSITION/TASTE"  PROMPT
GTO IND X

 23♦LBL 01
30  STO 43  230  STO 26
40  STO 50  120  STO 33
GTO 37

 33♦LBL 02
"X"  PROMPT  STO 43  "Y"
PROMPT  STO 50
"LG.X-ACHSE?"  PROMPT
STO 26  "LG.Y-ACHSE?"
PROMPT  STO 33

 46♦LBL 37
"STAB-BREITE?"  PROMPT
STO 25  RCL 26  ENTER↑
"DATENZAHL"  PROMPT
ENTER↑  RDN  /  STO 27
STO 56  RDN  RDN  1000
/  1  +  FIX 0  STO 00
STO 30  RCL 25  RCL 28
*  ST- 56  STO 28

 73♦LBL 31
"WERT-"  RCL 00  INT
ARCL X  "⊢"  PROMPT
FS? 09  GTO 40
STO IND 00

 83♦LBL 41
ISG 00  GTO 31  RCL 30
STO 00  FS? 03  GTO 35
RCL IND 00  ISG 00

 92♦LBL 32
RCL IND 00  X<=Y?  X<>Y
ISG 00  GTO 32  LOG
ENTER↑  INT  10↑X
STO 31  RDN  FRC  10↑X
STO 32  RCL 44  STO 51

109♦LBL 13
1  RCL 32  X=Y?  GTO 20
RCL 51  RCL 32  .0001  -
X<=Y?  GTO 14  RCL 44
ST+ 51  GTO 13

123♦LBL 40
ST+ IND 00  GTO 41

126♦LBL 20
1  STO 51

129♦LBL 14
RCL 51  RCL 31  *
STO 29  RCL 30  STO 00

136♦LBL 35
FIX IND 54  RCL 43
RCL 26  +  STO 37
RCL 50  RCL 33  +
STO 38  XEQ 06  RCL 61
PEN  RCL 34  X<0?  0
FS? 06  XAXIS  RCL 29  0
RCL 29  .1  *  0  FS? 03
GTO 23  FS? 06  LYAXIS
GTO 07

165♦LBL 23
RCL 29  RCL 34  RCL 44
0  FS? 06  LYAXIS

172♦LBL 07
RCL 56  2  /  RCL 63  +
RCL 41  +  ST+ 35
STO 40  FS? 00  XEQ 18

184♦LBL 10
1  PEN  RCL 35  RCL 25
2  /  -  STO 46  RCL 25
+  STO 48  RCL 34  X<0?
0  STO 57  RCL 46
RCL 48  RCL 57
RCL IND 00  CLIPUU
FRAME  FC? 00  GTO 26
FS? 01  XEQ 21  FC? 01
XEQ 17

212♦LBL 26
RCL 27  ST+ 35  ISG 00
GTO 10  FS? 06  GTO 16
CF 00  CF 01  GTO 09

222♦LBL 18
RCL 29  RCL 34  -
RCL 33  /  STO 36
RCL 39  *  STO 39
RCL 34  RCL 25  RCL 36
*  -  STO 45  STO 52
RCL 25  1.5  *  RCL 36
*  STO 47  RTN

246♦LBL 21
RCL 52  STO 45  45  PDIR
RCL 46  STO 48  GTO 33

254♦LBL 17
RCL 52  STO 45  135
PDIR  5  ST+ 48  XEQ 33
RTN

263♦LBL 33
RCL 62  PEN

266♦LBL 19
RCL 45  RCL 48  MOVE  0
RCL 47  IDRAW  RCL 39
ST+ 45  RCL 45  X<0?
GTO 28  RCL IND 00  X<Y?
RTN  GTO 19

282♦LBL 28
0  X<Y?  RTN  GTO 19

287♦LBL C
CF 04  XEQ 06  XEQ 39
RCL 30  STO 00  RCL 40
STO 35  5  LORG  FS? 02
XEQ 27  GTO 08

300♦LBL c
XEQ 24  XEQ 39  5  LORG
GTO 15

306♦LBL 27
90  LDIR  RCL 39  X>0?
GTO 38  8  LORG  RTN

315♦LBL 38
2  LORG  RTN

319♦LBL b
XEQ 24  RCL 27  2  /
STO 40  STO 35  XEQ 39
GTO 15

328♦LBL G
0  STO 35  RCL 30
STO 00  FS?C 05  GTO 36
CF 06  RCL 25  ST+ 41
GTO 31

339♦LBL 36
SF 06  "STABZAHL?"
PROMPT  2  /  STO 28
GTO I
```

```
347♦LBL H
SF 02  STOP

350♦LBL a
SF 08  GTO 30

353♦LBL B
"Y-DIF?"  PROMPT  STO 44
GTO 30

358♦LBL I
XEQ 39  SF 03  "Y-MIN"
PROMPT  STO 34  "Y-MAX"
PROMPT  STO 29  "Y-DIF"
PROMPT  STO 44  GTO 30

371♦LBL d
CF 01  ">-ABSTAND"
XEQ 22

375♦LBL D
SF 01  "/-ABSTAND"

378♦LBL 22
PROMPT  STO 39  "STIFT?"
PROMPT  STO 62  SF 00
GTO 30

386♦LBL E
CF 17  XEQ 24  4  LORG
RCL 33  20  +
"ABSTD.MM?"  PROMPT
RCL 26  2  /  MOVE
XEQ 39  GTO 25

402♦LBL "Q"
SF 17  GTO 43

405♦LBL e
CF 17

407♦LBL 43
XEQ 24  1  LORG  XEQ 39
DGTIZE  MOVE

414♦LBL 25
"TEXT?"  AON  PROMPT
LABEL  AOFF  GTO 25

421♦LBL 16
CF 00  CF 01  XEQ 24
RCL 33  .7  *  -22  MOVE
90  LDIR  CLA  "Y-TEXT"
AON  PROMPT  LABEL  AOFF
GTO 09

439♦LBL 15
RCL 30  STO 00  SF 04
RCL 40  STO 35
"TEXT-ABSTD.MM"  PROMPT
STO 39  FS? 02  XEQ 27
GTO 50

451♦LBL 08
RCL IND 00  CHS  STO 39

455♦LBL 50
FS? 02  XEQ 27  FS? 04
GTO 34  CF 07
RCL IND 00  X<0?  SF 07
RCL 29  RCL 34  -
RCL 33  /  2.5  *
FC? 07  -  FS? 07  +
RCL 35  MOVE  CLA
"TEXT"  AON  PROMPT
LABEL  AOFF  RCL 27
ST+ 35  ISG 00  GTO 08
RCL 30  STO 00  GTO 09

490♦LBL 24
XEQ 00  RCL 43  RCL 37
RCL 50  RCL 38  CLIPUU
0  RCL 26  0  RCL 33
SCALE  RCL 60  RTN

504♦LBL 34
RCL 39  RCL 35  MOVE
CLA  "TEXT"  AON  PROMPT
LABEL  AOFF  RCL 27
ST+ 35  ISG 00  GTO 34
0  STO 35  GTO 09

521♦LBL 06
XEQ 00  0  RCL 58
RCL 59  CSIZEO  RCL 43
RCL 37  RCL 50  RCL 38
CLIPUU  0  RCL 26
RCL 34  RCL 29  SCALE
RTN

538♦LBL 09
0  LDIR  0  PEN  CF 02
STOP

545♦LBL 39
0  "SCHRIFTBREITE?"
PROMPT  STO 58  "-HOEHE"
PROMPT  STO 59  CSIZEO
"STIFT?"  PROMPT  STO 61
PEN  RTN

559♦LBL 00
0  270  0  190  LIMIT
FS?C 08  FRAME  SCALE
RTN

569♦LBL J
"KOMMASTELEN"  PROMPT
STO 54  GTO 30

574♦LBL F
CF 06  GTO 30

577♦LBL "M"
SF 09  GTO 29

580♦LBL "K"
"VERSETZUNG"  PROMPT
STO 63

584♦LBL 29
CF 06  0  STO 35  RCL 30
STO 00  GTO 31  .END.
```

11.5 Stabdiagramm Querformat, 4 Diagramme auf einer DIN A 4-Seite

```
 01♦LBL "STABQ1"
AUTOIO  CF 00  CF 01
CF 02  CF 03  SF 04
SF 05  SF 06  CF 09
CF 17  CLRG  2.5  STO 44
1  STO 61  STO 62  PINIT

 19♦LBL 30
105  STO 26  60  STO 33
"POSITION/TASTE"  PROMPT
GTO IND X

 27♦LBL 01
25  STO 43  115  STO 50
GTO 37

 33♦LBL 02
160  STO 43  115  STO 50
GTO 37

 39♦LBL 03
25  STO 43  30  STO 50
GTO 37

 45♦LBL 04
160  STO 43  30  STO 50

 50♦LBL 37
"STAB-BREITE?"  PROMPT
STO 25  RCL 26  ENTER↑
"DATENZAHL"  PROMPT
ENTER↑  RDN  /  STO 27
STO 56  RDN  RDN  1000
/  1  +  FIX 0  STO 00
STO 30  RCL 25  RCL 28
*  ST- 56  STO 28

 77♦LBL 31
"WERT-"  RCL 00  INT
ARCL X  "⊢"  PROMPT
FS? 09  GTO 40
STO IND 00

 87♦LBL 41
ISG 00  GTO 31  RCL 30
STO 00  FS? 03  GTO 35
RCL IND 00  ISG 00

 96♦LBL 32
RCL IND 00  X<=Y?  X<>Y
ISG 00  GTO 32  LOG
ENTER↑  INT  10↑X
STO 31  RDN  FRC  10↑X
STO 32  RCL 44  STO 51

113♦LBL 13
1  RCL 32  X=Y?  GTO 20
RCL 51  RCL 32  .0001  -
X<=Y?  GTO 14  RCL 44
ST+ 51  GTO 13

127♦LBL 40
ST+ IND 00  GTO 41

130♦LBL 20
1  STO 51

133♦LBL 14
RCL 51  RCL 31  *
STO 29  RCL 30  STO 00

140♦LBL 35
FIX IND 54  RCL 43
RCL 26  +  STO 37
RCL 50  RCL 33  +
STO 38  XEQ 06  RCL 61
PEN  RCL 34  X<0?  0
FS? 06  XAXIS  RCL 29  0
RCL 29  .1  *  0  FS? 03
GTO 23  FS? 06  LYAXIS
GTO 07

169♦LBL 23
RCL 29  RCL 34  RCL 44
0  FS? 06  LYAXIS

176♦LBL 07
RCL 56  2  /  RCL 63  +
RCL 41  +  ST+ 35
STO 40  FS? 00  XEQ 18

188♦LBL 10
1  PEN  RCL 35  RCL 25
2  /  -  STO 46  RCL 25
+  STO 48  RCL 34  X<0?
0  STO 57  RCL 46
RCL 48  RCL 57
RCL IND 00  CLIPUU
FRAME  FC? 00  GTO 26
FS? 01  XEQ 21  FC? 01
XEQ 17

216♦LBL 26
RCL 27  ST+ 35  ISG 00
GTO 10  FS? 06  GTO 16
CF 00  CF 01  GTO 09

226♦LBL 18
RCL 29  RCL 34  -
RCL 33  /  STO 36
RCL 39  *  STO 39
RCL 34  RCL 25  RCL 36
*  -  STO 45  STO 52
RCL 25  1.5  *  RCL 36
*  STO 47  RTN

250♦LBL 21
RCL 52  STO 45  45  PDIR
RCL 46  STO 48  GTO 33

258♦LBL 17
RCL 52  STO 45  135
PDIR  5  ST+ 48  XEQ 33
RTN

267♦LBL 33
RCL 62  PEN

270♦LBL 19
RCL 45  RCL 48  MOVE  0
RCL 47  IDRAW  RCL 39
ST+ 45  RCL 45  X<0?
GTO 28  RCL IND 00  X<Y?
RTN  GTO 19

286♦LBL 28
0  X<Y?  RTN  GTO 19

291♦LBL C
CF 04  XEQ 06  XEQ 39
RCL 30  STO 00  RCL 40
STO 35  5  LORG  FS? 02
XEQ 27  GTO 08

304♦LBL c
XEQ 24  XEQ 39  5  LORG
GTO 15

310♦LBL 27
90  LDIR  RCL 39  X>0?
GTO 38  8  LORG  RTN

319♦LBL 38
2  LORG  RTN

323♦LBL b
XEQ 24  RCL 27  2  /
STO 40  STO 35  XEQ 39
GTO 15

332♦LBL G
0  STO 35  RCL 30
STO 00  FS?C 05  GTO 36
CF 06  RCL 25  ST+ 41
GTO 31
```

```
343♦LBL 36
SF 06  "STABZAHL?"
PROMPT  2  /  STO 28
GTO I

351♦LBL H
SF 02  STOP

354♦LBL a
SF 08  GTO 30

357♦LBL B
"Y-DIF?"  PROMPT  STO 44
GTO 30

362♦LBL I
XEQ 39  SF 03  "Y-MIN"
PROMPT  STO 34  "Y-MAX"
PROMPT  STO 29  "Y-DIF"
PROMPT  STO 44  GTO 30

375♦LBL d
CF 01  ")-ABSTAND"
XEQ 22

379♦LBL D
SF 01  "/-ABSTAND"

382♦LBL 22
PROMPT  STO 39  "STIFT?"
PROMPT  STO 62  SF 00
GTO 30

390♦LBL E
CF 17  .5  STO 58  4
STO 59  XEQ 24  4  LORG
65  52.5  MOVE  XEQ 39
GTO 25

404♦LBL "Q"
SF 17  GTO 43

407♦LBL e
CF 17

409♦LBL 43
XEQ 24  1  LORG  XEQ 39
DGTIZE  MOVE

416♦LBL 25
"TEXT?"  AON  PROMPT
LABEL  AOFF  GTO 25

423♦LBL 16
CF 00  CF 01  XEQ 24
RCL 33  .7  *  -20  MOVE
90  LDIR  CLA  "Y-TEXT"
AON  PROMPT  LABEL  AOFF
GTO 09

441♦LBL 15
RCL 30  STO 00  SF 04
RCL 40  STO 35
"TEXT-ABSTD.MM"  PROMPT
STO 39  FS? 02  XEQ 27
GTO 50

453♦LBL 08
RCL IND 00  CHS  STO 39

457♦LBL 50
FS? 02  XEQ 27  FS? 04
GTO 34  CF 07
RCL IND 00  X<0?  SF 07
RCL 29  RCL 34  -
RCL 33  /  2.5  *
FC? 07  -  FS? 07  +
RCL 35  MOVE  CLA
"TEXT"  AON  PROMPT
LABEL  AOFF  RCL 27
ST+ 35  ISG 00  GTO 08
RCL 30  STO 00  GTO 09

492♦LBL 24
XEQ 00  RCL 43  RCL 37
RCL 50  RCL 38  CLIPUU
0  RCL 26  0  RCL 33
SCALE  RCL 60  RTN

506♦LBL 34
RCL 39  RCL 35  MOVE
CLA  "TEXT"  AON  PROMPT
LABEL  AOFF  RCL 27
ST+ 35  ISG 00  GTO 34
0  STO 35  GTO 09

523♦LBL 06
XEQ 00  0  RCL 58
RCL 59  CSIZEO  RCL 43
RCL 37  RCL 50  RCL 38
CLIPUU  0  RCL 26
RCL 34  RCL 29  SCALE
RTN

540♦LBL 09
0  LDIR  0  PEN  CF 02
STOP

547♦LBL 39
0  "SCHRIFTBREITE?"
PROMPT  STO 58  "-HOEHE"
PROMPT  STO 59  CSIZEO
"STIFT?"  PROMPT  STO 61
PEN  RTN

561♦LBL 00
0  270  0  190  LIMIT
FS?C 08  FRAME  SCALE
RTN

571♦LBL J
"KOMMASTELEN"  PROMPT
STO 54  GTO 30

576♦LBL F
CF 06  GTO 30

579♦LBL "M"
SF 09  GTO 29

582♦LBL "K"
"VERSETZUNG"  PROMPT
STO 63

586♦LBL 29
CF 06  0  STO 35  RCL 30
STO 00  GTO 31

593♦LBL "L"
XEQ 00  15  145  MOVE
XEQ 39  4  LORG  XEQ 25
STOP  .END.
```

Tabelle 11-3. Programme STABH, STABQ und STABQ1, Liste der Speicher

Speicher-nummer	Speicherinhalt	Speicher-nummer	Speicherinhalt
00;30	Schleifensteuerung	46	Länge der Schraffurlinien
0-24	darzustellende Zahlenwerte	48	rechte Stabgrenze; Abstand v. Ursprung
25	Stabbreite	50	y-Koordinate; Diagrammursprung
27,56	Stababstand	51	Summierung d.Skalierungsbasis
28	Stabzahl	52,45	Schraffurbeginn unter d. Stab
29	y max; Skalenendwert	53	Länge der Schraffurlinien; negativ
30;00	Schleifensteuerung	54	Nachkommastellen
31	log y max; Kennziffer	56,57	Stababstand
32	log y max; Mantisse	58	Buchstabenbreite
33	Länge der y-Achse, ly	59	Buchstabenhöhe
34	y min; Skalenanfangswert	60	Position d.Beschriftungsursprungs
35;40	Summierung der Stabpositionen	61	Stiftziffer
41	Summierung der Stabverschiebung bei Stabbündeln	62	Stiftziffer bei Schraffur
		63	Stabversetzung
42	Markierungsabstand, Autoskalierung		
43	x-Koordinate;Diagrammursprung		
44	Markierungsabstand; Benutzerskalierung		
45,52	Schraffurbeginn unter d. Stab		
46	linke Stabgrenze;Abstand v. Ursprung		

Tabelle 11-4 . Programme STABH, STABQ und STABQ1, Liste der Flags

Flag-nummer	Thema	gesetzt	gelöscht
00	Schraffur	ja	nein
01	Schraffurrichtung	/	\
02	Schrift	vertikal	horizontal
03	Skalierung	Benutzer	automatisch
04	Schriftabstand an Stäben	wählbar	konstant
05	Stabbündel	1.Datensatz	folgende Datensätze
06	Achsen zeichnen	ja	nein
07	Schriftposition	Stabwert <0	Stabwert >0
08	Arbeitsbereich rahmen	ja	nein
09	Werte mehrerer Datensätze addieren	ja	nein
17	Zeichenserien	einzeilig	mehrzeilig

11.6 Kreisdiagramme, Hochformat

```
01♦LBL "KREISH"
AUTOIO  CF 03  CF 04
CLRG  XEQ 00
```

Initialisierung

```
07♦LBL 23
CF 00  CF 17  FIX 0
"DAT.ZAHL ODER?"  PROMPT
1 E3  /  1  +  STO 00
STO 30  "RADIUS?"
PROMPT  STO 21  STO 34
"INK.WINKEL?"  PROMPT
1 E-5  *  STO 27
"X-MITTELPKT.?"  PROMPT
STO 22  "Y-MITTELPKT.?"
PROMPT  STO 23  270
"ANF.WINKEL?"  PROMPT  +
STO 24  STO 26  STO 26
FC? 03  GTO 01
"HAUPTWERT-NR?"  PROMPT
STO 33
```

Datenzahl eingeben u.formieren einer entspr. Schleifensteuerungszahl

Fortsetzung d. Eingaben

```
46♦LBL 01
"WERT"  RCL 00  INT
ARCL X  PROMPT
STO IND 00  ST+ 31
ISG 00  GTO 01  360
RCL 31  /  STO 32
RCL 30  STO 00
```

Eingabe d.Zahlen

Werte u.Wert-Summe, Winkel entspr. Werteinheit

```
62♦LBL 18
FIX 1  RCL IND 00
RCL 31  /  100  *  CLA
ARCL X  "├ %"  AVIEW
ISG 00  GTO 18  RCL 30
STO 00  RCL 22  RCL 23
MOVE
```

Prozent.Anteile der Werte an der Werte-Summe

```
80♦LBL 02
RCL IND 00  RCL 32  *
STO IND 00  ST+ 24
RCL 24  XEQ 16  ISG 00
GTO 02  RCL 30  STO 00
CLX  STO 31  FC? 03
GTO 21
```

berechnen u.speichern der Wertewinkel z.zeichnen der Radien

```
96♦LBL 03
RCL 33  RCL 00  INT
X=Y?  GTO 04  RCL IND 00
ST+ 31  ISG 00  GTO 03
STOP
```

prüfen, welcher Wert hervorzuheben ist

```
107♦LBL 21
.36  RCL 27  1 E2  *  +
RCL 27  +  STO 25
RCL 22  RCL 23  MOVE
```

Schleifensteuerungszahl für einen Vollkreis formieren

```
119♦LBL 22
RCL 25  INT  PDIR  0
RCL 21  RPLOT  ISG 25
GTO 22  CLX  PEN  STOP
```

```
131♦LBL 04
1 E5  RCL 27  *  STO 27
RCL 26  STO 24  RCL 30
STO 00  RCL IND 33
RCL 31  RCL 24  +  +
STO 29  STO 39  360  +
RCL IND 33  -  STO 35
XEQ 20  RCL IND 33  2  /
ST- 39  RCL 39  PDIR
PENUP  0  ENTER↑  5
RPLOT  WHERE  PLOT
RCL 29  XEQ 16  RCL 35
XEQ 16  RCL 29  STO 35
RCL IND 33  -  STO 29
XEQ 20  CLX  PEN  STOP
```

bei Sektorverschiebung Vorbereitung für den großen Bogen

Verschieben des relat. Ursprungs für den Hauptwert-Sektor

Begrenzungsradien für den Hauptwertsektor

```
179♦LBL 20
RCL 29  STO 25  XEQ 05
```

ein erstes Bogenstück zeichnen

```
183♦LBL 17
RCL 27  ST+ 25  XEQ 05
RCL 35  RCL 25  -
STO 36  RCL 27  X<=Y?
GTO 17  RCL 36  ST+ 25
XEQ 05  RTN
```

Schleife zum zeichnen der Bögen

```
198♦LBL 05
RCL 25  PDIR  0  RCL 21
RPLOT  RTN
```

Unterprogramm-Zeichnen v.Bogeninkrementen

```
205♦LBL 16
PDIR  0  RCL 21  RPLOT
0  ENTER↑  RPLOT  RTN
```

Unterprogramm-zeichnen v.Radien

```
214♦LBL B
CF 00  5  LORG
"TEXT INNEN"  AVIEW
RCL 34  STO 21  12.5
ST- 21
```

Texte in den Sektoren

Radius für Schriftposition

```
224♦LBL 11
90  LDIR  XEQ 24  RCL 22
RCL 23  MOVE  PENUP
RCL 30  STO 00  RCL 26
STO 24
```

Stift u.Schriftform wählen.Kreismitte relat.Ursprung

```
236♦LBL 07
RCL IND 00  2  /  ST+ 24
FS? 00  GTO 12
```

Schleife für Beschriftung; Winkelkoordinate für Schriftposition

```
243♦LBL 15
RCL 24  PDIR  0  RCL 21
PENUP  IMOVE  AON
"TEXT?"  PROMPT  LABEL
AOFF  RCL IND 00  2  /
ST+ 24  RCL 22  RCL 23
MOVE  ISG 00  GTO 07
CLX  PEN  STOP
```

Stift zur Schriftposition

```
267♦LBL C
SF 00  "TEXT AUSSEN"
AVIEW  RCL 34  STO 21  8
ST+ 21  GTO 11
```

Texte an den Sektoren

Radius für Schriftposition

```
276♦LBL 12
360  RCL 24  X<=Y?
GTO 09  540  RCL 24
X>Y?  GTO 09  8  LORG
GTO 15
```

wenn Text rechts von Kreis, ab Schriftposition, wenn nicht, bis zu Schriftposition schreiben

```
288♦LBL 09
2  LORG  GTO 15
```

```
292♦LBL D
SF 03  GTO 23
```

Wahl eines Hauptwertes

```
295♦LBL a
SF 05  XEQ 00  GTO 23
```

Arbeitsbereich umrahmen

```
299♦LBL 00
PINIT  0  270  0  190
STO 44  LIMIT  FS?C 05
FRAME  270  0  0  190
SCALE  90  LDIR  RTN
```

Arbeitsbereich definieren u. für Hochformat in mm skalieren. Schrift für Hochformat horizont. stellen

```
317♦LBL H
CF 17  "X-SCHRIFT"
PROMPT  "Y-SCHRIFT"
PROMPT  MOVE  5  LORG
XEQ 24  XEQ 10
```

Text symmetrisch zur mit x u. y bestimmten Position

```
328♦LBL J
5  LORG  GTO 29
```

Text symmetrisch zur mit dem Plotter angesteuerten Position

```
332♦LBL G
SF 17  GTO 27
```

Zeilenanfang mit Plotter wählbar

```
335♦LBL F
CF 17
```

wie G jedoch mehrzeilig

```
337♦LBL 27
1  LORG
```

Unterprogramme für Texte

```
340♦LBL 29
DGTIZE  MOVE  XEQ 24
XEQ 10
```

```
345♦LBL e
1  LORG  SF 17  FS? 04
GTO 28  20  260  MOVE
XEQ 24  XEQ 10  STOP
```

Überschrift links oben beginnen

```
357♦LBL E
5  LORG  FS? 04  GTO 26
95  260  MOVE  XEQ 24
```

Überschrift

```
366♦LBL 10
AON  "TEXT?"  PROMPT
LABEL  GTO 10  RTN
```

Unterprogramm Texteingaben

```
373♦LBL 24
90  LDIR  "STIFT"
PROMPT  PEN  0
"SCHRIFTBREITE"  PROMPT
1.0526  "SCHRIFTHOEHE"
PROMPT  *  CSIZEO  RTN
```

Wahl von Stift und Schriftform

```
388♦LBL I
CLRG  SF 04  XEQ 00
" X.1"  PROMPT  STO 43
" X.2"  PROMPT  STO 44
"Y.1"  PROMPT  STO 41
"Y.2"  PROMPT  STO 42
RCL 41  RCL 42  RCL 43
RCL 44  CLIPUU  FRAME
RCL 42  RCL 41  -
STO 42  RCL 44  RCL 43
-  STO 44  0  RCL 42  0
RCL 44  SCALE  GTO 23
```

Sonderformate

Formatkoordinaten eingeben

Grenzen des Sonderformats definieren u. zeichnen

Formatbreite und -höhe berechnen u. skalieren

```
424♦LBL 26
RCL 44  2  /  RCL 42  .9
*  MOVE  XEQ 24  XEQ 10
STOP
```

bei Sonderformat: Überschrift symmetrisch über d. Grafik

```
435♦LBL 28
1 E1  RCL 42  .9  *
MOVE  XEQ 24  XEQ 10
STOP  .END.
```

bei Sonderformat: Überschrift links oben beginnen

11.7 Kreisdiagramm Querformat

```
 01♦LBL "KREISQ"
AUTOIO  CF 03  CF 04
CLRG  XEQ 00

 07♦LBL 23
CF 00  CF 17  FIX 0
"DAT.ZAHL ODER?"  PROMPT
1 E3  /  1  +  STO 00
STO 30  "RADIUS?"
PROMPT  STO 21  STO 34
"INK.WINKEL?"  PROMPT
1 E-5  *  STO 27
"X-MITTELPKT.?"  PROMPT
STO 22  "Y-MITTELPKT.?"
PROMPT  STO 23
"ANF.WINKEL?"  PROMPT
STO 24  STO 26  FC? 03
GTO 01  "HAUPTWERT-NR?"
PROMPT  STO 33

 43♦LBL 01
"WERT"  RCL 00  INT
ARCL X  PROMPT
STO IND 00  ST+ 31
ISG 00  GTO 01  360
RCL 31  /  STO 32
RCL 30  STO 00

 59♦LBL 18
FIX 1  RCL IND 00
RCL 31  /  1 E2  *  CLA
ARCL X  "├ %"  AVIEW
ISG 00  GTO 18  RCL 30
STO 00  RCL 23  RCL 22
MOVE

 77♦LBL 02
RCL IND 00  RCL 32  *
STO IND 00  ST+ 24
RCL 24  XEQ 16  ISG 00
GTO 02  RCL 30  STO 00
CLX  STO 31  FC? 03
GTO 21

 93♦LBL 03
RCL 33  RCL 00  INT
X=Y?  GTO 04  RCL IND 00
ST+ 31  ISG 00  GTO 03
STOP

104♦LBL 21
.36  RCL 27  1 E2  *  +
RCL 27  +  STO 25
RCL 23  RCL 22  MOVE

116♦LBL 22
RCL 25  INT  PDIR  0
RCL 21  RPLOT  ISG 25
GTO 22  CLX  PEN  STOP

128♦LBL 04
1 E5  RCL 27  *  STO 27
RCL 26  STO 24  RCL 30
STO 00  RCL IND 33
RCL 31  RCL 24  +  +
STO 29  STO 39  360  +
RCL IND 33  -  STO 35
XEQ 20  RCL IND 33  2  /
ST- 39  RCL 39  PDIR
PENUP  0  ENTER↑  5
RPLOT  WHERE  PLOT
RCL 29  XEQ 16  RCL 35
XEQ 16  RCL 29  STO 35
RCL IND 33  -  STO 29
XEQ 20  CLX  PEN  STOP

176♦LBL 20
RCL 29  STO 25  XEQ 05

180♦LBL 17
RCL 27  ST+ 25  XEQ 05
RCL 35  RCL 25  -
STO 36  RCL 27  X<=Y?
GTO 17  RCL 36  ST+ 25
XEQ 05  RTN

195♦LBL 05
RCL 25  PDIR  0  RCL 21
RPLOT  RTN

202♦LBL 16
PDIR  0  RCL 21  RPLOT
0  ENTER↑  RPLOT  RTN

211♦LBL B
CF 00  5  LORG
"TEXT INNEN"  AVIEW
RCL 34  STO 21  12.5
ST- 21

221♦LBL 11
XEQ 24  RCL 23  RCL 22
MOVE  PENUP  RCL 30
STO 00  RCL 26  STO 24

231♦LBL 07
RCL IND 00  2  /  ST+ 24
FS? 00  GTO 12

238♦LBL 15
RCL 24  PDIR  0  RCL 21
PENUP  IMOVE  AON
"TEXT?"  PROMPT  LABEL
AOFF  RCL IND 00  2  /
ST+ 24  RCL 23  RCL 22
MOVE  ISG 00  GTO 07
CLX  PEN  STOP

262♦LBL C
SF 00  "TEXT AUSSEN"
AVIEW  RCL 34  STO 21  8
ST+ 21  GTO 11

271♦LBL 12
90  RCL 24  X<=Y?
GTO 09  270  RCL 24
X>Y?  GTO 09  8  LORG
GTO 15

283♦LBL 09
2  LORG  GTO 15

287♦LBL D
SF 03  GTO 23

290♦LBL a
SF 05  XEQ 00  GTO 23

294♦LBL 00
PINIT  0  270  0  190
STO 44  LIMIT  SCALE
FS?C 05  FRAME  RTN

306♦LBL H
CF 17  "X-SCHRIFT"
PROMPT  "Y-SCHRIFT"
PROMPT  X<>Y  MOVE  5
LORG  XEQ 24  XEQ 10

318♦LBL J
5  LORG  GTO 29

322♦LBL G
SF 17  GTO 27

325♦LBL F
CF 17

327♦LBL 27
1 E  LORG
```

```
330♦LBL 29
DGTIZE  MOVE  XEQ 24
XEQ 10

335♦LBL e
1 E  LORG  SF 17  FS? 04
GTO 28  180  20  MOVE
XEQ 24  XEQ 10  STOP

347♦LBL E
5  LORG  FS? 04  GTO 26
180  135  MOVE  XEQ 24

356♦LBL 10
AON  "TEXT?"  PROMPT
LABEL  GTO 10  RTN

363♦LBL 24
"STIFT?"  PROMPT  PEN  0
ENTER↑  "SCHRIFTBREITE"
PROMPT  1.0526
"SCHRIFTHOEHE"  PROMPT
*  CSIZEO  RTN

377♦LBL I
CLRG  SF 04  XEQ 00
" X.1"  PROMPT  STO 41
" X.2"  PROMPT  STO 42
"Y.1"  PROMPT  STO 43
"Y.2"  PROMPT  STO 44
CLIPUU  FRAME  RCL 42
RCL 41  -  STO 42
RCL 44  RCL 43  -
STO 44  0  RCL 42  0
RCL 44  SCALE  GTO 23

409♦LBL 26
RCL 44  .9  *  RCL 42  2
/  MOVE  XEQ 24  XEQ 10
STOP

420♦LBL 28
RCL 44  .9  *  10  MOVE
XEQ 24  XEQ 10  .END.
```

Tabelle 11-5. **Programme KREISH und KREISQ; Liste der Speicher**

Speicher-nummer	Speicherinhalt	Speicher-nummer	Speicherinhalt
00;30	Steuerung der Werte- und Wertewinkelschleifen	30;00	Steuerung der Werte- und Wertewinkelschleifen
01-20	Darzustellende Werte	31	Summe der Werte oder Winkel
2;,34	Radius	32	360/ Summe der Werte
22	x-Koordinate d.Kreismitte	33	Speicheradresse des hervorzuhebenden Wertes
23	y-Koordinate d.Kreismitte	34;21	Radius
24;26	Anfangswinkel	35	Winkel vor bzw. nach dem hervorzuhebenden Sektor
27	Inkrementwinkel	36	Zwischenspeicher
29;39	Winkel nach bzw. vor dem hervorzuhebenden Sektor	41-43	Koordinaten der Eckpunkte von Sonderformaten; 41 und 43 auch Länge und Breite von Sonderformaten

Tabelle 11-6. Programme KREISH und KREISQ, Liste der Flags

Flag-nummer	Thema	gesetzt	gelöscht
00	Sektorenbeschriftung	außen	innen
03	Hauptwert	ja	nein
04	Sonderformat	ja	nein
05	Umrahmung	ja	nein
17	Zeichenserien	einzeilig	mehrzeilig

11.8 Schrift, Hochformat

Programm	Kommentar
01♦LBL "TEXTH" AUTOIO FIX 0 CF 00 CF01 CF 02 CF 03 CF 04 SF 17 CLRG .5 STO 25	Initialisierung Voreinstellung für Fettdruck
12♦LBL 24 PINIT XEQ 22 XEQ 23	
16♦LBL 30 "R/S OD.TASTE" PROMPT FS? 00 GTO 20 / DGTIZE LBL G	Schriftposition mit Plotter ansteuern
22♦LBL 25 STO 21 RDN STO 22	
26♦LBL 20 RCL 22 RCL 21 MOVE RCL 20 ST- 21 FS? 03 GTO 21 GTO 27	Stift zum Zeilenanfang, y-Koordinate der folgenden Zeile. Fettdruck?
35♦LBL 21 WHERE STO 23 RDN STO 24	Stiftposition f. Fettdruck speichern
41♦LBL 27 SF 04 "TEXT" AON PROMPT LABEL FC? 03 GTO 27 GTO 18	Texteingabeschleife bei Fettdruck momentane Zeichenserie versetzt wiederholen
52♦LBL 18 RCL 24 RCL 23 RCL 25 + MOVE LABEL GTO 21	
60♦LBL D CF 17 4 LORG GTO 30	symmetrisch schreiben
65♦LBL C SF 03 FS? 04 GTO 21 GTO 30	Fettdruck
70♦LBL c CF 03 FS? 04 GTO 21 GTO 30	zurück zum Normaldruck
75♦LBL d CF 17 7 LORG GTO 30	rechtsbündig schreiben
80♦LBL b XEQ 23 FS? 04 GTO 21 GTO 30	ändern der Schriftform
86♦LBL a SF 01 GTO 24	Arbeitsfläche umrahmen
89♦LBL e "SCHRIFT-∠" PROMPT 90 + LDIR GTO 30	Schriftrichtung ändern
96♦LBL E SF 00 "X" PROMPT STO 22 "Y" PROMPT STO 21 GTO 30	Schriftposition durch Koordinateneingabe
105♦LBL B GTO 20	Sprung zur folgenden Zeile
107♦LBL F "SCHR.DICKE MM" PROMPT STO 25 FS? 04 GTO 21 GTO 30	bei Fettdruck -eine andere als die voreingestellte Schriftdicke
114♦LBL 23 "SCHR.-NEIGG." PROMPT "-BREITE" PROMPT "-HOEHE" PROMPT CSIZEO 1.5 * STO 20 "STIFT" PROMPT PEN RTN	Wahl der Schriftform
129♦LBL 22 0 270 0 190 LIMIT FS? 01 FRAME 270 0 0 190 SCALE 90 LDIR RTN .END.	definieren, skalieren u.evtl.rahmen der Arbeitsfläche

11.9 Schrift, Querformat

```
 01♦LBL "TEXTQ"
AUTOIO  FIX 0  CF 00 CF 01
CF 02  CF 03  CF 04
SF 17  CLRG  .5  STO 25

 12♦LBL 24
PINIT  XEQ 22  XEQ 23

 16♦LBL 30
"R/S OD.TASTE"  PROMPT
FS? 00  GTO 20  DGTIZE
               LBL G
 22♦LBL 25
STO 21  RDN  STO 22

 26♦LBL 20
RCL 22  RCL 21  MOVE
RCL 20  ST- 22  FS? 03
GTO 21  GTO 27

 35♦LBL 21
     WHERE  STO 23
RDN  STO 24

 41♦LBL 27
SF 04  "TEXT"  AON
PROMPT  LABEL  AOFF
FC? 03  GTO 27
GTO 18

 53♦LBL 18
RCL 24  RCL 25  +
RCL 23  MOVE  LABEL
GTO 21

 61♦LBL D
CF 17  4  LORG  GTO 30

 66♦LBL C
SF 03  FS? 04  GTO 21
GTO 30

 71♦LBL c
CF 03  FS? 04  GTO 21
GTO 30

 76♦LBL d
CF 17  7  LORG  GTO 30

 81♦LBL b
XEQ 23  FS? 04  GTO 21
GTO 30

 86♦LBL a
SF 01  GTO 24

 89♦LBL e
"SCHR-∠"  PROMPT  LDIR
GTO 30

 94♦LBL E
SF 00  " X"  PROMPT
STO 21  "Y"  PROMPT
STO 22  GTO 30

103♦LBL B
GTO 20

105♦LBL F
"SCHR.DICKE MM"  PROMPT
STO 25  FS? 04  GTO 21
GTO 30

112♦LBL 23
"SCHR. NEIGG."  PROMPT
"-BREITE"  PROMPT
"-HOEHE"  PROMPT  CSIZEO
1.5  *  STO 20  "STIFT"
PROMPT  PEN  RTN

127♦LBL 22
0  270  0  190  LIMIT
FS? 01  FRAME  0  270
0  190  SCALE  RTN
.END.
```

Tabelle 11-7 Porgramme TEXTH und TEXTQ; Liste der Speicher

Speicher-nummer	Speicher	Speicher-nummer	Speicher
20	Zeilenabstand	23	x-Koordinate } im Verlauf einer Zeile
21	x-Koordinate } Schrift-position	24	y-Koordinate } im Verlauf einer Zeile
22	y-Koordinate } Schrift-position	25	Schriftdicke bei Fettdruck

Tabelle 11-8 Programme TEXTH und TEXTQ; Liste der Flags

Flag-nummer	Thema	gesetzt	gelöscht
00	Wahl der Schriftposition	durch Koordinaten	durch Plottertasten
01	Arbeitsfläche rahmen	ja	nein
03	Fettdruck	ja	nein
04	Änderung der Schreiboption	vor dem Schreiben	beim Schreiben
17	Schreiben	einzeilig	mehrzeilig

11.10 Doppelt-logarithmische Netze

```
 01♦LBL "LOGLOG"
CF 00  CF 01  CF 02
CF 03  CF 04  CF 05
CF 06  CF 08  CF 09
CF 17  FIX 0  AUTOIO
CLRG  30  STO 23  STO 24
230  STO 25  150  STO 26
.4  STO 47  2.5  STO 48
RCL 23  RCL 25  +
STO 37  RCL 24  RCL 26
+  STO 38  16  STO 39
17  STO 40  19  STO 41
34  STO 42  100  STO 46
```

Initialisierung
Löschen aller Speicher
Voreinstellung Format u.Größe der Grafik

Speicheradressen f.Skalenanfangs- u.endwerte speichern

```
 44♦LBL 25
"R/S OD.TASTE"  PROMPT
RCL 23  RCL 25  +
STO 37  RCL 24  RCL 26
+  STO 38  "X-MIN"
PROMPT  STO IND 39
STO 29  ENTER↑  LOG
STO 21  RDN  10  *
STO 58  "X-MAX"  PROMPT
ENTER↑  STO IND 40  LOG
STO 28  "Y-MIN"  PROMPT
STO IND 41  STO 30
ENTER↑  LOG  STO 22  RDN
10  *  STO 59  "Y-MAX"
PROMPT  ENTER↑
STO IND 42  LOG  STO 27
PINIT  XEQ 37  XEQ 26
FS? 00  GTO 43  FS? 05
GTO 40  8  LORG  RCL 21
RCL 28  FS? 01  X<>Y  0
1  SCALE  FIX IND 51  90
LDIR
```

Eingabedialog
Logarithmen der Skalierungswerte

Plotter initialisieren, Koord.-System-oder nur Punkte o.Graphen zeichnen

normale o.gegenläuf.x-Achse

```
108♦LBL 20
RCL IND 39  LOG  STO 36
0  RCL 36  MOVE  RCL 46
RCL 36  DRAW  -.02
RCL 36  MOVE  CLA
ARCL IND 39  FC? 03
LABEL  RCL IND 39
RCL 58  X=Y?  XEQ 44
RCL 29  ST+ IND 39
RCL IND 40  RCL IND 39
X>Y?  GTO 29  GTO 20
```

Skalieren u.beziffern der x-Achse

obere Dekadengrenze erreicht: Inkrement und oberen Grenzwert verzehnfachen

```
136♦LBL 29
0  1  RCL 22  RCL 27
FS? 06  X<>Y  SCALE  0
LDIR  GTO 21
```

normale oder gegenläuf. y-Achse

```
147♦LBL 44
10  ST* 29  ST* 58  RTN

152♦LBL 21
FIX IND 52  RCL IND 41
LOG  STO 35  0  MOVE
RCL 35  RCL 46  DRAW
RCL 35  -.02  MOVE  CLA
ARCL IND 41  FC? 03
LABEL  RCL IND 41
RCL 59  X=Y?  XEQ 45
RCL 30  ST+ IND 41
RCL IND 42  RCL IND 41
X>Y?  GTO G  GTO 21
```

skalieren und beziffern der y-Achse

obere Dekadengrenze erreicht: Inkrement und Grenzwert verzehnfachen

```
180♦LBL 45
10  ST* 30  ST* 59  RTN

185♦LBL C
CF 09  SF 08  CF 00
CF 03  SF 07  XEQ 42
GTO 40
```

Zeichnen von Graphen; die Netzdaten sind schon gespeichert

```
193♦LBL H
FIX 6  SF 08  SF 09
GTO 40
```

Digitalausgabe v. Funktionswerten

```
198♦LBL c
CF 09  CF 00  SF 07
SF 08  SF 05  XEQ 42
GTO 25
```

Zeichnen von Graphen;die Netzdaten werden angefordert

```
206♦LBL 40
FC? 09  XEQ 18  "X-1"
PROMPT  STO 53  "X-2"
PROMPT  STO 54  "D-X"
PROMPT  STO 55
"PARAMETER"  PROMPT
STO 56  3  RCL 50
LTYPEO
```

Eingabedialog für Funktionen

```
224♦LBL 34
RCL 53  XEQ F  FS? 09
GTO 15  SF 25  LOG
STO 45  RCL 53  LOG
STO 44  RCL 55  ST+ 53
RCL 43  X≠0?  GTO 19
RCL 45  RCL 44  PLOT
```

berechnen,logarithmieren, und zeichnen der Graphen

```
243♦LBL 16
RCL 54  RCL 53  X<=Y?
GTO 34  GTO G
```

beenden der Funktionsberechnung

```
249♦LBL 15
VIEW 53  VIEW X  ADV
RCL 55  ST+ 53  GTO 16
```
Anzeigen bzw. Drucken der Funktionsdaten

```
249♦LBL F
RCL 53  RCL 56  Y↑X  RTN
```
Programmposition f.Unterprogramm der darzustellenden Funktion.

```
260♦LBL b
CF 07  SF 00  SF 08
CF 09  XEQ 42  GTO 25
```
Eintragen von Punkten,die Netzdaten werden angefordert

```
267♦LBL B
SF 08  CF 07  CF 09
XEQ 42  XEQ 18  GTO 36
```
Eintragen von Punkten,die Netzdaten sind schon gespeichert

```
274♦LBL 42
1  "LINIENTYP"  PROMPT
STO 50  "PKT.ZEICHEN"  0
PROMPT  STO 43  RTN
```
Wahl v.Linientyp u.Punktkennzeichen

```
284♦LBL 43
XEQ 18  GTO 36
```

```
287♦LBL 18
XEQ 37  "STIFT?"  1
FC? 09  PROMPT  PEN
RCL 23  RCL 37  RCL 24
RCL 38  CLIPUU  RCL 21
RCL 28  FS? 01  X<>Y
RCL 22  RCL 27  FS? 06
X<>Y  SCALE  5  LORG  0
.6  2.5  CSIZEO  3
RCL 50  LTYPEO  RTN
```
Wahl v.Schriftform u.Stift, definieren der Grafikfläche ohne zu zeichnen

Normale u.gegenläuf.Skalierung

Form des Punktkennzeichens

```
318♦LBL 36
"X?"  PROMPT  LOG
STO 44  "Y?"  PROMPT
LOG  STO 45  RCL 43
X≠0?  GTO 19  RCL 45
RCL 44  PLOT  GTO 36
```
Koordinateneingabe

Logarithmierung u. Plotten

```
334♦LBL 19
RCL 45  RCL 44  PLOT
CLA  RCL 43  BLDSPEC
ARCL X  LABEL  RCL 45
RCL 44  PLOT  FS? 07
GTO 41  GTO 36
```
Plotten mit Punktkennzeichen

```
349♦LBL 41
RCL 54  RCL 53  X<=Y?
GTO 34  GTO G
```
Wenn obere Intervallgrenze erreicht-stop

```
355♦LBL I
XEQ 31  " X"  PROMPT
STO 23  " Y"  PROMPT
STO 24  "LG.X-ACHSE"
PROMPT  STO 25
"LG.Y-ACHSE"  PROMPT
STO 26  GTO 25
```
Benutzerwahl v. Schriftform, Position und Größe der Grafik

```
370♦LBL D
1  LORG  SF 08  SF 04
XEQ 28  RCL 26  .5  *
-22  MOVE  90  LDIR  CLA
"Y-TEXT"  XEQ 30  -22
RCL 25  .7  *  MOVE  0
LDIR  CLA  "X-TEXT"
GTO 30
```
Kennzeichnung v. y- und x-Achse

```
396♦LBL d
CF 04  XEQ 28  XEQ 31
XEQ 26  1  LORG  "STIFT"
PROMPT  PEN  -18  RCL 25
.15  *  MOVE  "TEXT"
GTO 30
```
Thema der Grafik

```
413♦LBL E
SF 17  GTO 33
```
Schrift,belieb. Anfangspos.mit Plotter wählen. einzeilig.

```
416♦LBL e
CF 17  GTO 33
```
wie E, jedoch mehrzeilig

```
419♦LBL 37
0  270  0  190  LIMIT
SCALE  FS?C 02  FRAME
RCL 23  RCL 37  RCL 24
RCL 38  CLIPUU  FC? 08
FRAME  RTN  0  GTO 26
```
Definieren der Arbeits- u.d. Diagrammfläche, auf Wunsch umrahmen

```
438♦LBL 33
1  LORG  CF 04  "STIFT"
PROMPT  PEN  XEQ 31
XEQ 26
```
Stiftwahl

```
447♦LBL "0"
DGTIZE  MOVE  GTO 30
RTN
```
Schriftposition mit Plotter wählen -ohne Wahl der Schriftform

```
452♦LBL 28
XEQ 37  RCL 23  RCL 37
RCL 24  RCL 38  CLIPUU
0  RCL 25  0  RCL 26
SCALE  RTN
```
Definieren des Grafikformats u. Skalieren in mm

```
465♦LBL 31
"SCHRIFTBREITE"  PROMPT
STO 47  "-HOEHE"  PROMPT
STO 48  RTN
```
Wahl der Schriftform

```
473♦LBL 26
0  RCL 47  RCL 48
CSIZEO  RTN
```
Schriftform realisieren

```
479♦LBL 30
FC? 04  "TEXT"  AON      Texteingabe
PROMPT  LABEL  AOFF
FS? 04  RTN  GTO 30
```

```
489♦LBL a                Arbeitsfläche
SF 02  GTO 25            rahmen
```

```
492♦LBL J
"X-KOMMAST."  PROMPT  Kommastellen f.
STO 51  "Y-KOMMAST."  Skalenziffern
PROMPT  STO 52  GTO 25
```

```
500♦LBL "Q"
SF 01  17  STO 39  16    gegenläuf.
STO 40  GTO 25           x-Achse
```

```
507♦LBL "U"
SF 06  34  STO 41  19    gegenläuf.y-Achse
STO 42  GTO 25
```

```
514♦LBL "M"              kurze Skalen-
.02  STO 46  GTO 25      markierungen
```

```
518♦LBL "L"              Achsen nicht
SF 03  GTO 25            beziffern
```

```
521♦LBL G                Stift ablegen
0  PEN  .END.
```

11.11 Logarithmisch - lineare Netze

```
 01♦LBL "LOGLIN"
CF 00  CF 01  CF 02
CF 03  CF 04  CF 05
CF 06  CF 08  CF 09
CF 17  FIX 0  AUTOIO
CLRG  30  STO 23  STO 24
230  STO 25  150  STO 26
.4  STO 47  2.5  STO 48
RCL 23  RCL 25  +
STO 37  RCL 24  RCL 26
+  STO 38  16  STO 39
17  STO 40  19  STO 41
34  STO 42  100  STO 46

 44♦LBL 25
"R/S OD.TASTE"  PROMPT
RCL 23  RCL 25  +
STO 37  RCL 24  RCL 26
+  STO 38  "X-MIN"
PROMPT  STO IND 39
STO 29  ENTER↑  LOG
STO 21  RDN  10  *
STO 58  "X-MAX"  PROMPT
ENTER↑  STO IND 40  LOG
STO 28  "Y-MIN"  PROMPT
STO IND 41  "Y-MAX"
PROMPT  STO IND 42
FS? 08  GTO 47  "Y-DIF"
PROMPT  STO 62

 83♦LBL 47
PINIT  XEQ 37  XEQ 26
FS? 00  GTO 43  FS? 05
GTO 40  8  LORG
RCL IND 39  RCL IND 40
RCL IND 41  RCL IND 42
FS? 06  X<>Y  SCALE
FIX IND 52  100  TICLEN
RCL IND 42  RCL IND 41
RCL 62  RCL IND 39
LYAXIS  RCL 21  RCL 28
FS? 01  X<>Y  0  1
SCALE  90  LDIR

117♦LBL 20
FIX IND 51  RCL IND 39
LOG  STO 36  0  RCL 36
MOVE  RCL 46  RCL 36
DRAW  -.02  RCL 36  MOVE
CLA  ARCL IND 39  FC? 03
LABEL  RCL IND 39
RCL 58  X=Y?  XEQ 44
RCL 29  ST+ IND 39
RCL IND 40  RCL IND 39
X>Y?  GTO G  GTO 20

146♦LBL 44
10  ST* 29  ST* 58  RTN

151♦LBL 01
X<Y?  GTO G  GTO 20

155♦LBL C
CF 09  SF 08  CF 00
CF 03  SF 07  XEQ 42
GTO 40

163♦LBL H
FIX 6  SF 08  SF 09
GTO 40

168♦LBL c
CF 09  CF 00  SF 05
SF 07  SF 08  XEQ 42
GTO 25

176♦LBL 40
FC? 09  XEQ 18  "X-1"
PROMPT  STO 53  "X-2"
PROMPT  STO 54  "D-X"
PROMPT  STO 55
"PARAMETER"  PROMPT
STO 56  3  RCL 50
LTYPEO

194♦LBL 34
RCL 53  XEQ F  FS? 09
GTO 15  STO 45  RCL 53
LOG  STO 44  RCL 55
ST+ 53  RCL 43  X≠0?
GTO 19  RCL 45  RCL 44
PLOT

211♦LBL 16
RCL 54  RCL 53  X<=Y?
GTO 34  GTO G

217♦LBL 15
VIEW 53  VIEW X  ADV
RCL 55  ST+ 53  GTO 16

224♦LBL F
RCL 53  RCL 56  Y↑X
STO 57  RTN

230♦LBL b
CF 09  CF 07  SF 00
SF 08  XEQ 42  GTO 25

237♦LBL B
CF 09  SF 08  CF 07
XEQ 42  XEQ 18  GTO 36
244♦LBL 42
1  "LINIENTYP"  PROMPT
STO 50  "PKT.ZEICHEN"  0
PROMPT  STO 43  RTN

254♦LBL 43
XEQ 18  GTO 36

257♦LBL 18
XEQ 37  "STIFT?"  1
FC? 09  PROMPT  PEN
RCL 23  RCL 37  RCL 24
RCL 38  CLIPUU  RCL 21
RCL 28  FS? 01  X<>Y
RCL IND 41  RCL IND 42
FS? 06  X<>Y  SCALE  5
LORG  0  .6  2.5  CSIZEO
3  RCL 50  LTYPEO  RTN

288♦LBL 36
"X?"  PROMPT  LOG
STO 44  "Y?"  PROMPT
STO 45  RCL 43  X≠0?
GTO 19  RCL 45  RCL 44
PLOT  GTO 36

303♦LBL 19
RCL 45  RCL 44  PLOT
CLA  RCL 43  BLDSPEC
ARCL X  LABEL  RCL 45
RCL 44  PLOT  FS? 07
GTO 41  GTO 36

318♦LBL 41
RCL 54  RCL 53  X<=Y?
GTO 34  GTO G

324♦LBL I
XEQ 31  " X"  PROMPT
STO 23  " Y"  PROMPT
STO 24  "LG.X-ACHSE"
PROMPT  STO 25
"LG.Y-ACHSE"  PROMPT
STO 26  GTO 25

339♦LBL D
1  LORG  SF 08  SF 04
XEQ 28  RCL 26  .5  *
-22  MOVE  90  LDIR  CLA
"Y-TEXT"  XEQ 30  -22
RCL 25  .7  *  MOVE  0
LDIR  CLA  "X-TEXT"
GTO 30
```

```
365♦LBL d
CF 04  XEQ 28  XEQ 31
XEQ 26  1  LORG  "STIFT"
PROMPT  PEN  -18  RCL 25
.15  *  MOVE  "TEXT"
GTO 30

382♦LBL E
SF 17  GTO 33

385♦LBL e
CF 17  GTO 33

388♦LBL 37
0  270  0  190  LIMIT
SCALE  FS?C 02  FRAME
RCL 23  RCL 37  RCL 24
RCL 38  CLIPUU  FC? 08
FRAME  RTN  0  GTO 26

407♦LBL 33
1  LORG  CF 04  "STIFT"
PROMPT  PEN  XEQ 31
XEQ 26

416♦LBL "O"
DGTIZE  MOVE  GTO 30
RTN

421♦LBL 28
XEQ 37  RCL 23  RCL 37
RCL 24  RCL 38  CLIPUU
0  RCL 25  0  RCL 26
SCALE  RTN

434♦LBL 31
"SCHRIFTBREITE"  PROMPT
STO 47  "-HOEHE"  PROMPT
STO 48  RTN

442♦LBL 26
0  RCL 47  RCL 48
CSIZEO  RTN

448♦LBL 30
FC? 04  "TEXT"  AON
PROMPT  LABEL  AOFF
FS? 04  RTN  GTO 30

458♦LBL a
SF 02  GTO 25

461♦LBL J
"X-KOMMAST."  PROMPT
STO 51  "Y-KOMMAST."
PROMPT  STO 52  GTO 25

469♦LBL "Q"
SF 01  17  STO 39  16
STO 40  GTO 25

476♦LBL "U"
SF 06  34  STO 41  19
STO 42  GTO 25

483♦LBL "M"
.02  STO 46  GTO 25

487♦LBL "L"
SF 03  GTO 25

490♦LBL G
0  PEN  .END.
```

11.12 Linear - logarithmische Netze

```
 01♦LBL "LINLOG"
CF 00  CF 01  CF 02
CF 03  CF 04  CF 05
CF 06  CF 08  CF 09
CF 17  FIX 0  AUTOIO
CLRG  30  STO 23  STO 24
230  STO 25  150  STO 26
.4  STO 47  2.5  STO 48
RCL 23  RCL 25  +
STO 37  RCL 24  RCL 26
+  STO 38  16  STO 39
17  STO 40  19  STO 41
34  STO 42  100  STO 46

 44♦LBL 25
"R/S OD.TASTE"  PROMPT
RCL 23  RCL 25  +
STO 37  RCL 24  RCL 26
+  STO 38  "X-MIN"
PROMPT  STO IND 39
"X-MAX"  PROMPT
STO IND 40  FS? 08
GTO 48  "X-DIF"  PROMPT
STO 61

 66♦LBL 48
"Y-MIN"  PROMPT
STO IND 41  STO 30
ENTER↑  LOG  STO 22  RDN
10  *  STO 59  "Y-MAX"
PROMPT  ENTER↑
STO IND 42  LOG  STO 27
PINIT  XEQ 37  XEQ 26
FS? 00  GTO 43  FS? 05
GTO 40  90  LDIR  8
LORG  RCL IND 39
RCL IND 40  FS? 01  X<>Y
RCL IND 41  RCL IND 42
SCALE  FIX IND 51  100
TICLEN  RCL IND 40
RCL IND 39  RCL 61
RCL IND 41  LXAXIS  0  1
RCL 22  RCL 27  FS? 06
X<>Y  SCALE  0  LDIR

119♦LBL 21
FIX IND 52  RCL IND 41
LOG  STO 35  0  MOVE
RCL 35  RCL 46  DRAW
RCL 35  -.02  MOVE  CLA
ARCL IND 41  FC? 03
LABEL  RCL IND 41
RCL 59  X=Y?  XEQ 45
RCL 30  ST+ IND 41
RCL IND 42  RCL IND 41
X>Y?  GTO G  GTO 21

147♦LBL 45
10  ST* 30  ST* 59  RTN

152♦LBL C
CF 09  SF 08  CF 00
CF 03  SF 07  XEQ 42
GTO 40

160♦LBL H
FIX 6  SF 08  SF 09
GTO 40

165♦LBL c
CF 09  CF 00  SF 07
SF 08  SF 05  XEQ 42
GTO 25

173♦LBL 40
FC? 09  XEQ 18  "X-1"
PROMPT  STO 53  "X-2"
PROMPT  STO 54  "D-X"
PROMPT  STO 55
"PARAMETER"  PROMPT
STO 56  3  RCL 50
LTYPEO

191♦LBL 34
RCL 53  XEQ F  FS? 09
GTO 15  SF 25  LOG
STO 45  RCL 53  STO 44
RCL 55  ST+ 53  RCL 43
X≠0?  GTO 19  RCL 45
RCL 44  PLOT

209♦LBL 16
RCL 54  RCL 53  X<=Y?
GTO 34  GTO G

215♦LBL 15
VIEW 53  VIEW X  ADV
RCL 55  ST+ 53  GTO 16

222♦LBL F
RCL 53  RCL 56  Y↑X  RTN

227♦LBL b
CF 09  CF 07  SF 00
SF 08  XEQ 42  GTO 25

234♦LBL B
SF 08  CF 09  CF 07
XEQ 42  XEQ 18  GTO 36

241♦LBL 42
1  "LINIENTYP"  PROMPT
STO 50  "PKT.ZEICHEN"  0
PROMPT  STO 43  RTN

251♦LBL 43
XEQ 18  GTO 36

254♦LBL 18
XEQ 37  "STIFT?"  1
FC? 09  PROMPT  PEN
RCL 23  RCL 37  RCL 24
RCL 38  CLIPUU
RCL IND 39  RCL IND 40
FS? 01  X<>Y  RCL 22
RCL 27  FS? 06  X<>Y
SCALE  5  LORG  0  .6
2.5  CSIZEO  3  RCL 50
LTYPEO  RTN

285♦LBL 36
"X?"  PROMPT  STO 44
"Y?"  PROMPT  LOG
STO 45  RCL 43  X≠0?
GTO 19  RCL 45  RCL 44
PLOT  GTO 36

300♦LBL 19
RCL 45  RCL 44  PLOT
CLA  RCL 43  BLDSPEC
ARCL X  LABEL  RCL 45
RCL 44  PLOT  FS? 07
GTO 41  GTO 36

315♦LBL 41
RCL 54  RCL 53  X<=Y?
GTO 34  GTO G

321♦LBL I
XEQ 31  " X"  PROMPT
STO 23  " Y"  PROMPT
STO 24  "LG.X-ACHSE"
PROMPT  STO 25
"LG.Y-ACHSE"  PROMPT
STO 26  GTO 25

336♦LBL D
1  LORG  SF 08  SF 04
XEQ 28  RCL 26  .5  *
-22  MOVE  90  LDIR  CLA
"Y-TEXT"  XEQ 30  -22
RCL 25  .7  *  MOVE  0
LDIR  CLA  "X-TEXT"
GTO 30
```

```
362♦LBL d
CF 04  XEQ 28  XEQ 31
XEQ 26  1  LORG  "STIFT"
PROMPT  PEN  -18  RCL 25
.15  *  MOVE  "TEXT"
GTO 30

379♦LBL E
SF 17  GTO 33

382♦LBL e
CF 17  GTO 33

385♦LBL 37
0  270  0  190  LIMIT
SCALE  FS?C 02  FRAME
RCL 23  RCL 37  RCL 24
RCL 38  CLIPUU  FC? 08
FRAME  RTN  0  GTO 26

404♦LBL 33
1  LORG  CF 04  "STIFT"
PROMPT  PEN  XEQ 31
XEQ 26

413♦LBL "D"
DGTIZE  MOVE  GTO 30
RTN

418♦LBL 28
XEQ 37  RCL 23  RCL 37
RCL 24  RCL 38  CLIPUU
0  RCL 25  0  RCL 26
SCALE  RTN

431♦LBL 31
"SCHRIFTBREITE"  PROMPT
STO 47  "-HOEHE"  PROMPT
STO 48  RTN

439♦LBL 26
0  RCL 47  RCL 48
CSIZEO  RTN

445♦LBL 30
FC? 04  "TEXT"  AON
PROMPT  LABEL  AOFF
FS? 04  RTN  GTO 30

455♦LBL a
SF 02  GTO 25

458♦LBL J
"X-KOMMAST."  PROMPT
STO 51  "Y-KOMMAST."
PROMPT  STO 52  GTO 25

466♦LBL "Q"
SF 01  17  STO 39  16
STO 40  GTO 25

473♦LBL "U"
SF 06  34  STO 41  19
STO 42  GTO 25

480♦LBL "M"
.02  STO 46  GTO 25

484♦LBL "L"
SF 03  GTO 25

487♦LBL G
0  PEN  .END.
```

11.13 Netze mit beliebiger Skalierung

```
 01♦LBL "NETZ"
CF 00  CF 01  CF 02
CF 03  CF 04  CF 05
CF 06  CF 08  CF 09
CF 10  CF 17  FIX 0
AUTOIO  CLRG  30  STO 23
STO 24  230  STO 25  150
STO 26  .4  STO 47  2.5
STO 48  RCL 23  RCL 25
+  STO 37  RCL 24
RCL 26  +  STO 38  16
STO 39  17  STO 40  19
STO 41  34  STO 42  100
STO 46

 45♦LBL 25
"R/S OD.TASTE"  PROMPT
RCL 23  RCL 25  +
STO 37  RCL 24  RCL 26
+  STO 38  "X-MIN"
PROMPT  STO IND 39
XEQ "X"  STO 21  "X-MAX"
PROMPT  STO IND 40
XEQ "X"  STO 28  "X-DIF"
PROMPT  FS? 01  CHS
STO 29  FS? 10  GTO 92
"Y-MIN"  PROMPT
STO IND 41  XEQ "Y"
STO 22  "Y-MAX"  PROMPT
STO IND 42  XEQ "Y"
STO 27  "Y-DIF"  PROMPT
FS? 06  CHS  STO 35

 88♦LBL 92
PINIT  XEQ 37  XEQ 26
FS? 00  GTO 43  FS? 05
GTO 40  90  LDIR  8
LORG  RCL 21  RCL 28
FS? 01  X<>Y  0  1
SCALE  .5  FS? 10  XAXIS

110♦LBL 20
FIX IND 51  RCL 16
XEQ "X"  STO 36  0
FS? 10  .3  RCL 36  MOVE
RCL 46  FS? 10  .7
RCL 36  DRAW  -.02
FS? 10  .15  RCL 36
MOVE  CLA  ARCL 16
FC? 03  LABEL  RCL 29
ST+ 16  RCL 17  RCL 16
FS? 01  GTO 01  X>Y?
GTO 02  GTO 20

143♦LBL 01
X<Y?  GTO 02  GTO 20

147♦LBL 02
FS? 10  GTO G  0  1
RCL 22  RCL 27  FS? 06
X<>Y  SCALE  0  LDIR

159♦LBL 21
FIX IND 52  RCL 19
XEQ "Y"  STO 18  0  MOVE
RCL 18  RCL 46  DRAW
RCL 18  -.02  MOVE  CLA
ARCL 19  FC? 03  LABEL
RCL 35  ST+ 19  RCL 34
RCL 19  FS? 06  GTO 08
X>Y?  GTO G  GTO 21

185♦LBL 08
X<Y?  GTO G  GTO 21

189♦LBL "X"
STO 59  RTN

192♦LBL "Y"
STO 60  RTN

195♦LBL C
CF 09  SF 08  CF 00
SF 07  XEQ 42  GTO 40

202♦LBL H
FIX 6  SF 08  SF 09
GTO 40

207♦LBL c
CF 09  SF 08  CF 00
SF 07  SF 05  XEQ 42
GTO 25

215♦LBL 40
FC? 09  XEQ 18  "X-1"
PROMPT  STO 53  "X-2"
PROMPT  STO 54  "D-X"
PROMPT  STO 55
"PARAMETER"  PROMPT
STO 56  3  RCL 50
LTYPEO

233♦LBL 34
RCL 53  XEQ F  FS? 09
GTO 15  XEQ "Y"  STO 45
RCL 53  XEQ "X"  STO 44
RCL 55  ST+ 53  RCL 43
X≠0?  GTO 19  RCL 45
RCL 44  PLOT

251♦LBL 16
RCL 54  RCL 53  X<=Y?
GTO 34  GTO G

257♦LBL 15
VIEW 53  VIEW X  ADV
RCL 55  ST+ 53  GTO 16

264♦LBL F
RCL 53  RCL 56  Y↑X  RTN

269♦LBL b
CF 09  CF 07  SF 00
XEQ 42  GTO 25

275♦LBL B
CF 09  SF 08  CF 07
XEQ 42  XEQ 18  GTO 36

282♦LBL 42
1  "LINIENTYP"  PROMPT
STO 50  "PKT.ZEICHEN"  0
PROMPT  STO 43  RTN

292♦LBL 43
XEQ 18  GTO 36

295♦LBL 18
XEQ 37  "STIFT?"  1
FC? 09  PROMPT  PEN
RCL 23  RCL 37  RCL 24
RCL 38  CLIPUU  RCL 21
RCL 28  FS? 01  X<>Y
RCL 22  RCL 27  FS? 06
X<>Y  SCALE  5  LORG  0
.6  2.5  CSIZEO  3
RCL 50  LTYPEO  RTN

326♦LBL 36
"X?"  PROMPT  XEQ "X"
STO 44  "Y?"  PROMPT
XEQ "Y"  STO 45  RCL 43
X≠0?  GTO 19  RCL 45
RCL 44  PLOT  GTO 36

342♦LBL 19
RCL 45  RCL 44  PLOT
CLA  RCL 43  BLDSPEC
ARCL X  LABEL  RCL 45
RCL 44  PLOT  FS? 07
GTO 41  GTO 36
```

```
357♦LBL 41
RCL 54  RCL 53  X<=Y?
GTO 34  GTO G

363♦LBL I
XEQ 31  " X"  PROMPT
STO 23  " Y"  PROMPT
ST+ 24  FC? 10  STO 24
"LG.X-ACHSE"  PROMPT
STO 25  FS? 10  GTO 91
"LG.Y-ACHSE"  PROMPT
STO 26  GTO 25

382♦LBL 91
10  STO 26  GTO 25

386♦LBL D
SF 08  SF 04  XEQ 28  1
LORG  RCL 26  .5  *  -22
MOVE  90  LDIR  CLA
"Y-TEXT"  XEQ 30  -22
RCL 25  .7  *  MOVE  0
LDIR  CLA  "X-TEXT"
GTO 30

412♦LBL d
CF 04  XEQ 28  XEQ 31
XEQ 26  1  LORG  "STIFT"
PROMPT  PEN  -18  RCL 25
.15  *  MOVE  "TEXT"
GTO 30

429♦LBL E
SF 17  GTO 33

432♦LBL e
CF 17  GTO 33

435♦LBL 37
0  270  0  190  LIMIT
SCALE  FS?C 02  FRAME
RCL 23  RCL 37  RCL 24
RCL 38  CLIPUU  FC? 08
FRAME  RTN  0  GTO 26

454♦LBL 33
1  LORG  CF 04  "STIFT"
PROMPT  PEN  XEQ 31
XEQ 26

463♦LBL "O"
DGTIZE  MOVE  GTO 30
RTN

468♦LBL 28
XEQ 37  RCL 23  RCL 37
RCL 24  RCL 38  CLIPUU
0  RCL 25  0  RCL 26
SCALE  RTN

481♦LBL 31
"SCHRIFTBREITE"  PROMPT
STO 47  "-HOEHE"  PROMPT
STO 48  RTN

489♦LBL 26
0  RCL 47  RCL 48
CSIZEO  RTN

495♦LBL 30
FC? 04  "TEXT"  AON
PROMPT  LABEL  AOFF
FS? 04  RTN  GTO 30

505♦LBL a
SF 02  GTO 25

508♦LBL J
"X-KOMMAST."  PROMPT
STO 51  "Y-KOMMAST."
PROMPT  STO 52  GTO 25

516♦LBL "Q"
SF 01  17  STO 39  16
STO 40  GTO 25

523♦LBL "U"
SF 06  34  STO 41  19
STO 42  GTO 25

530♦LBL "M"
.02  STO 46  GTO 25

534♦LBL "L"
SF 03  GTO 25

537♦LBL "S"
SF 08  SF 10  -5  STO 24
GTO I

543♦LBL G
0  LDIR  0  PEN  .END.
```

Tabelle 11-9 . Programme LOGLOG, LINLOG, LOGLIN, NETZ, Liste der Speicher

Speicher-nummer	Speicherinhalt	Speicher-nummer	Speicherinhalt
1-15	frei für Skalierungs- und Funktionsprogramme	42	indir.Adressierung für y max
16	x min oder x max	43	Punktkennzeichen-Code
17	x max oder x min	44	lgx; f(x) oder x
19	y min oder y max	45	lgy; f(y) oder y
21	log x min oder t(x min)	46	Länge für Markierungs-striche
22	log y min oder t(y min)		
23	x } Plotterkoordinaten für Diagrammursprung	47	Buchstabenbreite
		48	Buchstabenhöhe
24	y } Plotterkoordinaten für Diagrammursprung	50	Linientyp
25	Länge der x-Achse; lx	51	Kommastellen der x-Achse
26	Länge der y-Achse; ly	52	Kommastellen der y-Achse
27	log y max oder t(y max)	53	x-1 Anfangswert } bei Funktions-darstel.
28	log x max oder t(x max)	54	x-2 Endwert } bei Funktions-darstel.
29	x min; x-Skalierungsin-krement	55	x dif Inkrement } bei Funktions-darstel.
		56	Funktionsparameter
30	y min; y-Skalierungsin-krement	57	y(x)-Funktionsdarstellung
		58	x } Multiplikatoren für Dekaden und Skalie-rungsinkrement
34	y max oder y min		
35	y-Markierungsabstand	59	y } Multiplikatoren für Dekaden und Skalie-rungsinkrement
36	x-Markierungsabstand		
37	x + lx		
38	y + ly		
39	indir. Adressierung für x min		
40	indir. Adressierung für x max		
41	indir. Adressierung für y min		

Tabelle 11-10. Programme LOGLOG, LINLOG, LOGLIN, NETZ, Liste der Flags

Flag-nummer	Thema	gesetzt	gelöscht
00	Punkteingabe	ja	nein
01	gegenläufige x-Achse	ja	nein
02	Arbeitsbereich rahmen	ja	nein
03	Achsen beziffern	nein	ja
04	Text(allgem.)eingeben	nein	ja
05	Funktionseingabe	ja	nein
06	gegenläufige y-Achse	ja	nein
07	Funktionsdarstellung	ja	Einzelpunktdar-stellung
08	Dialogfragen x dif; y dif	nein	ja
09	Zeichnen	ja	Digitalausgabe
17	einzeiliges Schreiben	ja	nein

11.14 Berechnung und Darstellung komplizierter Relationen

```
01♦LBL "XY"
"R/S OD. TASTE" PROMPT
AUTOIO SF 01 CF 02
CLRG FIX 0
"FUNKTIONSNAME" AON
PROMPT ASTO 50 AOFF
30 STO 26 STO 27 230
STO 28 150 STO 29 100
STO 65 GTO B
```

=Taste A.Start. Vom Unter- zum Hauptprogramm

Kopplung mit speziellem Programm

Voreinstellung Arbeitsfläche

```
24♦LBL b
CF 01 GTO 18
```

nur berechnen

```
27♦LBL c
0 STO 00
"ZAHL d.GROESSEN"
PROMPT 9 + 1000 /
10 + STO 00 FIX 0
```

Zuordnung der Formelgrößen zu Speicheradressen

```
40♦LBL 28
"SPEICHER " ARCL 00
PROMPT STO IND 00
ISG 00 GTO 28 BEEP
STOP
```

```
49♦LBL C
SF 01 "STIFT" 1
PROMPT PEN CF 22
"LNIENTYP" 1 3 PROMPT
FC? 22 X<>Y LTYPEO
CF 22 0 0 MOVE
```

Berechnen und Plotten

Linientyp 1- oder Wahl eines Linientyps

Stift zur Anfangsposition

```
67♦LBL 18
"RECHNEN" PROMPT
"KOMMAST." 0 PROMPT
FIX IND X "R-Y" PROMPT
STO 40 "R-X" PROMPT
STO 43 "X-1" PROMPT
STO IND 43 "X-2"
PROMPT STO 38 "dX" 1
PROMPT STO 44 "dY"
PROMPT STO 41 STO 42
"ITERATIONEN?" PROMPT
STO 45 STO 46 STO 48
"RECHENART" PROMPT
XEQ 50 "Y-START"
PROMPT GTO 51 RTN
```

Eingabe Berechnungsgrößen und Rechenart

```
106♦LBL I
"NETZ-WAHL" PROMPT
XEQ 31 "X" PROMPT
STO 26 "Y" PROMPT
STO 27 "LG.X-ACHSE"
PROMPT STO 28
"LG.Y-ACHSE" PROMPT
STO 29 GTO 30
```

Benutzerwahl: Schriftwahl Diagrammposition u. -größe

```
123♦LBL B
"NETZ" PROMPT
```

```
126♦LBL 30
RCL 26 RCL 28 +
STO 30 RCL 27 RCL 29
+ STO 31 "X-MIN"
PROMPT STO 02 "X-MAX"
PROMPT STO 46 "X-DIFF"
PROMPT STO 51 "Y-MIN"
PROMPT STO 00 STO 05
"Y-MAX" PROMPT STO 01
"Y-DIFF" PROMPT STO 06
"X-KOMMAST." 0 PROMPT
STO 53 "Y-KOMMAST." 0
PROMPT STO 54 PINIT 0
270 0 190 LIMIT
SCALE RCL 26 RCL 30
RCL 27 RCL 31 CLIPUU
FRAME RCL 02 RCL 46
RCL 00 RCL 01 SCALE
RCL 65 TICLEN
FIX IND 53 0 .4 3
CSIZEO RCL 46 RCL 02
RCL 51 RCL 00 LXAXIS
FIX IND 54 RCL 01
RCL 00 RCL 06 RCL 02
LYAXIS 0 PEN GTO C
```

Vorbereitung f. Diagrammformat

Eingabe der Skalierungsparameter

Plotter initialisieren, Arbeitsfläche definieren u.in mm skalieren

Diagrammfläche definieren z.skalieren

Voreinstellung Schriftform

Zeichnen der Achsen

```
201♦LBL J
2 PEN 0 XAXIS 0
YAXIS 0 PEN STOP
```

durch 0 gehende Achsen verstärken

```
211♦LBL 50
STO 39 26 X=Y? GTO 17
RDN 25 X≠Y? RTN
RCL 38 RCL IND 43 -
"INTERVALLE?" PROMPT
STO 49 / STO 44 "DX="
ARCL X AVIEW CLD RTN
```

Vorbereitungen entspr.gewählter Berechnungsart

```
233♦LBL 51
STO IND 40 0 STO 47
CF 00
```

Start Iterationsverfahren.$\sum y.dx$-Speicher=0 setzen

```
238♦LBL 34
RCL 48 STO 45 RCL 41
STO 42 XEQ IND 50 X>0?
GTO 16
```

Regenerieren von Δy_1u.Interationszahl zur Iteration für q > 0 oder für q < 0

```
246♦LBL 22
RCL IND 40  XEQ IND 50
FS? 02  VIEW X  X<0?
GTO 43  RCL 42  1.1  *
ST- IND 40  .1  ST* 42
RCL 42  ST+ IND 40
DSE 45  GTO 22
GTO IND 39
```

Iteration wenn q < 0

```
264♦LBL 43
RCL 42  ST+ IND 40
GTO 22
```

```
268♦LBL 24
RCL IND 40  "Y="  ARCL X
AVIEW  CLD  ADV
RCL IND 43  FS? 01  PLOT
RCL 44  ST+ IND 43
RCL 38  RCL IND 43  "X="
ARCL X  AVIEW  CLD  X>Y?
GTO 44
```

Ergebnisausgabe, Einzelwerte oder Relationsverlauf

obere Rechenintervallgrenze erreicht? Zur nächsten Berechnung oder stop

```
288♦LBL 29
RCL IND 40  GTO 34
```

```
291♦LBL 44
0  PEN  STOP
```

```
295♦LBL 17
RCL 40  RCL 43  STO 40
RDN  STO 43  0
STO IND 43  "X-START"
PROMPT  GTO 51
```

0-Stellen-Rechnung, Speicher von x u.y tauschen

```
306♦LBL 16
RCL IND 40  XEQ IND 50
FS? 02  VIEW X  X>0?
GTO 45  RCL 42  1.1  *
ST+ IND 40  .1  ST* 42
RCL 42  ST- IND 40
DSE 45  GTO 16
GTO IND 39
```

Iteration wenn q > 0

```
324♦LBL 45
RCL 42  ST- IND 40
GTO 16
```

```
328♦LBL 26
RCL IND 40  "X(0)="
ARCL X  AVIEW  CLD
RCL 40  RCL 43  STO 40
RDN  STO 43  CLX  STOP
```

0-Stellen ausgeben

```
341♦LBL 25
FS? 00  GTO 36  0
RCL IND 43  FS? 01  PLOT
RCL IND 40  STO 36
RCL 44  ST+ IND 43
SF 00  GTO 34
```

Start Integration. Anfang Integralkurve plotten

y_n nach Speicher 36

y_{n+1} in Speicher 40

```
354♦LBL 36
RCL 36  RCL IND 40  +  2
/  RCL 44  *  ST+ 47
RCL IND 43  "X+ΣdX="
ARCL X  AVIEW  CLD
RCL IND 40  STO 36
RCL 47  "ΣYdX="  ARCL X
AVIEW  CLD  ADV  RCL 47
RCL IND 43  FS? 01  PLOT
RCL 44  ST+ IND 43
DSE 49  GTO 34  RCL 47
"INTEGRAL="  ARCL X
AVIEW  CLD  0  PEN  STOP
```

$(y_n+y_{n+1}) \cdot dx/2$

x-Positionen der Streifen

Summe der Streifenflächen

Wert des Integrals ausgeben

```
392♦LBL 27
RCL IND 43  X=0?  GTO 01
.1  *  STO 36
GTO 38
```

Start Differentiation "dx" abhängig von x

```
402♦LBL 01
.25  STO 36
```

"dx" wenn x = 0

```
405♦LBL 38
RCL 36  2  /  ST- IND 43
37  STO 39  GTO 34
```

$y(x-\frac{dx}{2})$ berechnen

```
413♦LBL 37
RCL IND 40  STO 35
RCL 36  ST+ IND 43  39
STO 39  GTO 34
```

$y(x+\frac{dx}{2})$ berechnen

```
421♦LBL 39
RCL IND 40  RCL 35  -
RCL 36  /  STO 52
"dY/dX="  ARCL X  AVIEW
CLD  ADV  RCL 36  2  /
ST- IND 43  RCL 52
RCL IND 43  FS? 01  PLOT
RCL 44  ST+ IND 43
RCL IND 43  "X="  ARCL X
AVIEW  CLD  RCL 38
RCL IND 43  X>Y?  RTN
38  STO 39  GTO 34
```

$dy/dx = (y_2-y_1)/dx$

dy/dx ausgeben

falls obere Berechnungsgrenze erreicht, stop sonst weiterrechnen

```
455♦LBL E
SF 17  GTO 33
```

Beschriftung Zeichenserien einzeilig

```
458♦LBL e
CF 17
```

Zeichenserien untereinander

```
460♦LBL 33
1  LORG  CF 05  "STIFT"
1  PROMPT  PEN  XEQ 31
XEQ 23
```

Unterprogramm Stift - zur Schriftform

```
470♦LBL H
DGTIZE MOVE GTO 32
```
Schriftposition mit Plotter wählen, Schriftform beibehalten

```
474♦LBL D
3.5 CSIZE 1 PEN LORG
SF 05 0 RCL 28 0
RCL 29 SCALE RCL 29
.5 * -22 MOVE 90
LDIR CLA "Y-TEXT"
XEQ 32 -22 RCL 28 .7
* MOVE 0 LDIR CLA
"X-TEXT" GTO 32
```
Kennzeichnung der Achsen

```
506♦LBL d
0 LDIR -22 RCL 28 .2
* MOVE XEQ 31 XEQ 23
CLA "THEMA"
```
Diagramm-Unterschrift

```
518♦LBL 32
FC? 05 "TEXT" AON
PROMPT LABEL AOFF
FS? 05 RTN GTO 32
```
Unterprogramm Texteingabe

```
528♦LBL 31
"SCHRIFTBREITE" PROMPT
STO 32 "-HOEHE" PROMPT
STO 33 RTN
```
Unterprogramm Schriftform

```
536♦LBL 23
0 RCL 32 RCL 33
CSIZEO RTN
```

```
542♦LBL G
2 STO 65 0 STOP
```
Skalenmarkierungen statt Netzlinien

```
547♦LBL a
SF 02 STOP CF 02 STOP
```
Annäherung beobacht- bar -nicht beob- achtbar

```
552♦LBL F
"NAME" AON PROMPT
READSUB AOFF
```
spezielles Programm von Kassette rufen

Tabelle 11-11. Programm XY, Liste der Speicher

Speicher-nummer	Speicherinhalt	Speicher-nummer	Speicherinhalt
00	Schleifensteuerung für Größeneingabe	43	Speicher für Speicheradresse des gewählten x
01	y max	44	x-Inkrement; Streifenbreite bei Integration
02	x max		
05	y min	45 }	Zahlen der Annäherungen
06	y dif (Netz)	46 }	Zahlen der Annäherungen
10-25	frei für Größen d. speziellen Problems	48 }	Zahlen der Annäherungen
26	x } Plotterkoordinaten für Diagrammursprung	46	x max
27	y } Plotterkoordinaten für Diagrammursprung	49	Zahl der Integrationsstreifen
28	Länge der x-Achse; lx		
29	Länge der y-Achse; ly	50	Name des speziellen Programms
30	x + lx	51	x dif (Markierungsabstand)
31	y + ly	52	dy/dx
32	Schriftbreite	53	x-Achse } Kommastellen f. Bezifferung
33	Schrifthöhe	54	y-Achse } Kommastellen f. Bezifferung
36	Zwischenergebnisse	65	Länge der Skalenmarkierungen
38	x- obere Intervallgrenze		
39	Rechenart		
40	Speicher für Speicheradresse des gewählten y		
41 }	Iterationsintervall Δ y		
42 }	Iterationsintervall Δ y		

Tabelle 11-12. Programm XY - Liste der Flags

Flag-nummer	Thema	gesetzt	gelöscht
00	Vorroutine Integration	nicht ausführen	ausführen
01	Plotten	ja	nein
02	Annäherung beobachtbar	ja	nein
17	Zeichenserien	einzeilig	mehrzeilig
22	Dateneingabe	ja	nein

12 Strichcodes aller Programme

12.1 Liniendiagramme, Hochformat LINH

-19- (72-76)
-20- (77-80)
-21- (80-84)
-22- (84-86)
-23- (86-90)
-24- (90-92)
-25- (92-97)
-26- (98-103)
-27- (103-107)
-28- (107-112)
-29- (112-117)
-30- (117-121)
-31- (122-127)
-32- (128-135)
-33- (136-142)
-34- (142-145)
-35- (146-151)
-36- (152-157)

-37- (158-163)

-38- (164-169)

-39- (170-174)

-40- (175-178)

-41- (178-184)

-42- (184-189)

-43- (189-193)

-44- (193-198)

-45- (198-203)

-46- (203-207)

-47- (207-212)

-48- (212-217)

-49- (217-222)

-50- (222-227)

-51- (228-232)

-52- (233-237)

-53- (238-242)

-54- (243-246)

-55- (247-251)

-56- (252-256)

-57- (256-261)

-58- (261-262)

-59- (263-269)

-60- (270-273)

-61- (274-278)

-62- (278-281)

-63- (281-285)

-64- (285-289)

-65- (289-293)

-66- (293-296)

-67- (296-299)

-68- (299-303)

-69- (303-307)

-70- (307-312)

-71- (313-319)

-72- (319-323)

-73- (323-329)

-74- (329-332)

-75- (333-337)

-76- (338-341)

-77- (341-344)

-78- (345-349)

-79- (350-352)

-80- (353-356)

-81- (357-361)

-82- (361-366)

-83- (366-370)

-84- (371-374)

-85- (375-380)

-86- (381-385)

-87- (385-388)

-88- (388-391)

-89- (392-396)

-90- (397-401)

-91- (401-403)

-92- (403-408)

-93- (408-412)

-94- (413-417)

-95- (417-420)

-96- (420-426)

-97- (426-430)

-98- (430-435)

-99- (435-438)

-100- (438-442)

-101- (442-446)

-102- (446-449)

-103- (450-457)

-104- (457-462)

-105- (463-468)

-106- (468-472)

-107- (472-476)

-108- (476-480)

-109- (480-485)

-110- (486-490)

-111- (491-496)

-112- (497-501)

-113- (503-507)

-114- (509-513)

-115- (515-516)

-116- (517-518)

-117- (520-521)

-118- (523-527)

-119- (528-532)

-120- (534-535)

-121- (536-538)

-122- (539-540)

-123- (541-543)

-124- (544-543)

-125- (544-547)

12.2 Liniendiagramme, Querformat LINQ

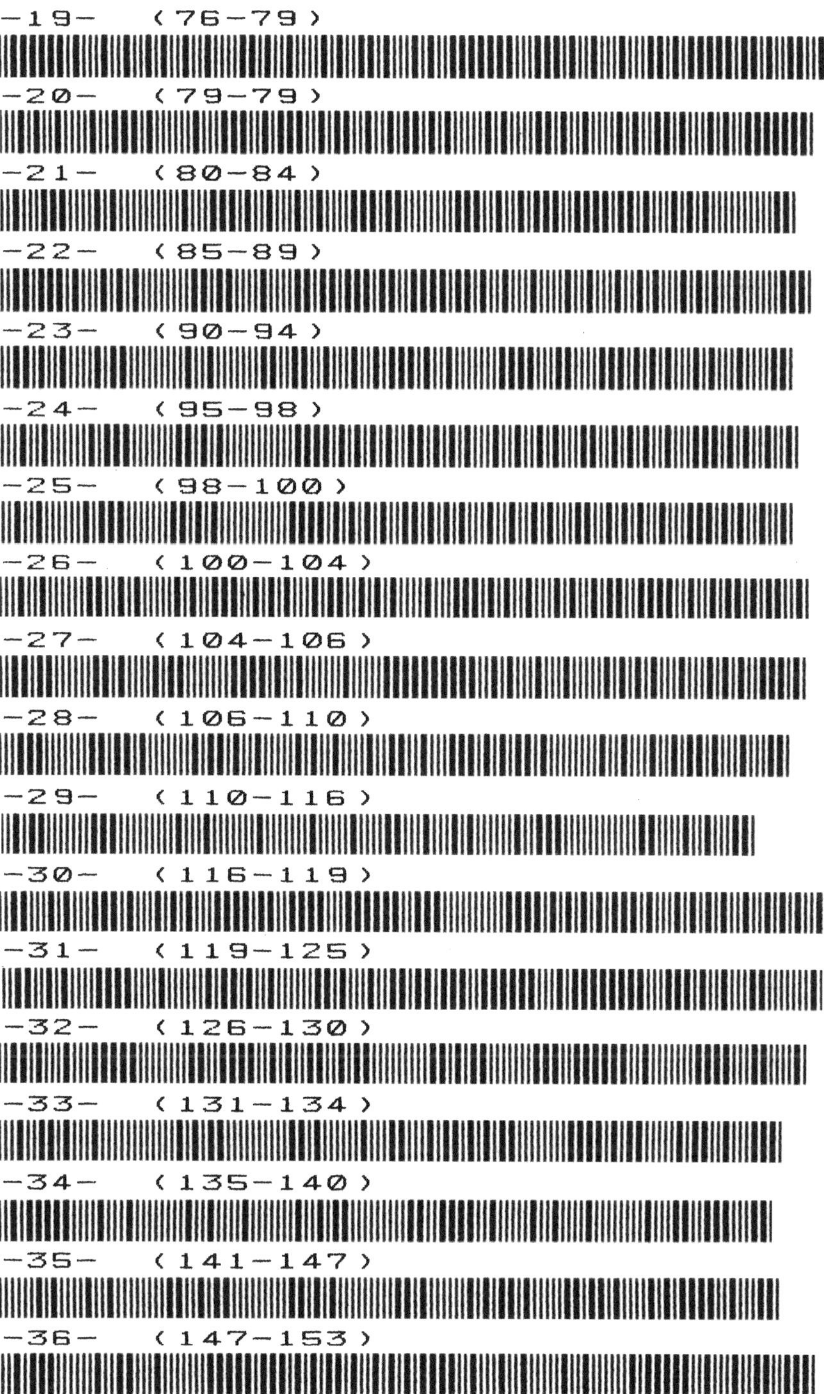
-19- (76-79)
-20- (79-79)
-21- (80-84)
-22- (85-89)
-23- (90-94)
-24- (95-98)
-25- (98-100)
-26- (100-104)
-27- (104-106)
-28- (106-110)
-29- (110-116)
-30- (116-119)
-31- (119-125)
-32- (126-130)
-33- (131-134)
-34- (135-140)
-35- (141-147)
-36- (147-153)

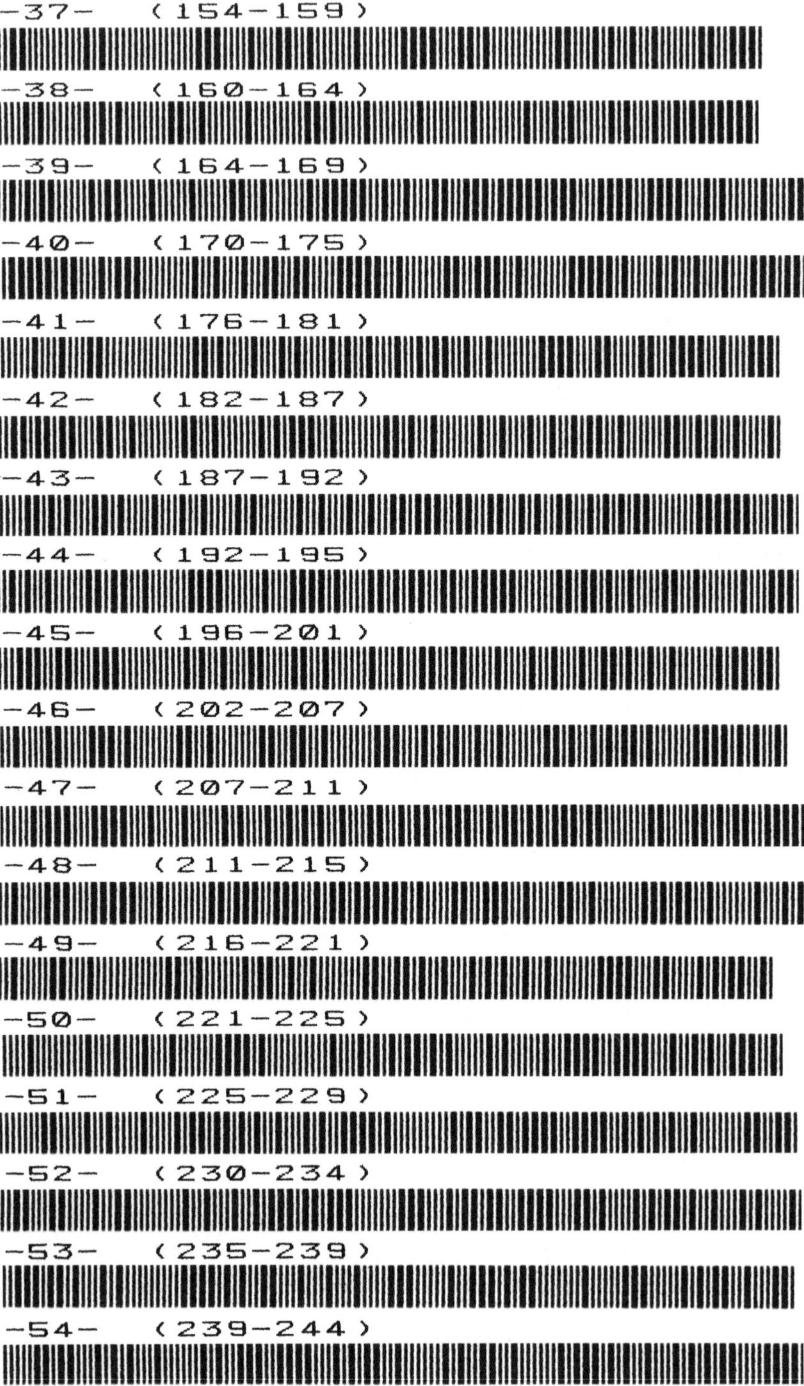
-37- (154-159)
-38- (160-164)
-39- (164-169)
-40- (170-175)
-41- (176-181)
-42- (182-187)
-43- (187-192)
-44- (192-195)
-45- (196-201)
-46- (202-207)
-47- (207-211)
-48- (211-215)
-49- (216-221)
-50- (221-225)
-51- (225-229)
-52- (230-234)
-53- (235-239)
-54- (239-244)

-55- (245-249)

-56- (249-254)

-57- (254-260)

-58- (261-265)

-59- (265-270)

-60- (270-274)

-61- (275-279)

-62- (280-285)

-63- (286-287)

-64- (287-292)

-65- (292-298)

-66- (298-302)

-67- (302-306)

-68- (306-309)

-69- (309-313)

-70- (314-317)

-71- (317-320)

-72- (321-324)

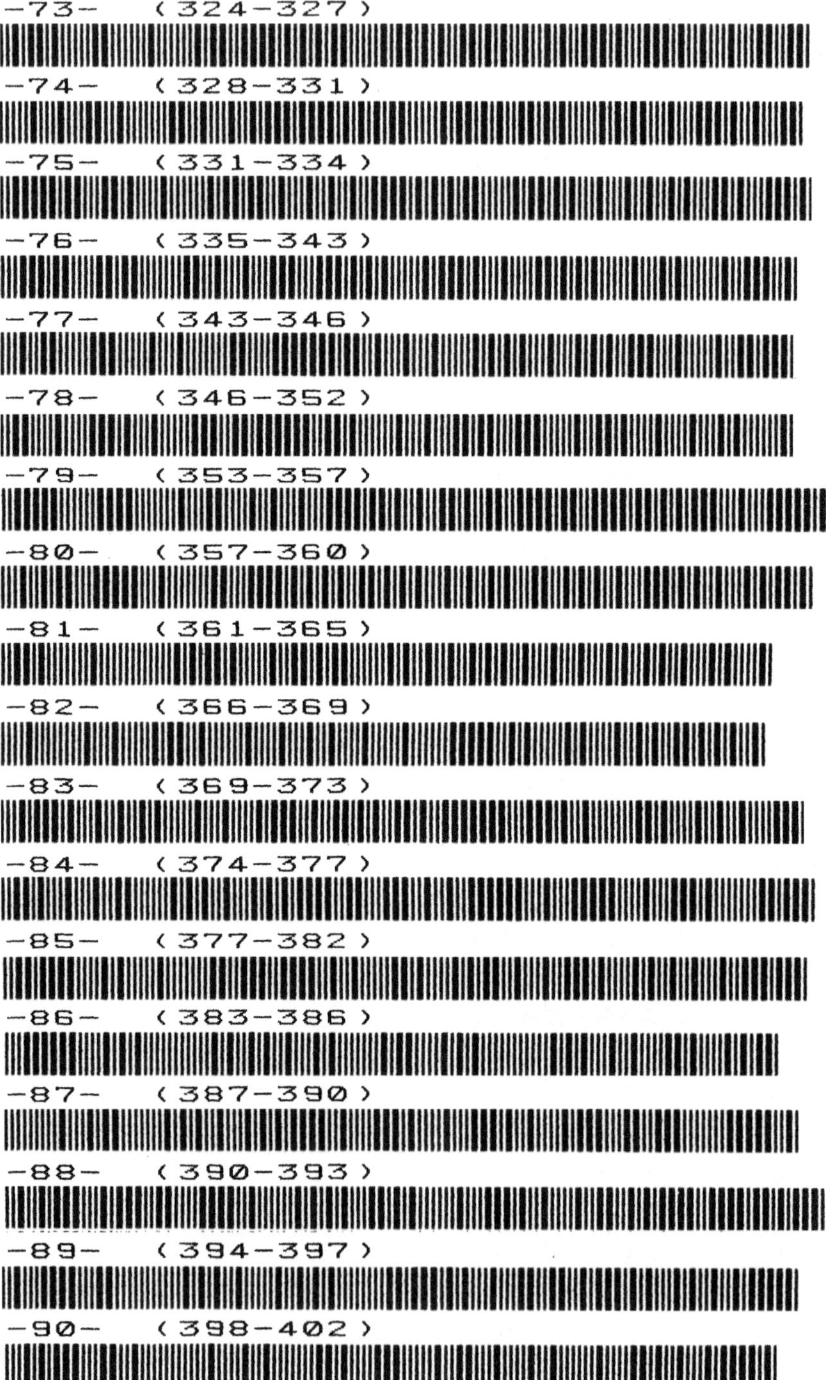
-73- (324-327)
-74- (328-331)
-75- (331-334)
-76- (335-343)
-77- (343-346)
-78- (346-352)
-79- (353-357)
-80- (357-360)
-81- (361-365)
-82- (366-369)
-83- (369-373)
-84- (374-377)
-85- (377-382)
-86- (383-386)
-87- (387-390)
-88- (390-393)
-89- (394-397)
-90- (398-402)

-91- (403-407)

-92- (408-412)

-93- (412-416)

-94- (416-421)

-95- (422-423)

-96- (423-426)

-97- (427-432)

-98- (432-437)

-99- (437-439)

-100- (439-443)

-101- (444-448)

-102- (449-453)

-103- (453-457)

-104- (458-461)

-105- (462-466)

-106- (467-471)

-107- (471-475)

-108- (475-478)

-109- (478-482)

-110- (483-486)

-111- (486-491)

-112- (492-498)

-113- (499-504)

-114- (505-510)

-115- (511-513)

-116- (515-518)

-117- (519-523)

-118- (524-528)

-119- (530-533)

-120- (535-539)

-121- (540-544)

-122- (545-550)

-123- (551-556)

-124- (558-561)

-125- (562-561)

-126- (562-564)

-127- (565-569)

-128- (571-575)

-129- (577-579)

-130- (580-582)

-131- (583-582)

-132- (584-587)

-133- (588-587)

-134- (588-591)

-135- (592-595)

-136- (596-598)

-137- (599-603)

-138- (604-603)

12.3 Stabdiagramme, Hochformat STABH

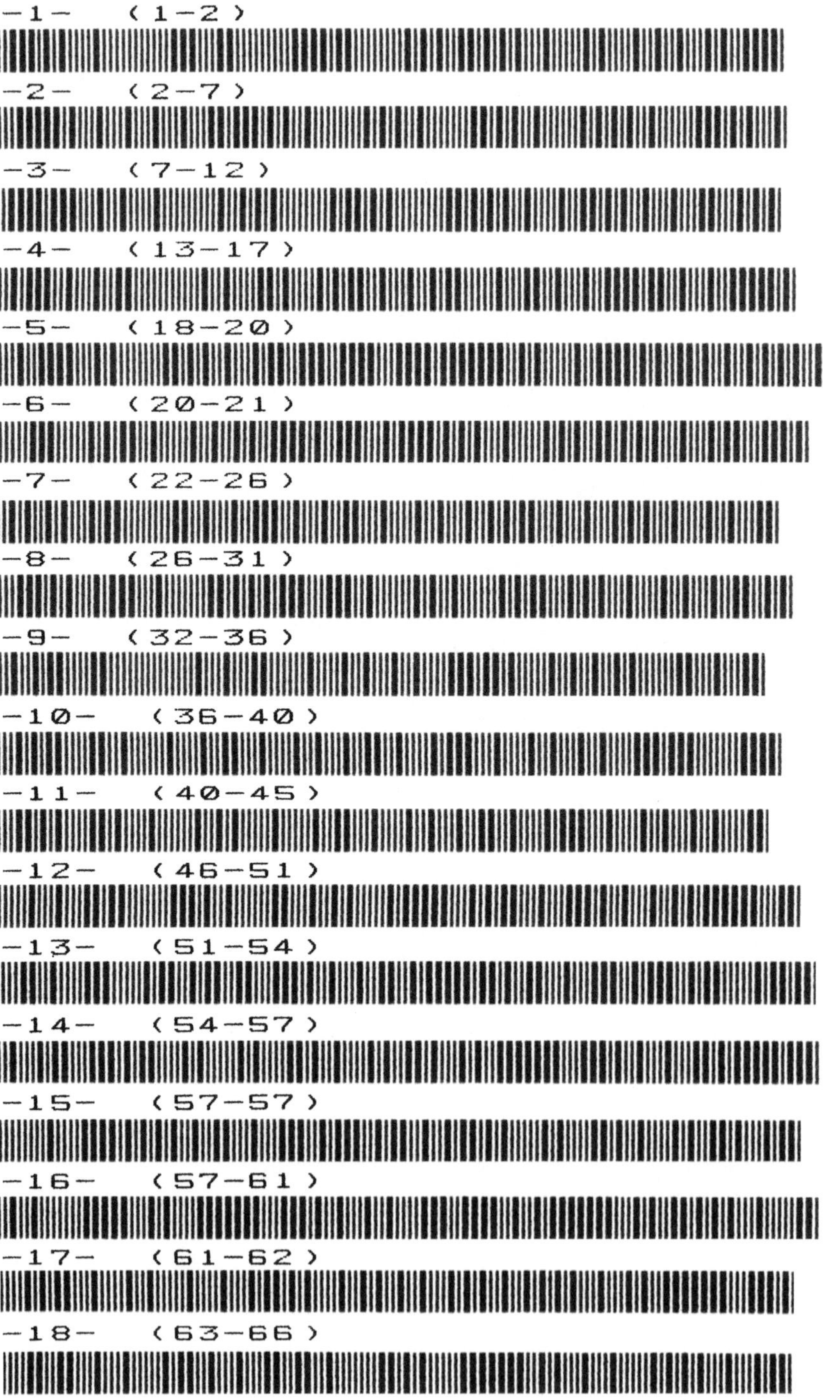

-19- (66-71)

-20- (71-76)

-21- (77-83)

-22- (83-88)

-23- (88-92)

-24- (93-97)

-25- (98-102)

-26- (103-107)

-27- (107-113)

-28- (114-121)

-29- (121-127)

-30- (127-130)

-31- (131-136)

-32- (137-141)

-33- (142-147)

-34- (148-153)

-35- (153-159)

-36- (159-163)

-37- (164-170)

-38- (170-175)

-39- (176-180)

-40- (181-186)

-41- (187-193)

-42- (194-198)

-43- (199-205)

-44- (206-211)

-45- (212-217)

-46- (217-221)

-47- (221-225)

-48- (226-230)

-49- (230-234)

-50- (235-240)

-51- (241-246)

-52- (246-252)

-53- (252-258)

-54- (258-262)

-55- (263-268)
-56- (268-272)
-57- (273-277)
-58- (278-282)
-59- (283-288)
-60- (288-293)
-61- (293-299)
-62- (300-304)
-63- (304-309)
-64- (309-314)
-65- (314-317)
-66- (318-322)
-67- (322-327)
-68- (328-334)
-69- (334-339)
-70- (340-343)
-71- (344-349)
-72- (349-353)

-73- (354-356)
-74- (356-361)
-75- (361-366)
-76- (366-369)
-77- (369-373)
-78- (373-376)
-79- (376-379)
-80- (379-382)
-81- (383-387)
-82- (388-388)
-83- (389-392)
-84- (392-394)
-85- (395-397)
-86- (398-402)
-87- (402-407)
-88- (407-409)
-89- (409-415)
-90- (415-418)

-91- (418-422)

-92- (422-427)

-93- (427-431)

-94- (431-436)

-95- (436-440)

-96- (440-445)

-97- (445-449)

-98- (449-454)

-99- (454-459)

-100- (459-461)

-101- (461-463)

-102- (464-468)

-103- (468-473)

-104- (473-477)

-105- (478-483)

-106- (484-491)

-107- (491-495)

-108- (497-502)

-109- (503-507)

-110- (509-512)

-111- (513-518)

-112- (519-523)

-113- (525-528)

-114- (530-533)

-115- (535-539)

-116- (541-544)

-117- (546-549)

-118- (551-556)

-119- (557-562)

-120- (564-563)

-121- (564-566)

-122- (567-569)

-123- (571-572)

-124- (574-578)

-125- (579-582)

-126- (583-586)

-127- (587-591)
-128- (592-592)
-129- (593-596)
-130- (597-599)
-131- (600-602)
-132- (603-603)
-133- (604-608)
-134- (610-613)
-135- (614-613)

12.4 Stabdiagramme, Querformat STABQ

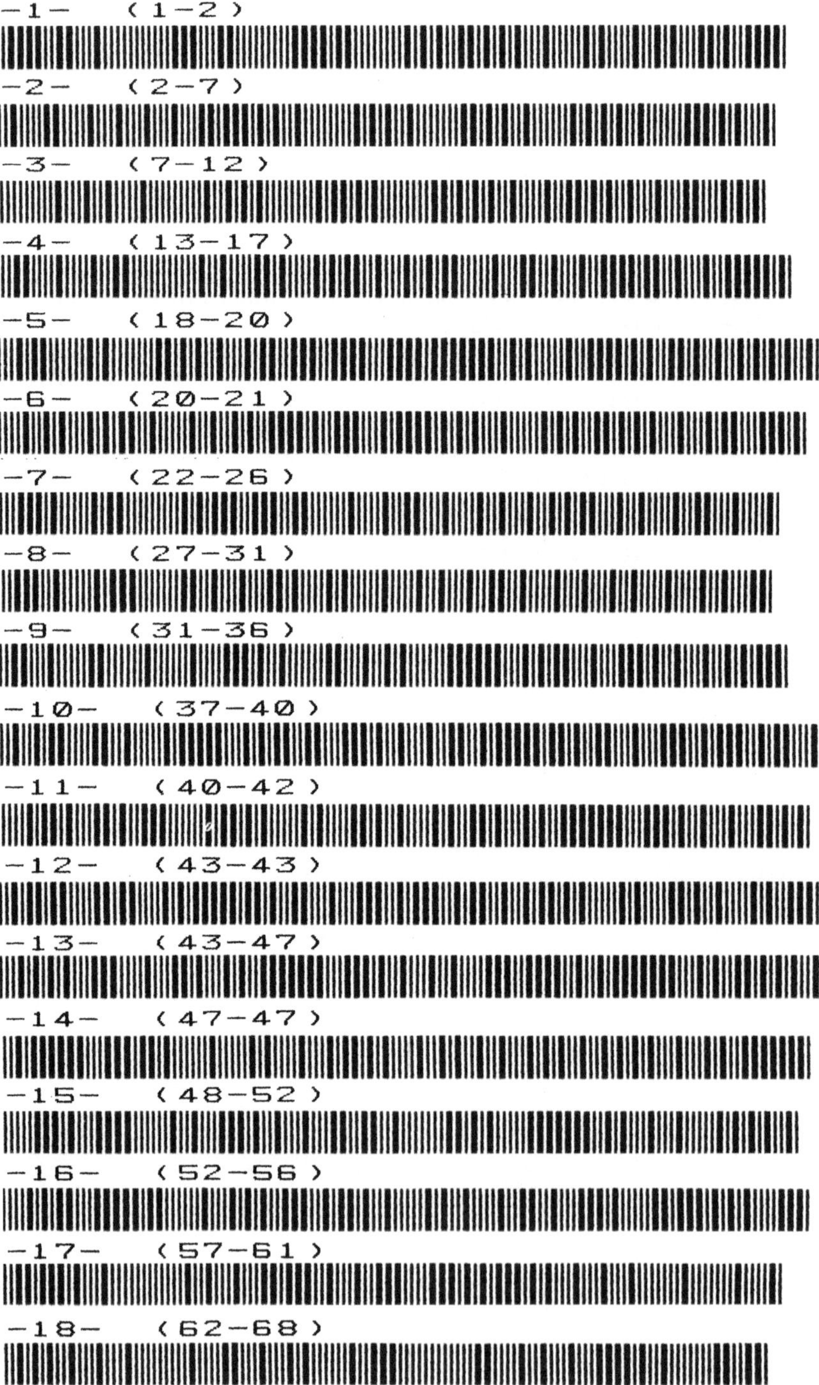

-19- (69-74)

-20- (74-78)

-21- (78-83)

-22- (83-88)

-23- (88-92)

-24- (93-98)

-25- (99-106)

-26- (107-113)

-27- (113-116)

-28- (116-122)

-29- (122-126)

-30- (127-133)

-31- (133-138)

-32- (139-144)

-33- (145-149)

-34- (149-155)

-35- (156-161)

-36- (161-166)

-37- (166-171)

-38- (172-178)

-39- (179-183)

-40- (184-190)

-41- (191-196)

-42- (197-202)

-43- (203-207)

-44- (207-211)

-45- (211-216)

-46- (216-220)

-47- (221-225)

-48- (226-231)

-49- (232-237)

-50- (238-242)

-51- (243-248)

-52- (249-253)

-53- (253-257)

-54- (258-263)

-55- (263-268)
-56- (268-273)
-57- (274-278)
-58- (279-285)
-59- (286-289)
-60- (290-294)
-61- (295-299)
-62- (299-303)
-63- (304-308)
-64- (308-313)
-65- (314-320)
-66- (320-325)
-67- (326-330)
-68- (330-335)
-69- (335-339)
-70- (340-341)
-71- (341-346)
-72- (347-352)

-73- (352-354)

-74- (354-359)

-75- (359-361)

-76- (362-365)

-77- (366-369)

-78- (369-373)

-79- (373-374)

-80- (374-377)

-81- (377-380)

-82- (381-383)

-83- (384-388)

-84- (388-393)

-85- (394-394)

-86- (395-400)

-87- (401-403)

-88- (404-408)

-89- (408-412)

-90- (413-415)

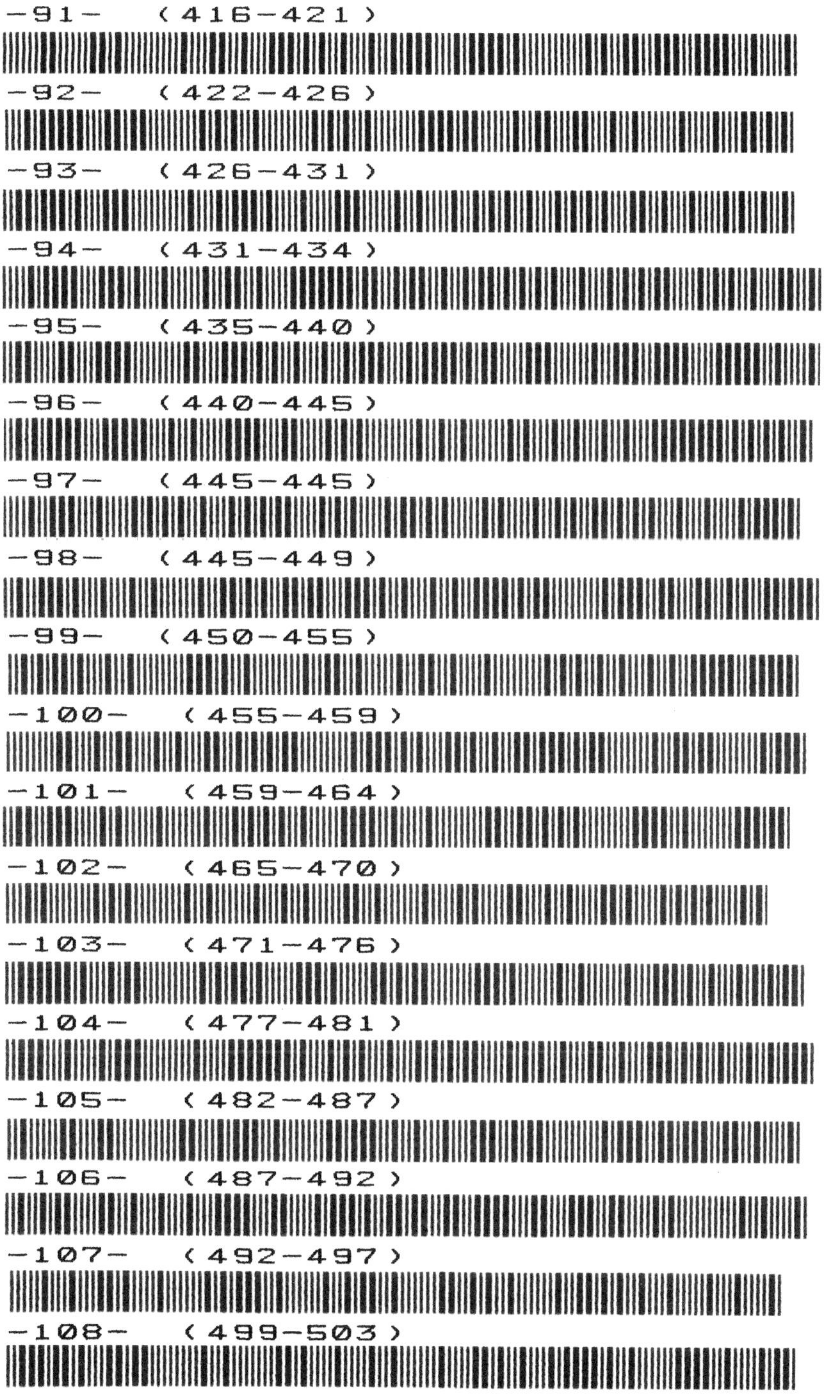

-91- (416-421)

-92- (422-426)

-93- (426-431)

-94- (431-434)

-95- (435-440)

-96- (440-445)

-97- (445-445)

-98- (445-449)

-99- (450-455)

-100- (455-459)

-101- (459-464)

-102- (465-470)

-103- (471-476)

-104- (477-481)

-105- (482-487)

-106- (487-492)

-107- (492-497)

-108- (499-503)

-109- (505-509)
-110- (510-514)
-111- (515-519)
-112- (520-524)
-113- (526-529)
-114- (531-535)
-115- (536-542)
-116- (543-547)
-117- (548-547)
-118- (548-550)
-119- (551-554)
-120- (555-558)
-121- (560-563)
-122- (564-567)
-123- (569-570)
-124- (571-573)
-125- (574-577)
-126- (578-580)

```
-127-   (581-581)
-128-   (582-585)
-129-   (586-590)
-130-   (592-591)
```

12.5 Stabdiagramme, Querformat, 4 Diagramme auf einer DIN A 4-Seite STABQ1

-19- (75-78)

-20- (78-84)

-21- (85-89)

-22- (89-93)

-23- (94-99)

-24- (100-106)

-25- (106-112)

-26- (113-118)

-27- (119-123)

-28- (123-128)

-29- (128-133)

-30- (134-139)

-31- (140-145)

-32- (145-150)

-33- (150-156)

-34- (156-161)

-35- (162-167)

-36- (167-172)

-37- (172-178)

-38- (179-185)

-39- (185-190)

-40- (191-197)

-41- (197-203)

-42- (204-208)

-43- (209-213)

-44- (213-217)

-45- (217-222)

-46- (222-226)

-47- (226-232)

-48- (232-237)

-49- (238-243)

-50- (244-249)

-51- (250-254)

-52- (255-259)

-53- (259-264)

-54- (264-269)

-55- (269-274)

-56- (275-279)

-57- (280-285)

-58- (285-291)

-59- (291-295)

-60- (295-301)

-61- (301-305)

-62- (305-309)

-63- (309-314)

-64- (315-320)

-65- (321-325)

-66- (326-331)

-67- (331-336)

-68- (337-341)

-69- (341-345)

-70- (345-347)

-71- (348-352)

-72- (353-357)

-73- (358-360)

-74- (361-364)

-75- (365-368)

-76- (368-371)

-77- (371-374)

-78- (375-377)

-79- (377-380)

-80- (380-381)

-81- (381-385)

-82- (385-389)

-83- (389-394)

-84- (395-399)

-85- (400-402)

-86- (403-405)

-87- (406-410)

-88- (410-414)

-89- (415-417)

-90- (418-423)

-91- (424-428)

-92- (428-433)

-93- (433-436)

-94- (437-442)

-95- (442-447)

-96- (447-447)

-97- (447-451)

-98- (452-457)

-99- (457-461)

-100- (461-466)

-101- (467-472)

-102- (473-478)

-103- (479-483)

-104- (484-489)

-105- (489-494)

-106- (494-499)

-107- (501-505)

-108- (507-511)

-109- (512-516)

-110- (517-521)

-111- (522-526)

-112- (528-531)

-113- (533-537)

-114- (538-544)

-115- (545-549)

-116- (550-549)

-117- (550-552)

-118- (553-556)

-119- (557-560)

-120- (562-565)

-121- (566-569)

-122- (571-572)

-123- (573-575)

-124- (576-579)

-125- (580-582)

-126- (583-583)

-127- (584-587)
-128- (588-592)
-129- (594-595)
-130- (597-599)
-131- (601-603)

12.6 Kreisdiagramme, Hochformat KREISH

```
-19-   ( 54-58 )

-2Ø-   ( 59-64 )

-21-   ( 64-7Ø )

-22-   ( 7Ø-74 )

-23-   ( 74-8Ø )

-24-   ( 8Ø-85 )

-25-   ( 86-9Ø )

-26-   ( 91-96 )

-27-   ( 96-1Ø2 )

-28-   ( 1Ø3-1Ø7 )

-29-   ( 1Ø8-113 )

-3Ø-   ( 114-118 )

-31-   ( 119-124 )

-32-   ( 125-13Ø )

-33-   ( 131-135 )

-34-   ( 136-141 )

-35-   ( 141-146 )

-36-   ( 147-152 )
```

-37- (152-158)

-38- (158-164)

-39- (165-168)

-40- (169-174)

-41- (174-179)

-42- (180-184)

-43- (184-189)

-44- (189-194)

-45- (194-199)

-46- (200-205)

-47- (206-212)

-48- (213-217)

-49- (217-219)

-50- (219-223)

-51- (224-228)

-52- (228-233)

-53- (234-240)

-54- (240-245)

-55- (246-250)

-56- (250-255)

-57- (256-261)

-58- (261-267)

-59- (267-268)

-60- (268-273)

-61- (273-278)

-62- (279-283)

-63- (284-289)

-64- (290-293)

-65- (294-297)

-66- (298-302)

-67- (303-306)

-68- (307-311)

-69- (311-315)

-70- (316-318)

-71- (318-320)

-72- (320-324)

-73- (324-328)
-74- (329-333)
-75- (333-338)
-76- (338-342)
-77- (343-347)
-78- (348-351)
-79- (351-355)
-80- (356-360)
-81- (361-364)
-82- (364-368)
-83- (369-374)
-84- (375-378)
-85- (378-380)
-86- (380-382)
-87- (382-383)
-88- (383-386)
-89- (387-392)
-90- (392-395)

-91- (395-399)

-92- (4ØØ-4Ø4)

-93- (4Ø4-4Ø9)

-94- (4Ø9-414)

-95- (415-421)

-96- (421-425)

-97- (426-432)

-98- (432-436)

-99- (437-441)

-1ØØ- (442-444)

12.7 Kreisdiagramme, Querformat KREISQ

```
-19-   (54-59)
-20-   (60-64)
-21-   (65-70)
-22-   (70-75)
-23-   (75-81)
-24-   (81-85)
-25-   (86-91)
-26-   (92-98)
-27-   (98-103)
-28-   (104-107)
-29-   (108-114)
-30-   (114-119)
-31-   (120-124)
-32-   (125-130)
-33-   (131-136)
-34-   (137-142)
-35-   (143-148)
-36-   (148-153)
```

-37- (154-160)

-38- (160-164)

-39- (165-169)

-40- (169-174)

-41- (175-179)

-42- (180-184)

-43- (184-190)

-44- (190-194)

-45- (195-200)

-46- (201-206)

-47- (207-213)

-48- (214-215)

-49- (215-219)

-50- (219-223)

-51- (224-229)

-52- (229-235)

-53- (236-240)

-54- (241-246)

-55- (246-250)

-56- (251-256)

-57- (257-262)

-58- (263-264)

-59- (264-268)

-60- (269-274)

-61- (275-279)

-62- (280-285)

-63- (286-289)

-64- (290-293)

-65- (294-298)

-66- (299-302)

-67- (303-308)

-68- (308-309)

-69- (310-310)

-70- (311-316)

-71- (317-321)

-72- (321-325)

-73- (326-330)

-74- (331-334)

-75- (335-339)

-76- (340-343)

-77- (343-347)

-78- (348-352)

-79- (352-355)

-80- (356-360)

-81- (360-364)

-82- (364-369)

-83- (369-369)

-84- (369-372)

-85- (372-372)

-86- (372-378)

-87- (379-381)

-88- (382-386)

-89- (386-390)

-90- (390-395)

-91- (395-400)
-92- (401-407)
-93- (407-411)
-94- (412-417)
-95- (418-422)
-96- (423-427)
-97- (427-428)

12.8 Schrift, Hochformat TEXTH

-19- (78-81)
-20- (82-86)
-21- (86-87)
-22- (88-92)
-23- (93-97)
-24- (97-102)
-25- (102-104)
-26- (104-106)
-27- (106-110)
-28- (110-111)
-29- (111-113)
-30- (113-115)
-31- (115-120)
-32- (121-124)
-33- (125-129)
-34- (129-133)
-35- (133-136)
-36- (137-141)

12.9 Schrift, Querformat TEXTQ

-19- (79-82)

-20- (83-86)

-21- (87-89)

-22- (89-93)

-23- (94-98)

-24- (98-103)

-25- (103-105)

-26- (105-107)

-27- (107-111)

-28- (111-112)

-29- (112-114)

-30- (114-116)

-31- (116-121)

-32- (122-125)

-33- (126-130)

-34- (130-134)

-35- (135-137)

-36- (138-140)

12.10 Doppeltlogarithmische Netze LOGLOG

-19- (83-86)

-20- (87-91)

-21- (91-95)

-22- (95-100)

-23- (101-106)

-24- (107-112)

-25- (113-117)

-26- (118-122)

-27- (122-127)

-28- (128-132)

-29- (132-136)

-30- (137-142)

-31- (143-147)

-32- (148-153)

-33- (153-159)

-34- (159-163)

-35- (163-168)

-36- (169-173)

-37- (174-178)

-38- (179-183)

-39- (183-188)

-40- (189-192)

-41- (193-197)

-42- (197-202)

-43- (202-206)

-44- (206-209)

-45- (210-214)

-46- (215-218)

-47- (218-220)

-48- (221-226)

-49- (226-230)

-50- (231-236)

-51- (236-241)

-52- (241-246)

-53- (247-250)

-54- (251-255)

-55- (256-261)

-56- (262-266)

-57- (266-270)

-58- (271-274)

-59- (274-277)

-60- (277-280)

-61- (280-281)

-62- (282-287)

-63- (287-290)

-64- (290-294)

-65- (295-299)

-66- (300-305)

-67- (305-311)

-68- (312-315)

-69- (316-320)

-70- (321-327)

-71- (327-332)

-72- (332-336)

-73- (337-342)

-74- (342-347)

-75- (347-351)

-76- (351-355)

-77- (356-360)

-78- (360-364)

-79- (364-366)

-80- (366-367)

-81- (367-371)

-82- (372-376)

-83- (377-381)

-84- (382-385)

-85- (385-388)

-86- (389-395)

-87- (395-397)

-88- (397-401)

-89- (401-404)

-90- (404-409)

-91- (409-412)

-92- (413-416)

-93- (417-421)

-94- (422-424)

-95- (425-429)

-96- (430-434)

-97- (435-440)

-98- (441-443)

-99- (444-448)

-100- (448-451)

-101- (451-456)

-102- (456-461)

-103- (462-467)

-104- (467-467)

-105- (467-470)

-106- (470-476)

-107- (476-481)

-108- (482-486)

-109- (487-491)

-110- (492-494)

-111- (494-497)

-112- (497-497)

-113- (499-501)

-114- (502-506)

-115- (507-509)

-116- (510-514)

-117- (515-516)

-118- (518-519)

-119- (521-524)

-120- (526-525)

12.11 Logarithmisch-lineare Netze LOGLIN

-19- (79-82)

-20- (82-86)

-21- (86-90)

-22- (90-95)

-23- (96-101)

-24- (101-105)

-25- (106-110)

-26- (111-116)

-27- (117-122)

-28- (123-127)

-29- (128-132)

-30- (132-137)

-31- (138-142)

-32- (142-146)

-33- (147-153)

-34- (153-157)

-35- (157-161)

-36- (162-166)

-37- (166-170)

-38- (171-175)

-39- (175-179)

-40- (179-182)

-41- (183-187)

-42- (188-188)

-43- (189-194)

-44- (195-198)

-45- (199-204)

-46- (204-209)

-47- (209-214)

-48- (215-218)

-49- (219-223)

-50- (224-229)

-51- (230-234)

-52- (235-238)

-53- (239-242)

-54- (243-246)

-55- (246-249)

-56- (249-249)

-57- (249-255)

-58- (255-259)

-59- (259-262)

-60- (263-267)

-61- (268-273)

-62- (273-279)

-63- (279-283)

-64- (283-289)

-65- (289-294)

-66- (295-299)

-67- (300-304)

-68- (304-309)

-69- (310-314)

-70- (315-318)

-71- (319-323)

-72- (323-327)

-73- (328-332)

-74- (332-333)

-75- (334-335)

-76- (335-339)

-77- (339-344)

-78- (344-349)

-79- (349-353)

-80- (353-356)

-81- (356-362)

-82- (363-364)

-83- (365-368)

-84- (369-372)

-85- (372-376)

-86- (377-380)

-87- (380-384)

-88- (384-388)

-89- (389-392)

-90- (392-397)

-91- (397-402)

-92- (402-407)

-93- (408-411)

-94- (411-415)

-95- (416-419)

-96- (419-423)

-97- (424-429)

-98- (429-435)

-99- (435-435)

-100- (435-438)

-101- (438-443)

-102- (444-449)

-103- (449-453)

-104- (454-459)

-105- (459-462)

-106- (462-464)

-107- (465-465)

-108- (465-469)

-109- (469-473)
-110- (474-476)
-111- (477-481)
-112- (482-484)
-113- (484-487)
-114- (487-492)
-115- (492-493)

12.12 Linear-logarithmische Netze LINLOG

-19- (78-81)

-20- (82-86)

-21- (86-90)

-22- (90-95)

-23- (96-101)

-24- (101-105)

-25- (106-111)

-26- (111-116)

-27- (117-122)

-28- (123-128)

-29- (128-132)

-30- (133-137)

-31- (138-142)

-32- (143-147)

-33- (147-152)

-34- (153-157)

-35- (158-161)

-36- (162-166)

-37- (166-171)

-38- (171-175)

-39- (175-179)

-40- (179-182)

-41- (183-185)

-42- (185-190)

-43- (190-194)

-44- (195-199)

-45- (200-205)

-46- (205-209)

-47- (210-214)

-48- (214-219)

-49- (220-224)

-50- (224-230)

-51- (230-234)

-52- (234-238)

-53- (239-243)

-54- (243-244)

-55- (245-246)

-56- (246-251)

-57- (251-255)

-58- (255-257)

-59- (258-263)

-60- (263-268)

-61- (268-274)

-62- (274-279)

-63- (279-284)

-64- (285-289)

-65- (289-295)

-66- (295-299)

-67- (300-305)

-68- (305-310)

-69- (310-314)

-70- (314-319)

-71- (319-323)

-72- (323-328)

-73- (328-329)

-74- (329-332)

-75- (332-335)

-76- (335-340)

-77- (340-345)

-78- (345-350)

-79- (350-352)

-80- (352-357)

-81- (358-360)

-82- (361-364)

-83- (365-369)

-84- (369-372)

-85- (372-377)

-86- (377-380)

-87- (380-384)

-88- (384-388)

-89- (389-392)

-90- (393-397)

-91- (398-403)

-92- (403-408)

-93- (408-411)

-94- (412-414)

-95- (415-419)

-96- (419-424)

-97- (424-430)

-98- (431-432)

-99- (432-435)

-100- (435-438)

-101- (439-444)

-102- (445-448)

-103- (449-454)

-104- (455-459)

-105- (459-459)

-106- (460-462)

-107- (462-465)

-108- (466-469)

-109- (469-473)
-110- (473-477)
-111- (477-480)
-112- (480-484)
-113- (484-487)
-114- (487-490)

12.13 Netze mit beliebiger linearer und nicht linearer Skalierung NETZ

-19- (76-78)

-20- (79-83)

-21- (83-87)

-22- (88-91)

-23- (92-95)

-24- (96-101)

-25- (101-107)

-26- (107-112)

-27- (112-117)

-28- (117-122)

-29- (122-126)

-30- (126-131)

-31- (131-136)

-32- (136-141)

-33- (142-146)

-34- (147-152)

-35- (152-158)

-36- (158-162)

-37- (163-168)

-38- (168-172)

-39- (173-177)

-40- (178-183)

-41- (183-187)

-42- (188-190)

-43- (191-195)

-44- (195-200)

-45- (200-204)

-46- (204-208)

-47- (209-213)

-48- (213-217)

-49- (217-221)

-50- (221-225)

-51- (226-227)

-52- (227-232)

-53- (233-237)

-54- (237-241)

-55- (241-245)

-56- (246-250)

-57- (251-255)

-58- (256-260)

-59- (261-265)

-60- (265-271)

-61- (271-275)

-62- (275-279)

-63- (280-284)

-64- (284-285)

-65- (286-287)

-66- (287-292)

-67- (292-296)

-68- (296-298)

-69- (299-304)

-70- (304-309)

-71- (309-315)

-72- (315-320)

-73- (320-325)

-74- (326-330)

-75- (330-334)

-76- (335-339)

-77- (340-344)

-78- (344-349)

-79- (350-354)

-80- (355-358)

-81- (359-363)

-82- (363-367)

-83- (368-372)

-84- (373-373)

-85- (373-378)

-86- (378-378)

-87- (379-383)

-88- (384-388)

-89- (388-393)

-90- (393-398)

-91- (398-401)

-92- (401-405)

-93- (406-410)

-94- (410-413)

-95- (414-417)

-96- (418-421)

-97- (421-425)

-98- (426-428)

-99- (429-433)

-100- (433-437)

-101- (437-441)

-102- (441-446)

-103- (446-451)

-104- (452-457)

-105- (457-460)

-106- (461-463)

-107- (463-468)

-108- (468-472)

-109- (473-478)

-110- (479-482)

-111- (482-483)

-112- (484-486)

-113- (487-492)

-114- (493-497)

-115- (498-503)

-116- (505-507)

-117- (509-509)

-118- (510-512)

-119- (513-514)

-120- (516-517)

-121- (519-522)

-122- (523-525)

-123- (527-530)

-124- (531-533)

-125- (534-536)

-126- (537-539)

-127- (540-543)

-128- (545-548)

12.14 Berechnungsverfahren für implizite Formeln und Ausdrücke mit mehr als zwei variierbaren Größen XY

-19- (67-69)

-20- (70-71)

-21- (72-76)

-22- (77-80)

-23- (80-85)

-24- (85-90)

-25- (90-94)

-26- (94-95)

-27- (96-99)

-28- (99-101)

-29- (102-104)

-30- (104-107)

-31- (107-110)

-32- (110-116)

-33- (116-116)

-34- (117-119)

-35- (119-122)

-36- (123-126)

-37- (127-132)

-38- (132-135)

-39- (136-140)

-40- (140-143)

-41- (143-147)

-42- (148-151)

-43- (151-154)

-44- (154-156)

-45- (157-158)

-46- (158-163)

-47- (164-166)

-48- (167-171)

-49- (172-177)

-50- (178-183)

-51- (184-188)

-52- (189-195)

-53- (196-201)

-54- (201-207)

-55- (208-213)

-56- (214-220)

-57- (220-223)

-58- (223-226)

-59- (227-231)

-60- (232-237)

-61- (238-242)

-62- (243-247)

-63- (248-252)

-64- (253-257)

-65- (258-262)

-66- (262-267)

-67- (267-271)

-68- (271-277)

-69- (278-282)

-70- (282-288)

-71- (288-293)

-72- (293-298)

-73- (299-303)

-74- (303-306)

-75- (307-312)

-76- (312-316)

-77- (317-321)

-78- (322-326)

-79- (326-330)

-80- (330-334)

-81- (335-341)

-82- (341-346)

-83- (346-351)

-84- (351-355)

-85- (356-362)

-86- (363-365)

-87- (365-371)

-88- (371-375)

-89- (376-380)

-90- (381-385)

-91- (385-386)

-92- (386-393)

-93- (393-399)

-94- (399-403)

-95- (404-409)

-96- (410-414)

-97- (414-418)

-98- (419-424)

-99- (425-427)

-100- (427-434)

-101- (435-439)

-102- (440-444)

-103- (445-451)

-104- (451-455)

-105- (455-460)

-106- (461-464)

-107- (465-468)

-108- (469-473)

-109- (473-478)

-110- (478-484)

-111- (484-489)

-112- (489-492)

-113- (492-496)

-114- (497-502)

-115- (503-504)

-116- (506-509)

-117- (511-514)

-118- (516-517)

-119- (519-522)

-120- (524-527)

-121- (528-527)

-122- (528-530)

-123- (531-536)

-124- (537-542)

-125- (543-548)

-126- (550-553)

-127- (555-556)

12.15 Unterprogramm XXX

12.16 Unterprogramm LUFT